ctor FLEISCHMANN

UNE MAITRESSE
DE
VICTOR HUGO

LIBRAIRIE
UNIVERSELL
PARIS

Une Maîtresse

de Victor Hugo

DU MÊME AUTEUR

HECTOR FLEISCHMANN

Une Maîtresse de Victor Hugo

*D'après des documents nouveaux
et avec des lettres inédites*

PARIS

LIBRAIRIE UNIVERSELLE

20, RUE ST—MARC, 20

A

MAURICE DUBOIS

Peintre et évocateur de ce Waterloo
que Hugo a ressuscité.

Son ami,

H. F.

1912.

« Le véritable Victor Hugo amoureux,
» c'est l'amant de Juliette Drouet. »

Louis Guimbaud.

Victor Hugo et Juliette Drouet, 1902.

INTRODUCTION

Voici plus d'un quart de siècle écoulé que s'en est allée dormir, sous la dalle anonyme d'un cimetière de banlieue, celle qui fut mieux qu'une des maîtresses de Victor Hugo : la Maîtresse. De peu de mois elle a précédé, aux portes de l'adieu éternel, le Poète, et, tandis que pour lui se levait imprescriptiblement le soleil des morts, tandis que son astre de gloire se fixait pour l'éternité à son zénith, elle descendait, enveloppée de silence et d'oubli, roulée dans le suaire des mémoires ingrates, aux limbes des souvenirs perdus. Le compte rendu de ses obsèques paru, une grande barre d'ombre était tracée sur ce qui demeurait d'elle. Dans l'entourage du poète, pour ne point réveiller la blessure du vieux cœur frappé, le nom de la morte était proscrit, et l'habitude

ainsi prise fit, qu'après le départ du Maître, le
nom de la maîtresse fut quasi oublié. Pourtant,
« si mon nom vit, votre nom vivra! » lui écrivait-
il au lendemain de la bagarre de *Marie Tudor*.
Là, encore, il fût prophète, car voici qu'un quart
de siècle écoulé, çà et là on ressuscite le fantôme
de celle qui fut la belle Juliette de 1825, la princesse Negroni des grands soirs romantiques; on
livre ses lettres à l'enquête sur les psychologies
littéraires, on dérobe son image à l'ombre où elle
se voilait, et, enfin, il est devenu possible de fixer
quelques aspects de la vie de Juliette Drouet,
d'offrir le dossier de son privé à la curiosité historique. « Un grand silence s'est fait autour du nom
de Mme Drouet, a-t-on judicieusement écrit; ceux-
là mêmes, qui, du vivant de Victor Hugo, et assu-
rés qu'ils étaient de lui plaire, parlaient ou écrivaient sur son amie, se sont tus après la mort du
poète, comme par l'effet d'un oubli soudain ou
par obéissance à un mystérieux mot d'ordre.
Quand il s'est agi de révéler les « amours de Victor
Hugo, » on a jeté en pâture à la foule, — qui,
du reste, ne l'a pas lu, — le volume des *Lettres à
la Fiancée*. Et nul ne s'est trouvé pour révoquer
en doute les serments de fidélité contenus dans
chaque page de ce beau livre; tout le monde a

manifesté cette peur des mots qui est un des traits du caractère français : personne n'a osé rappeler comment et pourquoi le véritable Victor Hugo amoureux c'est l'amant de Juliette Drouet[1]. » De ce silence nous avons déjà donné une raison. Il en est d'ailleurs de multiples. Un des familiers du poète à ses dernières années, ce touchant, charmant et médiocre François Coppée, a avoué, sans ambages : « Si, par hasard, j'avais pu surprendre en lui quelques faiblesses, je devrais aujourd'hui, et comme Français et comme poète, les couvrir du manteau que les fils de Noé jetèrent respectueusement sur la nudité de leur père, en une circonstance que la Bible a rendue suffisamment fameuse[2]. » Sans doute, Victor Hugo a lui-même fait dire par un de ses personnages :

Ah! quand un vieillard aime, il le faut épargner!

Mais, est-ce l'accabler que de montrer cet amant aux plus radieuses années de sa jeunesse et de sa gloire, homme avant d'être dieu, humain

1. Louis Guimbaud, *Victor Hugo et Juliette Drouet*; *La Contemporaine*, 25 février 1902, p. 157.
2. Sur les relations de François Coppée avec Victor Hugo, voyez Jean Monval, *Victor Hugo et François Coppée, d'après seize lettres inédites de Victor Hugo à François Coppée (1867-1882)*; *Revue hebdomadaire*, 4 juin 1910, p. 84 et suiv.

à la veille de devenir surhurmain? Sans doute, alors, ce n'est plus le Jupiter tonnant qu'on imagine, entouré des éclairs de la tempête des *Châtiments*, debout, solitaire, sur le roc sacré de l'exil, c'est tout au plus Jupiter étonnant, entrevu dans l'intimité; mais combien plus précieux ainsi pour l'étude de sa psychologie! Lui-même s'en fût-il offensé? S'il est quelque peu vain de torturer les textes de leurs œuvres pour faire parler les morts, on peut, tout au moins, en appeler à ceux-là qui ont vécu dans leur intimité et ont été, quelquefois, dépositaires de leurs pensées sur ce délicat sujet. C'est ainsi que le cousin germain du Maître, Alfred Asseline[1], n'a pas récusé, au nom de Victor Hugo, la publicité possible de sa liaison avec Juliette. « Dans l'état de nos mœurs, dit-il, il est admis que les hommes supérieurs ont le privilège d'imposer à ce qu'on appelle le monde, à la société dont ils sont le charme et l'honneur, une amie, — l'amie, — la femme qu'il leur a plu de choisir, comme le témoin voilé de leurs travaux, celle qui, légitime ou non, se tient dans l'ombre, confidente discrète du génie, au moment où ses rayons s'allument. Ce n'est pas la vulgaire Egérie, c'est l'âme

---

1. La belle-mère de Victor Hugo était née Anne-Victoire Asseline. Alfred Asseline était le fils d'un de ses frères.

même du poète qu'il nous est permis, dans l'épanchement de l'amitié, de voir, d'admirer, de respecter[1]. » Sans nous arrêter à la morale contestable de cette déclaration, nous n'avons qu'à en retenir l'aveu. Il suffit à autoriser et à excuser ce livre. Et, par la même occasion, il nous apporte, de la maîtresse idéale de l'homme de lettres, une définition à la mesure de laquelle nous pourrons juger de Juliette Drouet et de son influence sur l'œuvre de Victor Hugo. L'intérêt d'une telle étude établi, demeurent à examiner les sources auxquelles l'auteur doit puiser l'essentiel de sa documentation.

On sait à quel point beaucoup de sources de la légende hugolienne sont suspectes. Les plus probantes, elles-mêmes, doivent être soigneusement contrôlées. Celle émanée de Mme Victor Hugo[2] a été, dans ces dernières années, violemment attaquée. De ce *Victor Hugo raconté par un témoin de sa vie*, M. Edmond Biré a écrit : « Le vrai titre eût été *Victor Hugo raconté par lui-même*. Il n'y a pas un fait dans ces deux volumes, pas une anecdote, pas un détail, qui vienne

---

1. Alfred Asseline, *Victor Hugo intime ; mémoires, correspondances, documents inédits;* Paris, 1885, in-18, p. 281.
2. *Victor Hugo raconté par un témoin de sa vie; 1819-1841;* Paris, Bruxelles, Leipzig, MDCCCLXIII, 2 vol. in-8.

de Mme Hugo, pas une appréciation qui émane d'elle. *Apollon dictait, j'écrivais.* C'était bien Apollon, en effet, c'était Victor Hugo qui avait dicté, depuis la première ligne jusqu'à la dernière. Au lieu de la déposition d'un *témoin*, nous avons les dires du héros. Nous sommes en présence d'une véritable autobiographie, de véritables mémoires personnels, et c'est avec raison que le poète les a fait entrer dans l'*édition définitive* de ses œuvres[1]. » Exagéré dans sa forme, le jugement de M. Biré n'en est pas moins juste au fond. L'éditeur Renduel disait, de même, qu'il ne fallait rien croire du *Victor Hugo raconté.* « L'auteur, à la fois juge et partie, était, à l'en croire, trop malin pour raconter rien de vrai qui fût à son désavantage[2]. » Renduel attribuait donc la rédaction du livre à Victor Hugo lui-même. A vrai dire, il n'en était rien. De Guernesey, le 21 novembre 1862, Mme Hugo écrivait à Mme de Girardin : « J'ai pensé qu'en racontant avec simplicité les faits de cette vie déjà si longue, si grande et si éprouvée, je laisserais des documents

1. Edmond Biré, *Victor Hugo après 1852 ; l'exil, les dernières années et la mort du poète;* Paris, 1894, in-18, p. 157.

2. Adolphe Jullien, *Le romantisme et l'éditeur Renduel; souvenirs, documents, lettres inédites;* Paris, 1897. in-18, pp. 47, 50.

précieux[1]. » Mais, par avance, dans une autre lettre à Victor Pavie, un des fidèles du cénacle romantique de 1830, elle donnait raison à M. Biré : « Les bas et les chaussettes raccommodés, je fais un travail. Mon mari me raconte sa vie, toute sa vie, le soir après le dîner. J'écris ce qu'il vient de me dire : cela formera des espèces de mémoires[2]. » Donc : *Apollon dictait, j'écrivais*. Soit. Mais de ces mémoires inachevés, dont existent des fragments inédits[3], de cette autobiographie pour laquelle ont été largement mis à contribution les mémoires du général Hugo[4], père du poète[5], nous

1. Lettre citée par Edmond Biré, *Victor Hugo après 1852...;* p. 156.

2. Lettre citée par André Pavie, *Médaillons romantiques; lettres inédites de Sainte-Beuve, David d'Angers, Mme Victor Hugo, Mme Ménessier-Nodier, Paul Foucher, Victor Pavie, etc.*; Paris, 1909, in-8, p. 335.

3. « On sait que Mme Hugo mourut avant d'avoir achevé son œuvre. Mais ce qu'on ne sait pas, c'est qu'il existe encore des pages inédites de cette œuvre. Cette suite des deux volumes que nous possédons déjà n'est qu'un fragment peu considérable, mais elle renferme assez de détails intéressants pour légitimer sa publication. » Tristan Legay, *Victor Hugo jugé par son siècle;* Paris, MCMII, in-18, p. 230.

4. Général Hugo, gouverneur de plusieurs provinces et aide-major général des armées en Espagne, *Mémoires, précédés des mémoires inédits de l'adjudant général Aubertin sur la guerre de Vendée en 1793 et 1794;* Paris, 1823, 3 vol. in-8.

5. Maurice Souriau, professeur à l'Université de Caen, *Une source de « Victor Hugo raconté par un témoin de sa vie; »* Paris, 1900, in-8.

n'avons ici que peu de choses à retenir. On comprend aisément que Mme Hugo se soit abstenue d'être l'historiographe de la maîtresse de son mari. Il n'en est pas de même de M. Edmond Biré. Son exemple montre que les critiques de Victor Hugo eux-mêmes n'échappent pas à la règle commune, relativement au contrôle des sources.

M. Biré a consacré cinq volumes d'âpre critique au Poète[1]. Sans doute, s'apprêtait-il à les résumer dans un travail d'ensemble quand la mort est venue l'interrompre[2]. On a dit, excellemment, qu'il professait « envers l'auteur d'*Hernani* une malveillance de parti pris qui n'a d'égale que celle dont on est coutumier à la docte *Revue des Deux-Mondes* envers toute l'école romantique[3]. » De fait, certains reproches de M. Biré sont singulièrement puérils. Il lui fait grief, par exemple, de n'avoir pas payé de sa poche les obsèques de Mme

1. *Victor Hugo et la Restauration;* Paris, 1869, in-8; *Victor Hugo avant 1830;* Paris, 1883, in-18: *Victor Hugo après 1830;* Paris, 1891, 2 vol. in-18; *Victor Hugo après 1852;* Paris, 1895, in-18.

2. C'est à Nantes, où il était négociant en cordes, que M. Biré est décédé le 16 mars 1907.

3. Gustave Allais, professeur à la Faculté des Lettres de l'Université de Rennes, *Les débuts dramatiques de Victor Hugo : « Amy Robsart »* (*1822-1828*); Paris, 1903, in-8, p. 59.

Dorval, une des créatrices d'*Angelo*[1]; de n'avoir
prêté que 1434 francs à qui lui en demandait
plus[2]; il lui a contesté jusqu'au titre de poète[3].
Ami de la contradiction, M. Biré s'évertue à prouver, au début d'un livre, par quatre pages de
chiffres, que le théâtre de Hugo ne lui rapportait
rien, avant le coup d'Etat de décembre, et, quelques chapitres plus loin, accusant le Poète de
demeurer en exil pour se faire de la publicité, il
ajoute qu'il perdait « gros au théâtre où ses pièces
n'étaient plus jouées[4]. » Accusateur en tout et partout, il a émis et entassé les griefs en étouffant
la justification de l'accusé. Il démontre, péremptoirement, dates à l'appui, que les *Pauvres gens*,
la fameuse pièce de la *Légende des siècles*, n'est
qu'un plagiat d'une œuvre obscure d'un sieur
Charles Lafont, *Les enfants de la morte*, parue
en 1851[5]. Or, des explications fort claires, données par le secrétaire de Victor Hugo, il apparaît,
bien au contraire, que le volé est Victor Hugo lui-

1. Edmond Biré, *Victor Hugo après 1852...*; p. 115.
2. Edmond Biré, *Victor Hugo après 1852...*; pp. 269, 270.
3. Edmond Biré, *Choses vues et choses vraies; Le Correspondant*, 10 août 1887, p. 537.
4. Edmond Biré, *Victor Hugo après 1852...*; cf. pp. 10, 11,
12, 13 et p. 117.
5. Edmond Biré, *Victor Hugo après 1852...*; p. 123.

même[1]. Hugo plagiaire! Hugo sans imagination!
M. Biré cultivait le paradoxe. Nous n'osons pas
dire qu'il cultivait la mauvaise foi, mais comment
ne pas le croire en le voyant tirer parti contre
Victor Hugo d'erreurs de plume de quelques historiens de la vie du poète? C'est le cas de M. Alfred
Barbou, coupable d'avoir imprimé qu'à Hauteville-
House le Poète avait préparé une chambre d'amis
où logèrent Balzac, Gérard de Nerval et Edouard
Ourliac, l'auteur de *Suzanne* et des *Confessions
de Nazarille*[2]. Et M. Biré de se tenir les côtes :
« Voyez-vous d'ici, chez Victor Hugo, à Guernesey, dans la chambrette d'Hauteville-House, après
1856, par conséquent, Balzac, Gérard de Nerval
et Edouard Ourliac, écrivant chacun un livre
« dans la tranquillité de l'exil, » Ourliac, qui était
mort le 31 juillet 1848, Gérard de Nerval, qui est
mort le 24 janvier 1855, Balzac, sur la tombe
duquel Victor Hugo lui-même avait prononcé un
si beau discours le 21 août 1850[3]? » Ici la raillerie
de M. Biré est facile. « Il a triomphé avec trop de
complaisance quand il rencontrait des erreurs, des

1. Richard Lesclide, *Propos de table de Victor Hugo;* Paris,
1885, in-8, pp. 182, 183.
2. Alfred Barbou, *La Vie de Victor Hugo (Victor Hugo et
son temps);* Paris, 1902, in-4, p. 299.
3. Edmond Biré, *Victor Hugo après 1852...*; p. 109.

contradictions ou des lacunes, » a-t-on fait observer[1]. Et, de fait, M. Alfred Barbou a mal entendu
ou mal copié, et M. Biré le savait bien, lui, qui
avait lu les *Propos de table de Victor Hugo*, où
il est dit que la chambre d'amis existait « bien
avant l'exil[2], » c'est-à-dire avant 1848, où, fort
vraisemblablement, elle avait pu donner asile à ces
morts qui, pour lors, se portaient assez bien. Ce
sont là, on le peut confesser, de faciles procédés de
critique, incompatibles avec l'équité, et sur lesquels il n'est guère difficile d'enchérir. Aussi n'y
a-t-on pas manqué[3]. Mais ce n'est point des pamphlets dont nous nous occupons, pour le présent.

Les relations de Juliette Drouet avec Victor
Hugo sont, naturellement, présentées par M. Biré
sous un fâcheux aspect. Le genre dramatique ne
lui réussissant guère, après avoir donné quelques
leçons de haute morale et avoir un peu crié :
haro ! sur le mode grave, il préfère se tourner vers
le côté plaisant. Dès lors la liaison devient bouf-
fonne et tout y prête, chez M. Biré, à de faciles

1. Gabriel Vauthier, *Victor Hugo et la maison du Roi; 1820-
1822; La Nouvelle revue*, 15 mars 1909, p. 267.
2. Richard Lesclide, *Propos de table de Victor Hugo...;*
p. 94.
3. Ferdinand Loise, *L'homme dans Hugo;* Bruxelles, 1892,
in-8, 15 pp.

badinages. Au reste, ce qu'il apporte sur ce point est de peu d'importance au point de vue inédit. Il n'en a guère à nous donner. Mais ayant beaucoup lu, il est arrivé à ramasser quelques menues anecdotes curieuses, dont la réédition seule permet de s'adresser à ses livres.

Bien plus précieuse est la contribution de M. Louis Guimbaud[1]. Passée assez inaperçue, elle demeure le sommaire le mieux fait, le plus précieux, de la vie de Juliette Drouet. Là, pour la première fois, ont été fixés des dates et des faits, points de repère qui constituent la plus solide des armatures pour une biographie complète de la maîtresse du Poète. Aussi, copieusement, sans la citer une seule fois, M. Léon Séché a-t-il puisé dans l'étude de M. Louis Guimbaud[2].

Ces procédés sont assez dans les habitudes de M. Léon Séché[3]. On peut le regretter, car ils

1. Louis Guimbaud, *Victor Hugo et Juliette Drouet; La Contemporaine*, 25 février 1902, p. 157 et suiv., et 10 mars 1902, p. 254 et suiv.

2. Léon Séché, *Juliette Drouet, d'après des documents inédits; Revue de Paris*, 15 février 1903, p. 721 et suiv.

3. « M. Léon Séché publie dans la *Revue bleue* du 10 mars 1900, une lettre bien curieuse de Chateaubriand à Lamennais où il lui offre de partir à Rome et d'en rapporter un chapeau de cardinal pour l'auteur des *Paroles d'un croyant*. M. Léon Séché donne cette lettre comme inédite, sans indiquer de source. La lettre est donnée in-extenso dans le catalogue de la vente

déparent certaines de ses curieuses publications.
Après M. Louis Guimbaud, il ne nous apprend rien
de neuf sur la vie de Juliette, mais grâce aux com-
munications de M. Louis Koch, conservateur du
musée Victor Hugo, neveu de Mme Drouet, il
nous éclaire cette vie dans ses relations avec le
Poète. Ici, au moins, M. Léon Séché ne s'est pas
laissé piper à d'aimables documents apocryphes[1].

faite par M. Noël Charavay, le 23 février 1890. Ceci prouve
l'utilité des catalogues d'autographes. » R. B. [Raoul Bonnet],
Utilité des collections et des catalogues d'autographes; *L'Amateur d'autographes*, 15 juin 1900, p. 138. — Je ne cherche
point ici une querelle personnelle à M. Léon Séché, chercheur
à qui la chance sourit souvent. C'est pourquoi je me dispense
d'en appeler à d'autres exemples encore.

1. « Le dernier roman de Marcel Boulanger, *Le pavé du Roi*,
contenait une phrase d'apparence assez énigmatique. C'est à
la page 189. Après avoir narré la mort tragique du dernier
Condé et les aventures du comte Rodolphe d'Ancourt, M. Marcel Boulanger prétend qu'il possède encore certains papiers
dudit comte, dont il a tiré plusieurs anecdotes. « Un historien
de la Restauration, nous dit-il, n'y glanerait pas sans profit,
nous les communiquerons volontiers. » Pourquoi M. Léon Séché est-il nommé là dedans? Pourquoi cette invite sournoise?
C'est que M. Léon Séché s'est déjà laissé prendre une fois aux
charmantes inventions de Marcel Boulanger. Nous voyons en
effet, dans l'ouvrage que l'ancien secrétaire de Jules Simon a
publié sur Alfred de Musset, pp. 77, 78 du tome II de l'édition
in-8, en note : « Le marquis de Floranges, qui fut un adora-
teur de la princesse Belgiojoso, a laissé dans ses souvenirs la
description de son grenier. » Et là-dessus, M. Léon Séché
recopie, comme s'il s'agissait d'un document authentique, trois
pages des délicieux *Souvenirs du marquis de Floranges*, que
Marcel Boulanger publia jadis avec toutes les apparences de

Les fragments de Victor Hugo qu'il publie sont
d'un intérêt incontestable. Dommage qu'ils soient
piètrement encadrés! D'eux on peut dire ce qu'é-
crivait déjà un critique averti et sûr, en parlant
d'un volume sur Mme d'Arbouville, publié suivant
le système ci-dessus. « En intitulant cette intéressante publication : *Mme d'Arbouville d'après
ses lettres*, M. Séché se montre en proie à de
grandes illusions sur lui-même. Raconter, analyser,
peindre, est une occupation qu'il ferait mieux de
s'interdire. Il y patauge. Il narre les amours des
poètes comme qui retracerait l'idylle d'un caporal
et de sa payse. Sa psychologie est pourtant assez
sûre, se résumant tout entière en un certain nombre
de proverbes connus dont il est parfaitement vrai,
hélas! que toutes les histoires d'amour comportent
l'application : « Tant va la cruche à l'eau... on
ne prend pas les mouches avec du vinaigre...
chat échaudé... etc. » Et que dire des grâces de
M. Séché! Une dame qui a remplacé dans son cœur
un ami trop longtemps absent « a trouvé chaussure
à son pied. » — « Sainte-Beuve s'était promis, une

la gravité et du sérieux. Il y a donc lieu d'espérer que cet
historien un peu rapide va couper dans l'histoire de Rodolphe
d'Ancourt, et que la prose alerte de Marcel Boulanger va
encore servir à gonfler les savantes notes des ouvrages historiques de M. Léon Séché. » — *Comœdia*, 21 juin 1910.

fois sous la coupole, de se retirer peu à peu du monde et de vivre au milieu de ses livres. Mais il avait compté sans l'amour. Quand il fut de l'Académie, il s'aperçut qu'il avait un fil rose à la patte. Le couper c'était blesser la main qui l'avait noué.... » Nous franchirons d'un bond, si vous le voulez bien, conclut M. Pierre Lasserre, l'introduction de M. Séché, et nous arriverons aux lettres de Mme d'Arbouville[1]. » On nous autorisera à faire comme M. Pierre Lasserre et à passer au recueil qui est venu compléter, en certains points, les documents donnés par M. Léon Séché.

L'auteur, M. Wellington Wack, découvrit, il y a quelques années, à Guernesey, un lot de vieux papiers provenant de Hauteville-House[2]. Après avoir publié sa trouvaille dans l'*English Illustra-*

---

1. Pierre Lasserre, article sur Mme d'Arbouville dans *L'action française*, 29 mars 1910.

2. « La *Revue biblio-iconographique* de novembre [1905] dernier, annonce que M. A. Wellington Wack a découvert à Guernesey toute une collection de lettres adressées à Victor Hugo par Juliette Drouet; elles seront publiées prochainement à Londres chez Putnam. M. P. Dauze ajoute que ce n'est peut-être qu'une partie des lettres que le poète a reçues, car lui-même a trouvé, à Londres, 7 à 800 lettres de Juliette au même destinataire. Elles ont été remises depuis par M. Paul Meurice à M. Louis Koch, conservateur du Musée Victor Hugo et neveu de Juliette Drouet. La publication de M. Wellington Wack sera donc incomplète s'il n'utilise que sa trouvaille. » *L'amateur d'autographes*, décembre 1905, p. 299.

ted Magazine, il en donna une traduction française, en un volume[1]. Elle consiste en un certain nombre de lettres de Juliette adressées à Victor Hugo à une époque sur laquelle on n'a, au point de vue de son intimité, que peu de renseignements probants, c'est-à-dire à cette période de la vie du Poète qui précéda immédiatement le coup d'État. Ces documents sont de poids dans la biographie de la maîtresse; malheureusement, dans tout le livre de M. Wellington Wack, c'est d'eux seuls qu'on peut tenir compte. Il importe, en effet, de se méfier du travail critique de l'auteur. Ne le voit-on pas prendre pour une lettre inédite la préface, cent et mille fois publiée, de *Lucrèce Borgia*, et, gravement, demander à M. Léon Séché le droit et l'autorisation de la reproduire? Et M. Léon Séché, mystifiant le candide Anglais, accorde ce droit et cette autorisation, par « obligeance[2]! » Ce serait à pouffer, si nous écrivions ici un complément à Quérard ou au bibliophile Jacob. A M. Wellington Wack peut donc s'appliquer aussi, et du moins en partie, le raisonnement de

1. M. Wellington Wack, *Le roman de Juliette et de Victor Hugo; lettres inédites de Juliette Drouet; préface de François Coppée;* Paris, s. d. [vers 1906], in-18.

2. Wellington Wack, *Le roman de Juliette et de Victor Hugo...*; p. 98.

M. Pierre Lasserre. Hormis les documents de son livre, rien à retenir de lui.

Ce sont là les principales sources dont le biographe dispose, car, de celle de M. Tristan Legay, par exemple, le moins qu'on puisse dire, c'est qu'elle est parfaitement insignifiante [1]. On voit quel travail de revision critique doit présider à leur utilisation. Quant au reste, aux autres historiens, témoins d'une heure ou d'une journée, leur apport peu considérable permet de dispenser le lecteur de leur examen, même sommaire. C'est le gravier, la pierraille à jeter dans le mortier pour façonner un livre. On doit cependant accueillir ces menus témoignages, car, par petites touches, ils achèvent de fixer, autant que faire se peut aujourd'hui, la psychologie d'un roman d'amour qui dura un demi-siècle. Grâce à eux, la figure d'un Hugo humain peut être restituée à la biographie, dégagée de ce dont on l'a masquée, par une aveugle, béate et ignorante adoration. Mieux connu dans son privé, le poète trouvera son œuvre plus logiquement comprise. On la verra, en certaines parties, faite de sa chair vivante et de son sang élancé, de ses cris, de ses tourments, de ses jalousies comme de ses

---

1. Tristan Legay, *Les amours de Victor Hugo;* Paris, 1901, in-18.

joies et de ses espérances. Quelques erreurs complaisantes de la légende hugolienne pourront être ainsi rectifiées, et on comprendra, peut-être, à quel point se trompait feu M. Alexandre Dumas fils, en répondant, en 1885, au discours de réception de Leconte de Lisle, à l'Académie française : « Ce Jupiter a fait quelquefois aux amours terrestres la concession de se changer en cygne ou en taureau, pour se rendre visible et compréhensible aux créatures mortelles, pour prouver sa grâce et sa force, pour se reposer un moment de ses travaux et de sa grandeur, mais il n'a vraiment aimé qu'une femme, la seule qui pût satisfaire ce mâle prodigieux : la gloire. » Hé! non, une autre femme s'est trouvée pour le satisfaire à l'égale de cette gloire, et c'est de cette femme que nous écrivons. C'est cette satisfaction que nous tentons de peindre, en menus tableaux, exacts et précis, à travers un long roman d'amour accidenté et mouvementé. Et c'est en peu de mots que l'aventure de Hugo et de Juliette peut se résumer : il fut heureux et ne lui fit point d'enfants.

H. F.

Wimereux, août 1910.

*_**

Le onze avril, mil huit cent six, à trois heures du soir, par-devant nous, Louis Binel, maire et officier de l'état civil de la commune de Fougères, est comparu Julien Gauvain, tailleur, âgé de vingt-neuf ans, demeurant à Fougères, rue de la Révolution, lequel nous a présenté un enfant du sexe féminin, né le jour d'hier à sept heures du matin, de lui déclarant, et de Marie Marchandet, son épouse, auquel enfant il a déclaré vouloir donner les prénoms de

JULIENNE-JOSÉPHINE

Lesdites déclaration et présentation faites en présence de François Dorange, huissier, âgé de vingt-cinq ans, demeurant à Fougères, et de François Baunier, jardinier, âgé de soixante-huit ans, demeurant en Lecousse, et ont, le père et les témoins, signé avec nous le présent acte, après que lecture leur en a été faite :

JULIEN GAUVAIN   DORANGE

FRANÇOIS BAUNIER   LOUIS BINEL

maire.

JULIETTE DROUET À L'ÉPOQUE DE *Lucrèce Borgia*.
Lithographie de Léon Noël.

I

HUGO MARIÉ

L'adultère du général Hugo. — Curieuse lettre où le roi
Joseph le rappelle à ses devoirs conjugaux. — Second ma-
riage du général. — Manière cavalière d'en faire part. —
Victor Hugo et la seconde Mme Hugo. — Fin de la générale.
— Victor Hugo et le *Manuel de recrutement* de son beau-
père. — Lettre à Lamennais sur son mariage avec Adèle.
— La chasteté et les exploits de la nuit de noces de Victor
Hugo. — « Un époux vigoureux. » — Eugène Hugo devenu
fou d'amour pour Mme Victor Hugo. — Le jeune ménage ;
les enfants ; la gloire ; la crise. — Mme Hugo est-elle belle ?
Examen des témoignages graphiques et des attestations des
contemporains. — Mme Hugo est-elle intelligente ? — Contradiction dans les dires. — Déposition d'Adèle. — C'est
une pauvre intelligence. — Elle « n'est pas faite pour être
la femme de Victor Hugo ».

C'est une tendre et touchante idylle bien connue que celle de Victor Hugo et d'Adèle Foucher. Elle a fait les délices de tous les zéla-
teurs de sa légende, et on a scrupule, après tous
leurs récits, à s'attarder encore aujourd'hui à
quelques épisodes de ce roman qui, commencé

le 26 avril 1819, par le premier aveu, s'acheva
trois ans et demi plus tard, le 12 octobre 1822,
par un mariage ardemment espéré, impatiem-
ment attendu. Cependant, ce dont on a volontiers
peu tenu compte, c'est du fâcheux exemple pa-
ternel donné au jeune marié. Il prenait femme
au moment où — Mme Hugo mère étant morte
le 27 juin 1821 — le général Hugo faisait entrer
au foyer l'intruse, la manière d'aventurière ra-
menée de la campagne ibérique. En Espagne,
on le sait, tandis que Mme Hugo était installée
à Madrid, au palais Masserano, le général vivait
déjà séparé d'elle, menant une vie qui avait
failli le faire renvoyer en France par le roi Joseph.
C'est le 30 janvier 1812 que le frère de l'Empereur l'en menaçait sans déguisement : « Mon
désir le plus constant est que vous vous arran-
giez de manière à être heureux, lui écrivait-il.
Je n'ai rien négligé pour cela : l'attachement
que je vous porte m'en fait un devoir. Mais si
mes vœux ne se réalisent pas, je ne dois pas
vous cacher que ma volonté est que vous ne
donniez pas ici un exemple scandaleux en ne
vivant point avec Mme Hugo, comme le public
a le droit de l'attendre d'un homme qui, par
sa place, est tenu à donner le bon exemple.
Quelque soit le regret que j'aurais de vous voir
éloigné de moi, je ne dois pas vous cacher que

je préfère ce parti au spectacle qu'offre votre famille depuis trois mois[1]. » Le général vint-il à récipiscence? On en peut douter, car, à son retour en France, il continuait à vivre loin de sa femme. Il y avait entre eux, dit négligemment M. de Loménie, des « dissentiments de vieille date aigris par une opposition de croyances politiques[2] ». Mis à la demi-solde, le général s'était retiré à Blois, non point seul, toutefois. Il cohabitait alors avec une dame Anaclet d'Almet se disant veuve et comtesse de Salcano. Ces titres laissent pensif. Deux mois après la mort de Mme Hugo, elle les échangeait contre celui de générale Hugo. On sait la manière singulière et cavalière, dont le vieux soldat en informa ses connaissances :

M.

Monsieur le général Léopold Hugo a l'honneur de vous faire part qu'il vient de faire légaliser par-devant M. l'officier public de Chabris (Indre) les liens purement religieux qui

1. Baron du Casse, *Les rois frères de Napoléon* 1er; Paris, 1883, in-8, p. 51.
2. Un homme de rien [L. de Loménie], *Galerie des contemporains illustres : M. Victor Hugo;* Paris, 1844, in-18, 12e livraison, p. 11.

l'unissaient à Mme veuve d'Almé[1], *comtesse de Salcano.*

Saint-Lazare, près Blois[2].

Dans ce temps, les enfants, Abel, Eugène et Victor, étaient demeurés seuls à Paris, subsistant d'une petite pension de leur père. Victor n'avait pas paru goûter beaucoup cette nouvelle union. A son père, qui lui reprochait sa tiédeur envers sa belle-mère, il répondait : « Je n'ai aucune prévention contre ton épouse actuelle, n'ayant pas l'honneur de la connaître. J'ai pour elle le respect que je dois à la femme qui porte ton noble nom[3]. » Cinq mois plus tard le ton avait changé. La seconde Mme Hugo s'était entremise pour le mariage de Victor et d'Adèle, elle avait fait réussir cette union à laquelle la première Mme Hugo s'était opposée. Aussi, maintenant, c'était « ton excellente

1. On trouve ce nom écrit de trois ou quatre manières différentes. L'intéressée elle-même signait *Dalmay* à son acte de mariage. Cf. Pierre Dufay, *Victor Hugo à vingt ans; glanes romantiques;* Paris, MCMIX, in-18, p. 26.
2. Edmond Biré, *Victor Hugo avant 1830...*; p. 233. — En l'an II, le père de Victor Hugo était loin de songer à ce genre d'aristocratiques alliances. Son sans-culottisme était pur alors, et il signait : *Brutus Hugo.* — Cf. J. Guillaume, *Brutus Hugo et le « Recueil des actions héroïques, »* dans *La Révolution Française,* 14 juin 1911, p. 536 et suiv.
3. Victor Hugo au général Hugo; Paris, 29 juillet 1822. — Pierre Dufay, *Victor Hugo à vingt ans...*; p. 39.

femme[1]. » Elle n'avait plus que peu d'années à le demeurer : dans la nuit du 29 au 30 janvier 1828 elle était veuve. Le général Hugo venait d'être abattu debout, en soldat, par l'apoplexie[2]. Trente ans elle lui survécut. Qui se douta jamais que, sous le second Empire, vivait encore, quelque part, dans un coin obscur de province, une générale Hugo? De fait, ayant rompu toute relation avec le poète, la veuve Anaclet, ci-devant comtesse de Salcano, mourut le 21 avril 1858, à Blois.

Il y a peu de choses à dire ici des fiançailles de Victor Hugo avec Adèle Foucher. On a fait du père

1. Victor Hugo au général Hugo; Paris, 9 janvier 1823. — Pierre Dufay, *Victor Hugo à vingt ans...*; p. 76.

2. Le *Moniteur* du 31 janvier 1828 annonçait la mort du général en ces termes : « M. le lieutenant général comte Hugo est mort la nuit dernière frappé d'une apoplexie foudroyante. Les obsèques auront lieu demain jeudi 31 janvier, en l'église des Missions étrangères, sa paroisse. — Dans l'impossibilité d'inviter, en temps utile, tous les nombreux amis du général à cette triste cérémonie, la famille les prie de considérer le présent avis comme une invitation. — On se réunira dans la maison mortuaire, rue de Monsieur, n° 9, à une heure et demie. » — Le lendemain, 1er février, le *Moniteur* rendait compte en quelques lignes des funérailles : « Les obsèques de M. le lieutenant général Hugo ont eu lieu aujourd'hui, à deux heures, après le service funéraire qui a été célébré dans l'église des Missions. Les dépouilles mortelles ont été portées au cimetière du Père La Chaise. Ses deux fils, les parents et un grand nombre d'amis du défunt accompagnaient le convoi, qui était précédé et suivi de détachement de tous les corps de la garnison. » Cf. aussi *Victor Hugo raconté par un témoin de sa vie..*, tome I, p. 170.

Foucher un grand personnage de l'administration militaire[1]; de fait c'était un chef de bureau. Il aimait les belles-lettres, paraît-il. Elles ne le lui rendaient guère, à en juger par ses productions. Il paraît bien que les ambitions littéraires de M. Pierre Foucher ne s'élevèrent guère jamais plus haut que la rédaction d'un *Manuel de recrutement*. Pour gagner ses bonnes grâces, son futur gendre, le poète de la *Légende des siècles*, le romancier épique des *Misérables*, fit un compte rendu élogieux du *Manuel de recrutement*[2]. « M. Victor Hugo, a écrit un de ses biographes, donna le premier exemple, fort naturel sans doute, mais moins dans nos mœurs, d'un poète chantant sa femme[3]. »

1. « Il avait occupé de hauts emplois dans l'administration de la guerre; chef de bureau de la conscription sous l'Empire, il devint chef de la justice militaire sous la Restauration. Il éprouva, étant encore jeune et valide, la lassitude et presque e dégoût du travail des bureaux, il prit sa retraite de bonne heure — ce fut M. de Musset-Pathay, le père d'Alfred de Musset, qui lui succéda dans sa place, — et de 1828 à 1845, année de sa mort, il donna tous ses loisirs aux lettres qui lui rendirent en délicates jouissances l'amour qu'il leur portait. » Alfred Asseline, *Victor Hugo intime...*; p. 6. — Pierre Foucher mourut le 26 mai 1845.

2. « On doit à M. Foucher un *Manuel de recrutement*, qui est un ouvrage sérieux et soigné, et l'on doit à Victor Hugo, qui rédigea longtemps à lui seul le *Conservateur littéraire*, un article non moins sérieux et non moins soigné sur la haute valeur technique de cette œuvre spéciale. » — Tristan Legay, *Les amours de Victor Hugo...*; p. 48.

3. Alfred Barbou, *La Vie de Victor Hugo...*; p. 216.

On pourrait dire aussi qu'il donna l'exemple d'un poète louant, dans son beau-père, les beautés du style administratif.

Fiançailles fiévreuses, ardentes et passionnées, traversées d'éclairs d'immenses espérances et de lueurs de suicide, à la manière romantique. Ne voit-on pas le fiancé écrire à Adèle : « Sais-tu une idée qui fait les trois quarts de mon bonheur? Je pense que je pourrai toujours être ton mari, malgré les obstacles, ne fût-ce que pour une journée. Nous nous marierons demain, je me tuerais après-demain, j'aurais été heureux et personne n'aurait de reproches à te faire. Tu serais ma veuve[1]. » Puis des hymnes d'adoration exaltée : « Tu es pour moi tout ton sexe, parce que tu m'offres l'ensemble de tout ce qu'il y a de parfait[2]. » Et à Lamennais, qui lui donnera, peu après, son billet de confession[3], c'est la lyrique déclaration de foi de sa chaste tendresse :

1. Lettre de Victor Hugo à Adèle Foucher; Paris, 28 mars 1820. — Victor Hugo, *Lettres à la fiancée* (1820-1822); Paris, 1901, in-18. pp. 25, 26.

2. Lettre de Victor Hugo à Adèle Foucher; Paris, 5 octobre 1821. — Victor Hugo, *Lettres à la fiancée...*; p. 76.

3. *Victor Hugo raconté par un témoin de sa vie...*; tome II, p. 66. — Le 29 mars 1826, Victor Hugo écrivait à Charles Nodier une lettre où, à propos de Lamennais, il disait : « Lamennais sera bien reconnaissant de votre bel article, et moi je suis fier de voir mon nom prononcé entre vos deux noms. C'est un voisinage bien redoutable pour *M. Victor Hugo*, mais

Il faut que je vous écrive, mon illustre ami. Je vais être heureux, il manquerait quelque chose à mon bonheur si vous n'en étiez le premier informé. Je vais me marier. Je voudrais plus que jamais que vous fussiez à Paris pour connaître l'ange qui va réaliser tous mes rêves de vertu et de félicité. Je n'ai point osé vous parler jusqu'ici, cher ami, de ce qui remplit mon existence. Tout mon avenir était encore en question et je devais respecter un secret qui n'était pas le mien seulement. Je craignais d'ailleurs de blesser votre austérité sublime par l'aveu d'une passion indomptable, quoique pure et innocente, mais aujourd'hui que tout se réunit pour me faire un bonheur selon ma volonté, je ne doute pas que tout ce qu'il y a de tendre dans votre âme ne s'intéresse à un amour aussi ancien que moi, à un amour né dans les premiers jeux de l'enfance et développé par les premières afflictions de la jeunesse. Je vous ai dit plusieurs fois, mon noble ami, que s'il y avait quelque dignité et quelque chasteté dans ma vie, ce n'était pas à moi que je le devais. Je sens profondément que je ne suis rien par moi-même. Je tâche de n'être pas indigne de la mère que j'ai perdue et de l'épouse que je vais obtenir. Voilà tout. Quelque chose me dit au fond du cœur, mon ami, que vous me comprendrez. Il me semble que je vous comprends si bien[1]!...

La chasteté, dont parle ici Hugo, n'est point tout à fait symbolique. Il a conté, et fait écrire, qu'au jour de son mariage « sa fiancée et lui étaient

bien doux pour *Victor.* » *Catalogue d'autographes Noël Charavay,* nº 394, juin 1909, pièce nº 64872, offerte à 20 fr.

1. Lettre aut. sig. de Victor Hugo à Lamennais, à la Chenaie; Paris, 1er octobre 1822; 2 p. 1/4, in-4. — *Catalogue de la précieuse collection d'autographes composant le cabinet de M. Alfred Bovet;* Paris, 1884, in-4º, pièce nº 861, p. 313.

aussi sages l'un que l'autre[1]. » Et lui-même n'a-t-il pas avoué à Adèle « qu'il est vierge, aussi vierge qu'elle-même, » et, dit-il, « j'emploie exprès le mot propre dans toute sa plénitude[2]. » Tel, n'était-il pas tout préparé, la nuit de ses noces, à sacrifier, ainsi qu'il l'a raconté, « aux neuf muses sur l'autel conjugal[3] ! » C'est pourquoi, sans doute, un ancien secrétaire de Sainte-Beuve l'appelle « un époux vigoureux[4], » sans plus.

Dans la nuit du 12 au 13 octobre 1822, Adèle en put juger à loisir. Le festin des noces s'était fait dans une des salles de l'hôtel du Conseil de guerre, l'hôtel de Toulouse, rue du Cherche-Midi[5]. Dans

1. Richard Lesclide, *Propos de table de Victor Hugo...*; p. 60.
2. Victor Hugo à Adèle Foucher; Paris, 23 février 1822. — Victor Hugo, *Lettres à la Fiancée...*; p. 206.
3. *Chronique médicale*, 1er août 1903, p. 499.
4. A. J. Pons, *Sainte-Beuve et ses inconnues, avec une préface de Sainte-Beuve;* Paris, 1879, in-18, p. 59.
5. Cet hôtel fut, à l'origine, un pavillon du couvent des Bénédictines de Notre-Dame de la Consolation. La sœur du maréchal de Villeroy, Mme d'Hauterive, vint s'y retirer et c'est là qu'elle mourut en 1700. Plus tard, le pavillon fut acheté par Mme de Verüe, fille du duc de Luynes. Elle l'augmenta de deux maisons voisines, et forma l'hôtel que nous avons pu voir jusqu'en 1907, époque où le prolongement du boulevard Raspail nécessita la démolition de l'hôtel du Conseil de guerre. Passé en 1736 aux comtes de Toulouse, il porta, par la suite, leur nom. A l'époque de la Révolution il appartenait aux Carmes de la rue de Vaugirard. Vendu comme bien national, il fut repris par l'Etat, le 6 floréal, an VIII, pour le logement des administrations militaires. A l'époque du Directoire, les Conseils de guerre y vinrent siéger. Ils y sont

la pièce voisine, en 1812, avait été jugé et condamné à mort le général Lahorie, le Lahorie de la conspiration de Malet, le parrain de Victor Hugo[1]. Au banquet nuptial, son ombre sanglante pouvait venir rôder, levée du cimetière de Clamart où le tombereau avait, naguère, versé la fournée des fusillés du champ de Mars.

Le général Hugo, demeuré à Blois, de la même manière cavalière dont il avait fait usage à son second mariage, annonça celui de son fils :

M.

M. le général Léopold Hugo et Mme la comtesse A. de Salcano, son épouse, ont l'honneur de vous faire part du mariage, à Paris, de M. Victor-Marie Hugo, leur fils et beau-fils, avec Mlle Adèle-Julie-Victoire-Marie Foucher, fille de M. le chevalier Foucher, chef de bureau au ministère de la guerre, et de Mme Anne-Victoire Asseline, son épouse.

Saint-Lazare, près Blois, le 15 novembre 1822.

On n'aura pas l'honneur de recevoir[2].

demeurés jusqu'à la démolition de l'immeuble. Cf. pour l'histoire de cet hôtel, *Procès-verbaux de la Commission du vieux Paris;* séance du samedi 29 juin 1907 ; Paris, 1907, in-4, p. 275.

1. *Victor Hugo raconté par un témoin de sa vie...;* t. II, p. 67·

2. Pierre Dufay, *Victor Hugo à vingt ans...;* p. 65.

Leur nuit de noces passée dans la chambre du commandant, à l'hôtel de Toulouse, les deux époux s'établissent provisoirement chez le beau-père Foucher. Ce n'est que quelques mois plus tard qu'ils iront gîter au 90 de la rue de Vaugirard. Les

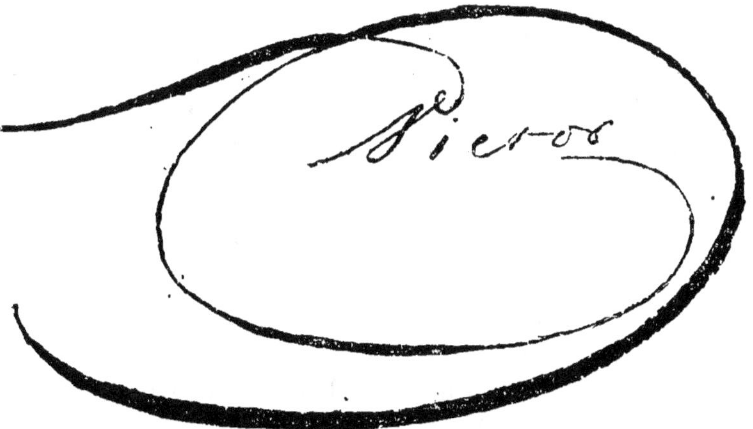

Signature de Victor Hugo en 1822.

rêves de Victor Hugo sont réalisés : il a la femme désirée, espérée, aimée. Et tandis qu'il est tout à sa joie, la première amertume se mêle à son bonheur. Au lendemain de son mariage, son frère Eugène est devenu fou. On l'a trouvé dans sa chambre, toutes les bougies flambant haut, donnant de grands coups de sabre dans ses meubles[1]. Quel drame intime masquait cette soudaine démence ?

1. Pierre Dufay, *Victor Hugo à vingt ans...* ; p. p. 68, 69.

Hugo n'en a jamais parlé, mais quelques contemporains n'ont point imité sa réserve. Auguste Soulié disait à son ami Boulay-Paty « que Eugène Hugo avait tellement aimé Mme Victor Hugo que, deux ou trois jours après le mariage de son frère, il était devenu fou. C'était un jeune homme qui annonçait le plus beau talent. Fou par sève de chasteté, ô Charenton[1]! » De son côté, Gaspard de Pons, le camarade d'Alfred de Vigny, insérait dans ses poèmes une pièce débutant par ces vers significatifs :

A ce qui fut Eugène

Peut-être, dédaigné par l'Amour et la Muse,
Un désespoir jaloux s'alluma dans ton cœur;
Tu hais malgré toi ton rival, ton vainqueur....
La mort de la pensée au plus affreux destin
A seule, hélas! pu te soustraire[2]....

C'est donc là la version, généralement admise par les contemporains, de la folie d'Eugène. Enfermé à Charenton, il croyait entendre s'égorger des femmes dans des souterrains[3]. La mort le libéra le 5 mars 1837. Alors déjà le roman d'amour, dont il

1. Lettre d'Evariste Boulay-Paty, au poète Lambert; Paris, 14 mai 1830. — Dominique Caillé, *Un romantique de la première heure; Evariste Boulay-Paty; son journal intime et sa correspondance; 1829-1831*; Paris, MCMVII, in-8, p. 19.
2. Comte Gaspard de Pons, *Adieux poétiques;* tome II, p. 324. — Edmond Biré, *Victor Hugo avant 1830...*; p. 273.
3. Pierre Dufay, *Victor Hugo à vingt ans...*; p. 90.

avait été la victime, avait cessé. La rupture sentimentale était consommée entre son frère et Adèle.

Un peu plus de dix ans devait durer la félicité du poète. C'était alors l'ère bénie de son « bienheureux mariage, » et sa femme était encore « mon angélique Adèle[1]. » A ce jeune et déjà glorieux foyer, quatre enfants étaient venus apporter la joie de leur sourire, la consolation de leur neuve grâce : Léopoldine, en 1826 ; Charles-Victor, en 1826 ; François-Victor, dont, deux ans plus tard, les parents annonçaient ainsi la venue :

M.

Mme la baronne Victor Hugo est heureusement accouchée d'un garçon.

M. le baron Victor Hugo a l'honneur de vous en faire part.

La mère et l'enfant se portent bien.

Paris, 21 octobre 1828.

Et, enfin, en 1832, cette petite Adèle au sort si tragique, devenue folle comme Eugène, et, comme Eugène encore, par un drame d'amour. Mais, maintenant, tout souriait au ménage. Autour d'*Hernani*,

1. Lettre de Victor Hugo au général Hugo ; Paris, 19 octobre 1822. — Pierre Dufay, *Victor Hugo à vingt ans...* ; p. 64.

de *Marion Delorme*, du *Roi s'amuse*[1], s'étaient livrées les grandes batailles de l'idée romantique. A l'éclat des prochaines apothéoses préludait déjà le poëte. Et ce fut à ce moment que, brusquement, se creusa dans sa vie cette grande fissure, que brilla dans le ciel calme de sa félicité le fulgurant éclair qui ravagea le foyer et sépara les époux.

Avant que d'en examiner les circonstances préliminaires, il est nécessaire de fixer en quelques traits la psychologie morale et l'image physique des personnages, d'examiner le rapport et l'équilibre de leurs valeurs et de déterminer ainsi leur part mutuelle dans l'effondrement de leur bonheur domestique.

Et, d'abord, Adèle est-elle la femme qu'il convient pour Victor Hugo? Physiquement même est-elle la compagne souhaitée pour celui dont l'œil a eu un si intense besoin de beauté et de grandeur? Sur quelles images et quels témoignages la juger? Des années de sa jeunesse, une seule représentation graphique probante nous est demeurée : c'est la lithographie exécutée par Devéria, vers 1827 ou 1828. Elle n'est guère faite pour expliquer l'enthousiasme de Hugo. L'œil, sans doute, est grand, mais

1. Sur la première représentation du *Roi s'amuse*, cf. Jehan Valter, *La première du « Roi s'amuse, » 22 novembre 1832; avec une lettre autographe, trois dessins de Victor Hugo et deux portraits;* Paris, 1882, in-8.

sans flamme, sans éclair, le front est étroit, la bouche peu belle, l'aspect général est d'une placidité résignée, sans grâce, sans charme, si ce n'est l'air de jeunesse. Mais la jeunesse se fane et s'efface, et c'est alors sur d'autres documents que nous pouvons nous prononcer. Devéria est un artiste, ne jugeant qu'avec son œil et à travers son tempérament, récusable, par conséquent. Mais la photographie est brutale, véridique, elle représente sans flatter, sans ménager. Nous avons celles-là faites, à Guernesey, par Auguste Vacquerie et François-Victor Hugo[1]. Sans doute, ici, l'âge a déjà porté ses premières atteintes à la femme, mais quel beau visage ne garde quelques lignes de sa grâce évanouie et de ses charmes effacés? Ici, inutile de les chercher. Le regard a toujours, sous l'arc souligné des yeux, la morne placidité de la lithographie de Devéria; la bouche est devenue large, la lèvre épaisse parmi le pli mou des lignes de la face. Rien qui attire là, qui puisse faire deviner en cette vieille femme, lourde, épaisse, affaissée, le fantôme d'une beauté disparue.

Telle, cependant, les éloges ne lui ont pas manqué. Son mari a même écrit, d'un spectacle de la Cour, le 5 février 1847 : « Il y avait peu de jolies

---

1. Outre la photographie que nous reproduisons, on en trouvera deux autres dans le recueil de M. Paul Gruyer, *Victor Hugo photographe;* Paris, 1905, in-4, en regard des pp. 6, 7.

femmes. Mme Cuvillier-Fleury était la plus jolie, Mme Victor Hugo la plus belle[1]. » Eloge secret, sans doute, mais « Mme Hugo est une belle Espagnole, c'est assez dire, » écrit un poète provincial, Gustave Masson, après une visite à la place Royale, en juin 1839[2]. Espagnole? Notre rimeur départemental n'est-il point hanté par le souvenir de Dona Sol, de la reine de *Ruy Blas*, de toutes ces brunes héroïnes dont Hugo a peuplé les odes et les drames? Hé, non! car c'est sous une autre plume encore que nous retrouvons le mot. Ainsi Champfleury dit : « C'était une personne de grand air avec les plus belles épaules du monde. La figure était pleine de bonté et cependant il y avait dans tout l'ensemble de la femme une sorte de majesté espagnole[3]. » C'est là un portrait se rapportant à 1847-1848, mais Champfleury, on le voit, s'il parle de « majesté » et de « bonté » ne lâche point le mot qui importerait ici, la beauté. On peut donc, avec vraisemblance, conclure que Mme Hugo n'a eu de sa jeunesse que le charme frais et neuf, et que, la

1. Victor Hugo, *Choses vues;* nouvelle série; nouvelle édit., in-18, tome II, p. 65.
2. *Victor Hugo à la place Royale*, dans *L'Amateur d'autographes*, 15 juillet 1903, p. 123.
3. Lettre de Champfleury à M. E. Lemaitre; Sèvres, 29 avril 1884. — E. Lemaitre, *Le livre d'amour; Sainte-Beuve et Victor Hugo; lettre-préface d'Arsène Houssaye;* Reims, 1895, in-8, pp. 63, 64.

Mme Victor Hugo,
photographiée à Guernesey.

jeunesse passée, elle a été ce que deviennent les
femmes sans beauté propre, c'est-à-dire quelconque, insignifiante, banale, appelée à remplacer son charme inexistant par la bonté. Y peut-on
ajouter l'esprit?

A en croire M. Biré, un « des anciens hôtes de la
place Royale » lui aurait dit : « Mme Hugo? mais
elle était bête[1]! » L'était-elle vraiment? Sainte-
Beuve, qui entendait parler d'elle, dit dans ses
Cahiers : « Jeune on se passe très aisément d'esprit
dans la beauté qu'on aime[2]. » Mais, alors, Sainte-
Beuve parlait, on peut croire, avec la voix de la
rancune. En tout cas, il avait eu l'occasion de juger
l'esprit de la femme de son ami. Quant à cette indi-
gence intellectuelle, M. Biré en est complètement
convaincu. « Il semblait, dit-il, que, dans cette maison où tout le monde était spirituel, elle mit de la
coquetterie à être la seule qui n'eût point d'esprit[3]. » C'était, pourquoi ne pas le confesser? singulièrement placer la coquetterie, et surtout chez
elle, dont Mme Lacroix, la femme de l'éditeur des
Misérables, disait : « Quelle femme distinguée et
de tout point accomplie[4]! » Son mari, toutefois,

1. Edmond Biré, *Victor Hugo après 1852...*; p. 210.
2. *Les cahiers de Sainte-Beuve, suivis de quelques pages de
littérature antique;* Paris, 1876, in-18, p. 110.
3. Edmond Biré, *Victor Hugo après 1852...*; p. 209.
4. Adolphe Brisson, *L'Envers de la Gloire; enquêtes et
documents inédits;* Paris, s. d., in-18, p. 28.

n'en jugeait point ainsi. C'est par les Goncourt que nous savons, qu'à un dîner, où elle s'était évertuée à prendre part à la conversation, le poète la foudroya et la réduisit au silence par « un regard impossible à rendre. » Mais, enfin, pour se prononcer, on a mieux que des ouï-dire suspects ou des témoignages faciles à récuser. C'est la déposition d'Adèle elle-même, non telle que le livre *Victor Hugo raconté* ou quelques articles de sa plume dans l'*Evénement*, mais ainsi qu'on la peut deviner à travers les épitres flambantes et dévorantes des *Lettres à la Fiancée*. Par les missives du fiancé on peut imaginer le texte de celles de la fiancée, il répond à ce qu'elle dit, et ce qu'elle dit donne une pauvre idée de l'Adèle au début du mariage, tout au moins. « Si l'éditeur des *Lettres*, a dit fort justement M. Louis Guimbaud, a compté que leur publication servirait de revanche posthume à la rivale de Juliette Drouet, il faut bien reconnaître que l'éditeur s'est trompé[1]. » Et, en effet, comment ne pas reconnaître que ce sera une pauvre compagne intellectuelle pour le grand poète de demain, que celle qui lui écrit qu'elle n'est « pas capable d'apprécier le talent poétique[2]? » Elle reconnaît donc,

---

1. Louis Guimbaud, *Victor Hugo et Juliette Drouet; La Contemporaine* ; 25 février 1902, p. 163.

2. « Tu me dis, par exemple, que tu n'es pas capable d'apprécier le talent poétique.... » Lettre de Victor Hugo à Adèle;

par avance, qu'elle ne pourra être en rien la collaboratrice de l'époux, que ce qui fait la vie de sa vie, la flamme de ses labeurs, lui demeurera toujours étranger. Ah! qu'il a raison, Paul Chenay, le candide et rancunier beau-frère de Victor Hugo, de nous confesser, avec une aveugle naïveté, de Mme Hugo, que « quoique élevée dans la petite bourgeoisie simple et honnète du fonctionnarisme, probe, méticuleuse et économe, elle était grande dame d'instinct, intelligente et très apte aux choses intellectuelles ; elle avait le sens artistique très développé[1]. » On vient de voir le degré du « sens artistique » d'Adèle à la veille de son mariage. S'est-il développé par la suite? Sans aucun doute, oui. « Elle ne sort presque jamais, » disait, en 1829, Evariste Boulay-Paty[2], mais elle vivait chez elle dans une atmosphère d'art et d'intelligence telle que ç'aurait été un miracle qu'elle n'en eût rien retenu et guère profité. Cette transformation ne s'est, évidemment, produite en son intelligence qu'au bout de quelques années, après un laps de temps matériellement difficile à définir, mais qui

Paris, 13 novembre 1821. — Victor Hugo, *Lettres à la Fiancée...*; p. 99.

1. Paul Chenay, *Victor Hugo à Guernesey; souvenirs de son beau-frère;* Paris, s. d., in-18, p. 271.

2. Lettre d'Evariste Boulay-Paty au poète Eugène Lambert ; Paris, 23 octobre 1829. — Dominique Caillé, *Un romantique de la première heure...*; p. 29.

alla certainement de 1822 à 1832, jusqu'au moment où la crise sentimentale la sépara de son mari. Alors survinrent les circonstances qui décidèrent de la séparation morale. Le poète était prêt à accepter, en dehors de chez lui, la consolation amoureuse d'une intelligence amie. Mme Hugo ne reconnaissait-elle pas implicitement sa part de responsabilité en disant, « ingénument, » paraît-il, « qu'elle n'était point faite pour être la femme de Victor Hugo[1] ? » Dès lors, et nous entrons dans le cœur de notre sujet, ne peut-on pas se demander si, ne pouvant être la femme de Hugo, elle ne préféra point devenir la maîtresse de Sainte-Beuve?

1. Léon Séché, *Juliette Drouet...*; *Revue de Paris*, 15 février 1903, p. 746.

II

UN TRISTE ET PAUVRE AMANT : SAINTE-BEUVE

« On ne saurait s'y prendre de trop de façons et par trop de bouts pour connaître un homme, c'est-à-dire autre chose qu'un pur esprit. Tant qu'on ne

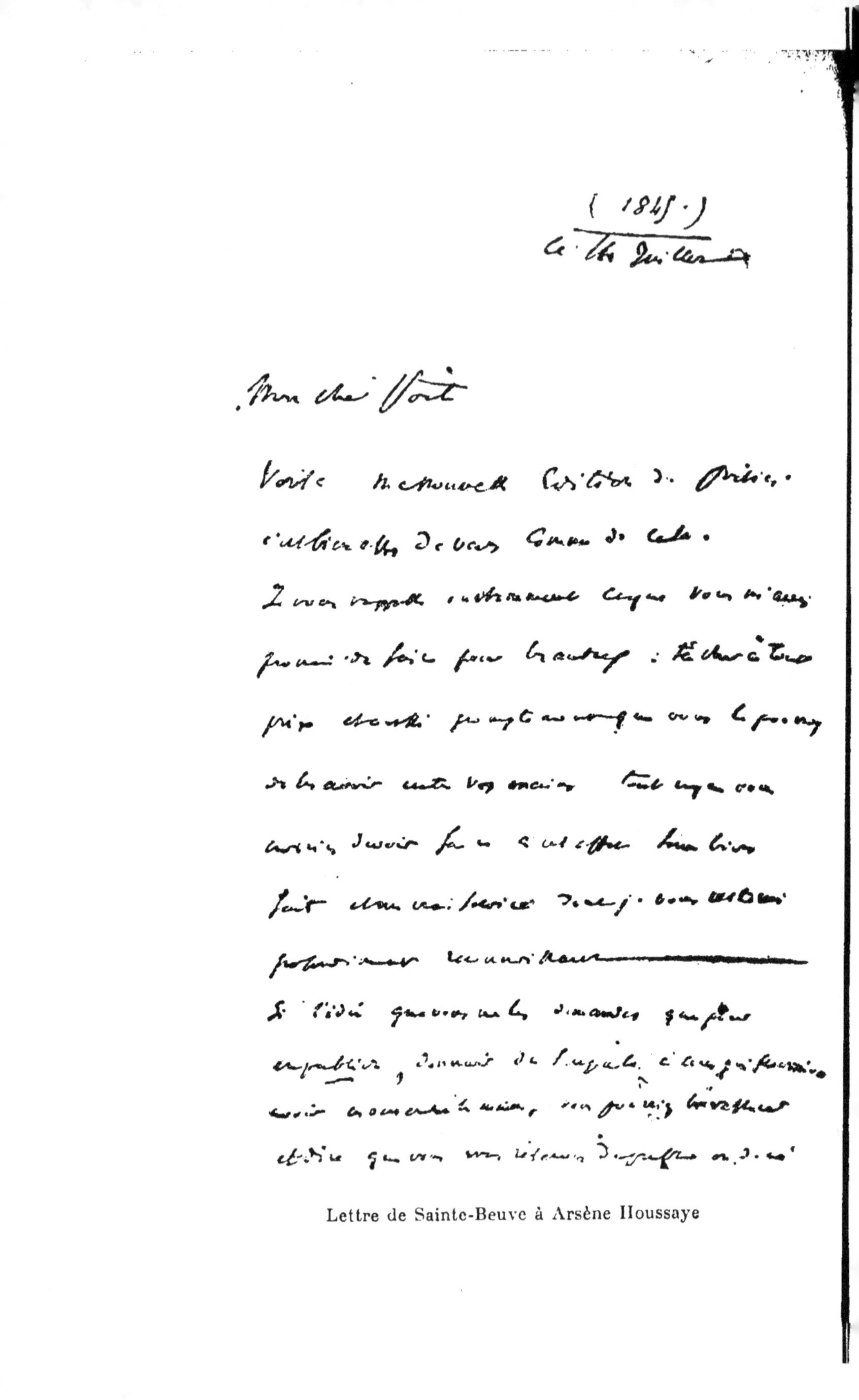

(1845 .)

Lettre de Sainte-Beuve à Arsène Houssaye

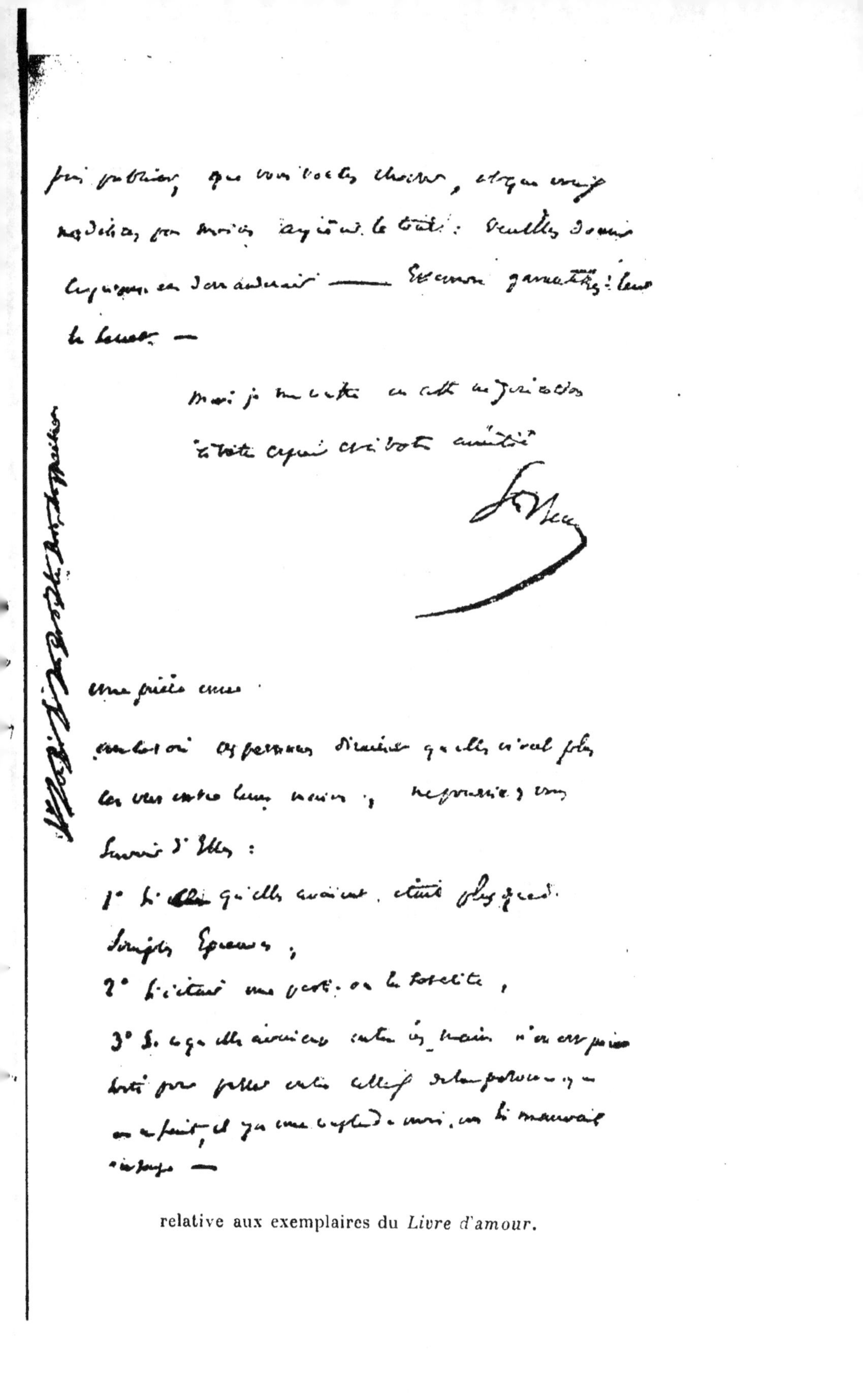

relative aux exemplaires du *Livre d'amour*.

s'est pas adressé sur un auteur un certain nombre de questions et qu'on n'y a pas répondu, on n'est pas sûr de le tenir tout entier. Que pensait-il en religion? Comment était-il affecté du spectacle de la nature? Comment se comportait-il sur l'article des femmes? sur l'article de l'argent? Etait-il riche? était-il pauvre? Quel était son régime? Quelle était sa manière journalière de vivre? etc. Aucune des réponses à ces questions n'est indifférente pour juger l'auteur d'un livre et le livre lui-même. Ces diables de biographes ont eu la plupart jusqu'ici la manie de rester dans les termes généraux. Ils trouvent que c'est plus noble. Ces gens-là masquent et suppriment la nature[1]. » Procédé d'enquête qui faisait dire à Mirecourt : « Il juge l'œuvre et l'homme par la manière dont ce dernier, par exemple, s'habille ou mange la soupe[2]. » Ne le discutons point ici, et, puisque nous avons à juger Sainte-Beuve, appliquons le procédé à son auteur. Posons-nous les questions reconnues essentielles par lui-même, persuadé comme lui qu'aucune d'elles n'est indiférente pour se prononcer sur sa moralité et sa psychologie. Dans leur ensemble, il apparaît d'abord que Sainte-Beuve ne néglige pas le côté

1. A. J. Pons, *Sainte-Beuve et ses inconnues...*; pp. ii, iii.
2. Eugène de Mirecourt, *Les Contemporains, hommes de lettres, publicistes, etc., etc.; Sainte-Beuve;* Paris, 1855, in-32, p. 33.

physique d'un individu. Voyons d'abord quel était le sien. Etait-il beau?

Sans doute, comme le dit excellemment le fidèle et obstiné M. Jules Troubat, dernier secrétaire de Sainte-Beuve, sans doute « il est un peu puéril d'avoir à discuter sur la beauté d'un homme[1]. » Comme le bon M. Troubat a raison! Mais le moyen, s'il vous plaît, de ne pas examiner si « le lyrisme et les coquetteries de la rime ont leurs entraînements[2] » quand cet homme écrit à la femme qu'il aime :

Mon visage assidu, délices de tes yeux[3]!

N'avons-nous pas dès lors, par la même occasion, le droit de juger du bon goût de Mme Victor Hugo et de rechercher en quoi l'assiduité du visage de Sainte-Beuve, pour mal parler comme lui, pouvait lui procurer les délices précités? Pour en écrire nous ne ferons pas appel aux ennemis de l'auteur de *Port-Royal*, à Alphonse Karr, par exemple, qui a écrit qu'il était laid « non pas comme tout le monde, mais d'une laideur pauvre, avec une poi-

1. Jules Troubat, *Sainte-Beuve intime et familier;* Paris, 1903, in-8, p. 12.
2. Georges Rodenbach, *Le ménage de Victor Hugo; Le Figaro*, 28 décembre 1896.
3. C.-A. Sainte-Beuve, de l'Académie française, *Livre d'amour, préface par Jules Troubat;* Paris, MC MVI, in-18, pièce VIII, *Récit à Adèle*, p. 56.

gnée de cheveux jaunâtres et l'un de ces regards
en dessous et fuyants qu'on acquiert à cette époque
de la vie où le dedans vient faire son empreinte
au dehors. » De même nous négligerons les critiques, même indulgents[1], pour ne demander des
témoignages qu'aux amis. C'est d'abord Sainte-
Beuve, lui-même, qui nous dira qu'il avait

... *Le front trop défleuri*[2].

Moins poétiquement, les deux secrétaires con-
firment le dire, Pons, en parlant du crâne « luisant
et pelé[3] » de son patron, M. Troubat en écrivant :
« Il avait le crâne absolument chauve et luisant[4]. »
Il portait donc calotte, calotte « à laquelle il donnait
toutes les inflexions de sa pensée, » a cru pouvoir
écrire, par une image hardie, M. Jules Troubat[5].
Voilà le dire des secrétaires. Celui des amis le
complète. Just Ollivier, son intime Suisse, le confident qu'il eut à Lausanne pendant le cours dont

1. « Il avait la laideur médiocre » —. Sainte-Beuve, *Causeries
du lundi; portraits littéraires et portraits de femmes ; extraits
publiés avec une introduction*, par Gustave Lanson ; Paris,
1900, in-18, p. XIII. — « Un hideux personnage au facies marqué de petite vérole. » Tristan Legay, *Les amours de Victor
Hugo...*; p. 77.
2. C.-A. Sainte-Beuve, *Livre d'amour...*; pièce **XV**, *Qui
suis-je...* ; p. 103.
3. A.-J. Pons, *Sainte-Beuve et ses inconnues...*; p. **285**.
4. Jules Troubat, *Sainte-Beuve intime et familier...*; p. 11.
5. Jules Troubat, *La salle à manger de Sainte-Beuve;* Paris,
MCMX, in-18, pp. 51, 52.

nous reparlerons, Just Ollivier observait que « sa tête pâle et ronde » était « presque trop grosse pour son corps[1]. » Il remarquait aussi que « ses cheveux rouge blond[2], très abondants, » étaient « à la fois raides et fins[3]. » Quant à la forme même de cette tête, elle était conique et déroutait entièrement le gras Monselet. « Je ne peux pas m'y habituer, » confessait-il[4]. Vers la fin de sa vie, étant un jour avec cette vieille chèvre bêlante de Mme d'Arbouville, leur groupe suscita à M. de La Ferté la mélancolique remarque : « Quel dommage qu'ils ne soient pas plus beaux l'un que l'autre[5]! » Du coup, voilà, de Mme d'Arbouville, un portrait peu flatteur. Mais, enfin, c'était là Sainte-Beuve sur le tard. Plus jeune, à l'époque de sa grande intimité avec les Hugo, comment était-il? C'est un ami commun, le bon Victor Pavie, qui écrit, à son frère, qu'à un dîner chez le poète il s'est rencontré avec Sainte-Beuve. « Arrive, dit-il, une espèce d'écolier, petit, voûté, la lèvre inférieure très avancée, les cheveux roux, le teint analogue, qui nous salue

1. A.-J. Pons, *Sainte-Beuve et ses inconnues*...; p. 65.
2. « ... Le fond roux de sa chevelure. » Jules Troubat, *Sainte-Beuve intime et familier*...; p. 11.
3. A.-J. Pons, *Sainte-Beuve et ses inconnues*...; p. 65.
4. Jules Troubat, *La salle à manger de Sainte-Beuve*...; p. 55.
5. Léon Séché, *Sainte-Beuve mondain d'après la correspondance inédite de Mme d'Arbouville; Mercure de France*, 1er octobre 1909, p. 405.

d'un air empêtré[1]. » Voilà le gaillard, en pied. Dès lors, on comprend le cri de Mme Hugo : « Il n'est pas laid, il est vilain[2]! » Et, pourtant!... Mais ce n'est point par des cris que, plus loin, nous en aurons à juger. Donc, au résumé, pour les secrétaires comme pour les amis : « Sainte-Beuve n'avait certes rien d'un Adonis[3]. » Tous sont donc d'accord entre eux, et un seul les contredit :

Mon visage assidu, délices de tes yeux!

Mais ici, mieux encore que pour Mme Hugo, nous pouvons en parler par nous-mêmes. Assez de portraits nous sont demeurés de Sainte-Beuve pour nous permettre de nous prononcer sur son physique. Le premier en date est ce dessin fait, par Eugène de Bonnières, du critique enfant à l'âge de neuf ans et trois mois[4]. C'est la tête conique qui devait, plus tard, surprendre Monselet. L'œil fixe et hébété n'a pas encore cette lueur canaille qu'on retrouvera aux photographies de l'homme. Anonyme, ce dessin d'Eugène de Bonnières passerait

1. Lettre de Victor Pavie à son frère; Paris, 11 juillet 1827. — André Pavie, *Médaillons romantiques...*; p. 45.
2. Georges Rodenbach, *Le ménage de Victor Hugo; Le Figaro*, 28 décembre 1896.
3. A.-J. Pons, *Sainte-Beuve et ses inconnues...*; p. 3.
4. Maurice Tourneux, *Les portraits de Sainte-Beuve; Le Livre d'or de Sainte-Beuve, publié à l'occasion du centenaire de sa naissance*, 1804-1904; Paris, 1904, in-4, p. 331.

aisément pour le portrait d'un parfait candidat au gâtisme. Nous avons ensuite le médaillon de Sainte-Beuve à vingt-quatre ans, par David (d'Angers). Le génie de l'exécution, sobre et vigoureuse, à part, il est aussi insignifiant que le buste de Denys Puech, qui encombre et déshonore les nobles parterres du royal Luxembourg. Mais où on retrouve l'homme tout entier, c'est dans le croquis de Heim, daté de 1856. En costume d'académicien, les mains jointes sur le ventre, l'auteur du *Livre d'Amour* est accroupi dans un fauteuil, coiffé de sa calotte, le nez pointu, le regard trouble, avec une pointe de malice, aggravée d'on ne sait quelle crapulerie, c'est le mot, dans la photographie de Bertall. Cela n'a rien de la bonhomie qu'on imaginerait d'après le crayon d'Eugène Giraud, dans les *Soirées du Louvre,* de l'air de naïve malice piqué aux yeux de la charge. Bien plus cruellement apparaissent les caractères distinctifs et significatifs de ces diverses images, dans la photographie prise en 1859, à Aix-en-Savoie, par M. de Solms.

« Image que chacun s'accordait à trouver parlante, » a dit M. Maurice Tourneux[1]. Elle n'est guère faite pour flatter le personnage. Débraillé, la cravate lâche, la calotte sur le coin de l'œil, il s'étale dans un paysage rococo, sur une chaise de

---

1. Maurice Tourneux, *Les portraits de Sainte-Beuve; Le Livre d'or de Sainte-Beuve...*; p. 335.

fer, devant une fausse grotte. Le visage, gras et mou, sue une béatitude vicieuse, et, impossible de croire que l'homme ainsi épanoui dans son négligé cynique n'ait point eu dans l'âme quelque chose du fiel que respire son image. Mais l'âme, c'est sur ses actes que nous la jugerons. Si elle se targuait de pureté et de propreté, ce n'est certes pas qu'elle se fut modelée sur la pureté et la propreté physiques de Sainte-Beuve. Ses photographies ne donnent qu'un aspect de son débraillé. « Il était le contraire d'un gentleman au point de vue de la toilette, a écrit un contemporain. Ses pantalons étaient ou trop longs ou trop larges, et ses redingotes venaient évidemment de la confection, voire même de la confection à bas prix[1]. » Sa mère disait à Mme Desbordes-Valmore : « Il n'a jamais de chaussettes[2] ! » Chez lui, il était, dit Lorédan Larchey, « en jaquette flottante et en caleçon[3]. » Enfin, son ami Pavie déclarait : « Quand il est en tenue, notre ami ressemble un peu trop à un instituteur primaire ou à un notaire de campagne[4]. » C'est le

1. Georges d'Heylli (Edmond Poinsot), *La Fille de George Sand; lettres inédites publiées et commentées;* Paris, 1900, in-18, p. 104.

2. Maurice Tourneux, *La Bibliothèque de Sainte-Beuve, Le Livre d'or de Sainte-Beuve...;* p. 343.

3. Maurice Tourneux, *Les portraits de Sainte-Beuve; Le Livre d'or de Sainte-Beuve...;* p. 333...; tome II, p. 61.

4. Lettre de Théodore Pavie à son frère; Paris,... 1844. — Edmond Biré, *Victor Hugo après 1830.*

même Pavie qui nous renseigne sur les infirmités physiques de l'homme. En 1844, il le rencontra, faisant ses visites académiques. « Il précédait à pied un cabriolet de remise auquel il signalait la route à suivre, tandis que lui-même s'arrêtait à toutes les bornes,

Comme fait un toutou qu'on lâche le matin.

C'était ce cher Delorme en visite d'académicien[1]. » Pons nous a donné des détails complémentaires. Ainsi, sous le second Empire, la princesse Mathilde le décida, non sans peine, à venir à la cour, à Compiègne. « Son hésitation, nous dit Pons, provenait de la rétention d'urine dont il souffrait et de la crainte de ne pas y trouver les commodités nécessaires pour y p..... à l'aise. La princesse daigna le rassurer[2]. » Elle daigna aussi s'en souvenir, car, en 1869, s'étant brouillée avec lui, elle lui dit crûment, à la housarde : « Qu'êtes-vous? Un vieillard impotent. Vous ne pouvez seulement pas vous servir dans vos besoins[3]! » C'est ainsi que devient transparente et lumineuse la métaphore du secrétaire indiscret : « Il ne pouvait plus guère caresser que du regard et de la main les beautés

1. Edmond Biré, *Victor Hugo après 1830...*; tome II, p. 61.
2. A.-J. Pons, *Sainte-Beuve et ses inconnues...*; p. 211.
3. *Journal des Goncourt; mémoires de la vie littéraire; 1866-1870;* Paris, 1910, in 18, tome III, p. 256.

qui s'offraient à lui[1]. » Et, tout naturellement, ceci nous mène à poser la question formulée par Sainte-Beuve lui-même : comment se comportait-il sur l'article des femmes ?

Il paraît que, dès le collège de son enfance, à Boulogne-sur-Mer, « il savait comment se comporter avec les dames de Paris[2]. » La manière dont il se conduisit, en certaines occasions, n'est guère pour faire honneur à ses professeurs. Sur ce point il ne tenait guère de son père, dont il a dit que c'était un « homme sobre et de mœurs continentes[3]. » En effet, nous savons par de multiples confidences, par de nombreuses correspondances, par toutes les attestations des contemporains, que la femme fut un des principaux motifs de la vie de Sainte-Beuve. Faute de mieux, quelquefois, il appliquait l'étude de ces relations à son œuvre littéraire. « Chaque femme qu'il aimait était une expérience qu'il faisait, une étude prise sur le vif de la vie[4]. » De là à choisir entre l'épithète de « Werther jacobin et carabin[5], » que lui décocha Guizot, et celle de « carabin matérialiste, » que lui applique un cri-

1. A.-J. Pons, *Sainte-Beuve et ses inconnues...*; p. 287.
2. Jules Troubat, *La salle à manger de Sainte-Beuve...*; p. 82.
3. A.-J. Pons, *Sainte-Beuve et ses inconnues...*; p. 8.
4. Gustave Lanson, introduction aux *Causeries du Lundi...*; p. XII.
5. A.-J. Pons, *Sainte-Beuve et ses inconnues...*; p. 103.

SAINTE-BEUVE.
D'après une photographie.

tique moderne[1], c'est à la dernière qu'on doit s'arrêter et de préférence à « l'ascétique libidineux » stigmatisé par Alphonse Karr dans le *Livre de bord*. Des femmes qu'il connut, il convient de faire deux catégories. Celles du monde, et les autres. Il amusa les premières par son esprit et s'en tint, avec elles, aux bagatelles des environs. « Sainte-Beuve, écrit son dernier biographe, en dépit de sa laideur proverbiale, eut autant de succès auprès des femmes du monde que s'il avait eu sur les épaules la tête olympienne de René[2]. » Quoi d'étrange à cela? On a bien vu des princesses aimer des tziganes et des marquises décamper avec des dompteurs. Les succès de Sainte-Beuve étaient, auprès de ses partenaires de haut vol, d'une autre qualité. Dans le *Livre d'amour*, écrit à la force de l'àge, il disait déjà :

> *Moi, vois-tu (ne ris pas, le mot est sérieux)*
> *Adèle, à mon midi, déjà je me sens vieux[3].*

Et il se plaignait des « lenteurs de *sa* sève. »

1. G. Michaut, maître de conférences à l'Université de Paris, *Sainte-Beuve amoureux et poète; études sur « le Livre d'amour » de Sainte-Beuve, d'après des documents inédits;* Paris, s. d. [1910], in-8, p. 83.
2. Léon Séché, *Muses romantiques : Hortense Allart de Méritens dans ses rapports avec Chateaubriand, Béranger, Lamennais, Sainte-Beuve, G. Sand, Mme d'Agoult; documents inédits;* Paris, MCMVIII, in-18.
3. C.-A. Sainte-Beuve, *Livre d'amour...;* pièce VIII, *Récit à Adèle;* p. 58.

Tenta-t-il jamais d'en expérimenter la vigueur sur les grandes dames de ses relations? Il ne paraît pas; en tout cas il est certain qu'il ne s'en tint qu'aux préliminaires avec Mme d'Arbouville, la femme du général, petite-fille de Mme d'Houdetot, qui mourut d'un cancer au sein, le 22 mars 1850. C'est donc par ailleurs qu'il eut à exercer les « libertés » de sa « complexion amoureuse[1]. » Comment? Où? C'est là le point sur lequel Pons n'a pas été ménager d'éclaircissements. Ces confidences, Sainte-Beuve les prévit-il? Peut-être. Mais certainement il s'attendait à la publicité de certaines anecdotes graveleuses et exactes. « Si vous vivez longtemps après moi, disait-il à ses secrétaires, vous en entendrez de belles et de bonnes[2]. » Hé! mais, lesdits secrétaires n'avaient-ils pas vu les « belles » et ne connaissaient-ils point parfaitement les « bonnes? » A leur publicité, répétons-le, Pons a tâché avec zèle, au grand déplaisir de son confrère et successeur M. Jules Troubat. « Pons et Troubat, soit dit en passant, ne me paraissent pas, d'ailleurs, avoir été les deux meilleurs amis du monde. Ces deux disciples n'ont pas eu la même manière d'envisager leur maître. Pons trouve excellent de mettre en lumière ce que Trou-

---

1. A.-J. Pons, *Sainte-Beuve et ses inconnues...*; p. 3.
2. Jules Troubat, *La salle à manger de Sainte-Beuve...*; p. 204.

bat veut qu'on laisse dans l'ombre[1]. » Cette diversité de vues a fait naître entre les deux disciples de retentissantes querelles. M. Jules Troubat a dit du livre de Pons qu'il était « scandaleusement obscène. » Jugement certes bien outré, car, plus judicieusement, quelques années plus tard, M. Jules Troubat a reconnu que Pons « n'a raconté que des choses sues et connues de tout le monde en leur temps[2]. » Pons a répliqué en accusant M. Jules Troubat d'avoir trafiqué des exemplaires rarissimes du *Livre d'amour*[3]. Simples querelles au parvis du temple. Pénétrons dans le sanctuaire. Le culte s'y célébrait sans prétention, à la bonne franquette, si on peut écrire. « On se sentait à l'aise chez lui comme dans une abbaye de Thélème. Il lui fallait la femme pour chasser l'odeur d'encre, disait-il, et elle lui apportait un regain de jeunesse

1. E. Lemaître, *Le Livre d'amour ; Sainte-Beuve et Victor Hugo...* ; p. 60.

2. Jules Troubat, *La salle à manger de Sainte-Beuve...* ; p. 63.

3. « M. Troubat pourrait mieux que moi vous expliquer d'une façon précise comment, possesseur de l'édition entière [du *Livre d'Amour*], en sa qualité d'héritier de Sainte-Beuve, il se décida à en vendre un certain nombre d'exemplaires que les amateurs se sont ensuite disputés à prix d'or. Je crois pourtant que depuis la publication de mon livre, qui en contient de larges extraits, le prix de vente en a un peu baissé. » Lettre de A.-J. Pons, à M. E. Lemaître ; Paris, 22 avril 1884. — E. Lemaître, *le Livre d'amour ; Sainte-Beuve et Victor Hugo...* ; pp. 58, 59, 60.

et de curiosité[1]. » Fut-ce ce désir, toujours éveillé, qui le porta à devenir « assez bassement libertin[2], » à n'avoir que des « amours médiocres, souvent ancillaires[3] ? » On le présume, et puisqu'on « ne nous a rien caché de ses mœurs de vieux célibataire[4], » voyons les explications qu'on en a donné. « Il était amoureux à soixante-quatre ans comme à vingt. » Bien. Pourquoi? Jeunesse de tempérament, verdeur d'esprit? « Le docteur Veyne, qui vit seul juste dans sa maladie, attribuait ces symptômes passionnels à la maladie de la pierre, dont il est mort, et qui l'aiguillonnait[5]. » Inclinons-nous devant Hippocrate et ne cherchons plus que des détails sur les bénéficiaires desdits « symptômes passionnels. » Ici encore il importe de ne pas prendre au pied de la lettre certaines déclarations de Sainte-Beuve. C'est lui qui a écrit, de l'encre de la petite vertu à son usage :

Nos auteurs dramatiques et nos romanciers sont uniques. Ils vivent, la plupart, comme de gais et spirituels chenapans, avec des filles, avec des cocottes, avec des femmes

1. Jules Troubat, *La salle à manger de Sainte-Beuve...*; p. 101.
2. Emile Faguet, *Victor Hugo et Sainte-Beuve; Revue Bleue*, 14 novembre 1896. — G. Michaut, *Sainte-Beuve amoureux et poète...*; p. 296.
3. George Rodenbach, *Le ménage de Victor Hugo ; Le Figaro*, 28 décembre 1896.
4. Jules Lemaître, *Sainte-Beuve fut-il envieux? Le Livre d'or de Sainte-Beuve...*; p. 70.
5. Jules Troubat, *La salle à manger de Sainte-Beuve...*; p. 142.

mariées ; ils ne se gênent en rien et s'en donnent à *tire-la-rigot*. Mais dès qu'il s'agit, dans leurs inventions littéraires, d'un adultère, cela devient une affaire de tous les diables et comme si le cas était pendable au premier chef. Ils oublient qu'il n'y a rien de plus commun, en fait, et rien qui, dans le train ordinaire de la vie, tire moins à conséquence [1].

Est-il, lui, parmi ces « spirituels chenapans ? » Nous en demandons pardon à la fidélité de M. Jules Troubat, mais il n'est ici aucun moyen d'en douter. On jurerait le passage, écrit par Sainte-Beuve, la définition exacte de sa propre vie. Tout y est, jusqu'aux « filles » et aux « cocottes. » Avec la même verdeur, la princesse Mathilde disait aux frères Goncourt que la maison du critique était une « maison de coquines, un mauvais lieu [2]. » Et, la princesse Julie Bonaparte, ayant un jour demandé l'avis de Sainte-Beuve sur un sien manuscrit, y avait, comme par mégarde, laissé subsister un petit croquis de l'intérieur de l'homme. « Il mène, disait-elle, malgré son âge, une vie crapuleuse ; il vit avec trois femmes à la fois, qui sont à demeure chez lui. » Il s'excusa avec bonhomie : « L'histoire des trois femmes à domicile est une légende vraiment herculéenne et dont je n'ai pas à me vanter [3]. » Il oubliait de dire que les trois femmes

1. *Les cahiers de Sainte-Beuve...* ; p. 133.
2. *Journal des Goncourt ..* ; tome III, p. 256.
3. A.-J. Pons, *Sainte-Beuve et ses inconnues...* ; p. 292.

n'étaient venues qu'à tour de rôle. La première connue semble être cette dame de Vaquez, qui se prétendait marquise et qui, à en croire Mirecourt « était une ancienne blanchisseuse[1]. » Elle était brune, avait trente-cinq ans, et Sainte-Beuve en avait fait la découverte « vers les hauteurs des Batignolles[2]. » Il en fit la maîtresse de sa maison, se laissant mener tambour battant. La dame démarqua le linge et fit graver l'argenterie à son chiffre[3]. Cela dura quelques mois, peu d'années. La dame de Vaquez mourut d'une « affection de poitrine, augmentée, paraît-il, par la frénésie de la passion amoureuse[4]. » Qui eût cru Sainte-Beuve capable d'inspirer une telle ardeur? Par la suite, d'ailleurs, elle lui coûta cher. Pendant la maladie de la pseudo-Espagnole on vit apparaître son père : elle refusa de le reconnaître. C'était un croquant des environs de Péronne. Madré et coquin, il fit du tapage, menaça Sainte-Beuve de le traîner devant les tribunaux et disparut en lui escroquant 12.000 francs[5]. C'était estimer sa fille un bon prix. Par la suite, dégoûté des demoiselles

---

1. Eugène de Mirecourt, *Les Contemporains; Sainte-Beuve...*; p. 78.
2. A.-J. Pons, *Sainte-Beuve et ses inconnues...*; p. 269.
3. A.-J. Pons, *Sainte-Beuve et ses inconnues...*; pp. 270, 271.
4. A.-J. Pons, *Sainte-Beuve et ses inconnues...*; p. 271.
5. A.-J. Pons, *Sainte-Beuve et ses inconnues...*; p. 272.

ibériques, l'auteur des *Lundis* se rabattit sur des
Parisiennes. Il n'eut point la main plus heureuse.

Victor Hugo en 1830.
(*Croquis d'Isabey*)

Une certaine Jenny Delval vint habiter rue du
Montparnasse.

> *Elle était fille à bien armer un lit,*
> *Pleine de suc et donnant appétit,*

pour citer, avec Pons, du La Fontaine. Cette
Jenny avait été ramassée, on ne sait où, ou plutôt on le savait trop, puisque, de temps à autre,
elle plantait là son vieux petit rouquin, courant
et « s'abandonnant de préférence aux vauriens du
quartier[1]. » On l'aperçut même un jour man-

1. A.-J. Pons, *Sainte-Beuve et ses inconnues...*; p. 283.

geant un perdreau, envoyé par Sainte-Beuve, « avec un truand de mauvaise mine[1]. » On voit qu'elle aimait le gibier au même titre que le poisson. Malgré cela le critique rêva de l'introduire dans le monde. Il la présenta comme sa nièce dans quelques salons. « Sa nièce! sa nièce! murmurait en ricanant un éditeur normand, il en sera comme de la cousine qu'il nous avait présentée il y a deux ans et que j'ai retrouvée à Toulon, dans la rue des Trois-Mulets[2]. » Cette fille avait fini par un Port-Royal à sa manière. Quant à la Jenny qui nous occupe, un beau matin elle décampa et ne revint que pour demander sa part de l'héritage du « vieux. » Trop tard! Une autre venait de le rafler.

C'était une jeune personne à laquelle il était arrivé un petit malheur : elle n'avait qu'un bras. « Elle était jolie, mais chétive, et avait conscience que son infirmité attirait les regards sur elle. On l'appelait *la manchotte* : j'ai vu depuis des imbéciles se vanter de l'avoir rencontrée dans le monde où l'on s'amuse. Une autre se faisait passer pour elle et se donnait comme l'ancienne maîtresse de Sainte-Beuve[3]. » De plus, elle était de petite condition et s'appelait Céline Deb.... Timide avec la

---

1. A.-J. Pons, *Sainte-Beuve et ses inconnues...*; p. **286**.
2. A.-J. Pons, *Sainte-Beuve et ses inconnues...*; pp. **284, 285**.
3. Jules Troubat, *La salle à manger de Sainte-Beuve...*; p. **102**.

syntaxe et l'orthographe, Sainte-Beuve lui fit in-
culquer le rudiment par une institutrice. En mourant il lui légua une partie de sa fortune [1]. Enfin,
il n'y avait pas jusqu'à la cuisinière qui ne tînt à
honneur de soutenir la galante réputation du lieu
de plaisir de la rue du Montparnasse. Ce cordon
bleu passait des verres de vin aux conducteurs des
omnibus, par la fenêtre de la cuisine. « A cette
époque, raconte Pons, l'omnibus qui passait dans
la rue du Montparnasse avait contracté une singulière habitude. A mesure qu'ils entraient dans la
rue, les chevaux ralentissaient le pas et, arrivés
devant le numéro 11, s'arrêtaient court. Aussitôt,
le conducteur s'approchait de la fenêtre du rez-de-
chaussée, où une main amie lui tendait un verre
de vin qu'il lampait lestement. Autant en faisait le
cocher, puis l'omnibus reprenait sa marche au
grand étonnement des voyageurs : c'était Adèle
qui régalait ainsi ses amoureux aux frais du patron [2]. » Mais le « patron » tenait à sa cave et veil-
lait à ses finances. Il mit incontinent Adèle à la
porte et lui flanqua ses hardes à la tête, du haut
de la maison où elle avait son gîte. « Inutile,
achève Pons, de décrire l'hilarité des voisins en
la voyant courir après ses nippes, les saisir à la

1. A.-J. Pons, *Sainte-Beuve et ses inconnues...*; p. 316.
2. A.-J. Pons, *Sainte-Beuve et ses inconnues...*; p. 273.

volée et les emporter en pestant contre le maître et la maison[1]. » Inutile, en effet. Tel était le personnel, la maison et le genre de vie facile de celui qui, se sachant lu, « le soir, en famille, sous la lampe, éliminait avec un soin scrupuleux tout ce qui pouvait blesser l'oreille, le goût et les mœurs. Il observait toutes les politesses et toutes les bienséances[2]. » Ceci n'est point de l'ironie sous la plume de M. Jules Troubat. Il pense vraiment qu'en Mme de Vaquez rien ne blessait le goût; qu'en Jenny et ses propos, rien ne blessait l'oreille; qu'en la manchotte, rien ne blessait les mœurs. Allons, tant mieux! Fortunée époque où l'enthousiasme garde cette fidélité et ce consolant aveuglement!

Ces mœurs de Sainte-Beuve furent-elles au moins masquées, secrètes? Se contentait-il des cabinets particuliers de chez Magny, où il ne dînait pas seul, pour les exhiber? « Quel est l'hypocrite... ou le jésuite, de nos jours, qui oserait encore le lui reprocher[3]? » Sainte-Beuve, en effet, est-il à ce point une déité littéraire que personne n'ose le lui reprocher? Son œuvre mérite-t-elle le respect au point qu'on doive, sans sourciller, enregistrer les discours sur les prix de vertu, à l'Académie,

1. A.-J. Pons, *Sainte-Beuve et ses inconnues...*; p. 274.
2. Jules Troubat, *Sainte-Beuve intime et familier...*; p. 7.
3. Jules Troubat, *Sainte-Beuve intime et familier...*; p. 21.

du personnage, suivis le soir d'une petite partie avec une gourgandine manchotte, dans une loge de la Comédie-Française? Le fasse qui voudra. Mais, sans être hypocrite, jésuite, ou simplement M. Jules Troubat, on peut se priver de l'agrément d'imiter la morale de Sainte-Beuve sur ce point.

Et, prenne à son compte qui le voudra l'oraison funèbre par laquelle M. Jules Troubat salue la mort de l'Espagnole péronnaise et de la manchotte : « C'est sur la tombe de chacune que je jette des lys à pleines mains[1]. » Ce qui prouve uniquement que M. Jules Troubat, en sa qualité de dernier secrétaire de Sainte-Beuve, a le lys facile.

Nous connaissons là le physique du personnage, nous savons ses ridicules et ses travers, nous avons appris que, quand on lui annonçait l'après-midi quelque belle visite, il répandait de l'eau de cologne sur le parquet, pour chasser l'odeur d'encre, disait-il ; il humectait même légèrement le plastron de sa chemise et de son gilet[2] ; » il ne nous demeure plus, après tout cela, qu'à voir comment, pour reprendre la série de ses questions, il se comportait sur le chapitre de l'amitié.

Fut-il fidèle à ses amis?

Philarète Chasles a dit qu'il « était traître par

1. *Intermédiaire des chercheurs et des curieux*, 30 juin 1907, col. 976.
2. Jules Troubat, *Sainte-Beuve intime et familier...*; p. 10.

principe[1]. » De fait, quelle amitié, quelle confiance ne s'acharna-t-il pas à détruire et à trahir? De sa conduite envers Hugo, nous parlerons par ailleurs, mais que dire de sa duplicité indigne et si lâchement basse, envers son ami Alfred de Vigny[2]? « Méchante langue et jaloux, on lui portait facilement ombrage, » a-t-on constaté[3]. Mais quel ombrage lui avait porté Vigny pour excuser la canaillerie dont il fit preuve à son égard? Il a même porté au poète mort le coup hypocrite de l'ironie. Parlant de son amour pour l'actrice du drame romantique, Mme Dorval[4], il a raillé

1. Philarète Chasles, *Mémoires;* Paris, 1877, in-18, tome II, p. 250.

2. Sur la conduite de Sainte-Beuve à l'égard d'Alfred de Vigny, cf. *Sainte-Beuve et Alfred de Vigny; Le Figaro,* 9 avril 1910. Cf. encore Ernest Dupuy, *Alfred de Vigny; ses amitiés, son rôle littéraire;* Paris, 1909, in-18, tome I. [Ses amitiés.]

3. Léon Séché, *Muses romantiques; Hortense Allart de Meritens...;* p. 17.

4. Le nom d'Alfred de Vigny apparaît d'une manière curieuse dans une lettre de Marie Dorval, vendue le 27 février 1889, adressée à Alexandre Dumas qui poursuivait l'actrice de ses protestations amoureuses. « Ah mon Dieu! lui écrivait-elle, si tout ce que vous me dites est vrai, que je suis affligée de causer le désordre de votre esprit.... Mais, vous me l'avez dit, votre talent est là; il vous faut du trouble au cœur et à la tête. Vos impressions sont trop vives et trop promptes pour qu'elles puissent durer longtemps; c'est ce qui me rassure pour vous. Pour moi, Monsieur, je veux de toute mon âme ce que vous croirez le plus propre à vous calmer. Partez sans me voir et je reçois votre adieu, ou venez me voir, je vous recevrai

Vigny d'avoir porté dévotement son cœur et son culte à une personne d'un grand talent mais des moins préparées, à coup sûr, pour une telle offrande[1]. Lui, au moins, faisait donner des leçons à sa manchotte et la préparait à ses offrandes. On peut donc facilement reconnaître, avec M. Brunetière, qu'il « a manqué quelquefois de tact[2]. » Quelquefois seulement? C'est y mettre de la complaisance. Son caractère apparaît, dans ces diverses constatations de ses traîtrises, comme foncièrement méchant et rancunier. Il hait parce qu'il n'est pas aimé; et la lettre du 17 septembre 1830, à son ami Victor Pavie, contient l'aveu franc, brutal, âpre, de la haine qu'il mâche et remâche avec une sorte de secrète et jalouse fureur :

Allez, mon ami, écrit-il, priez pour moi et aimez moi un peu, car je souffre d'horribles douleurs à l'âme; toute ma poésie refoulée, tout mon amour sans issue s'y aigrissent et me dévorent. Je suis redevenu méchant. Oh! quand on est haï, que vite on devient méchant. Je ne suis pas haï

comme un ami malade d'un mal qui fait souffrir, mais qui dure peu. Je vous promettrai de vous revoir à votre retour si vous promettez de m'aimer comme m'aime M. Devigny (sic). Que Mme Mars est bonne d'avoir bien voulu prononcer mon nom! Marie. » — *L'Amateur d'autographes*, n° 397, janvier 1889, p. 1.

1. Léon Séché, *Les amitiés littéraires d'Alfred de Vigny ; Sainte-Beuve; Revue Bleue*, 24 mars 1900, p. 357.

2. *Discours de M. F. Brunetière à la cérémonie du centenaire de Sainte-Beuve; le Livre d'or de Sainte-Beuve...; p.* VII.

ou du moins je m'inquiète peu de ceux qui me haïssent. Mais mon mal et mon crime c'est de n'être pas aimé, de n'être pas aimé comme je voudrais l'être, comme j'aimerais l'être, aimant. C'est là le secret de toute ma folle existence, sans suite, sans tenue, sans but, sans travail d'avenir[1].

Fâcheux amoureux qui, tel un voleur qui au coin d'un bois vous demande la bourse ou la vie, exige l'amour ou la haine! Au moins devons-nous à Sainte-Beuve la théorie de l'amour obligatoire, sinon gratuit. Au surplus, sur cette question de la fidélité à l'amitié, on peut se résumer, — une fois n'est pas habitude, — avec son biographe habituel : « Que, dans ses différentes mues, il ait jugé à propos de brûler le lendemain ce qu'il adorait la veille, qu'il ait été infidèle à ceux qui lui avaient ouvert leur cœur et leur maison, qu'il ait trahi ses meilleurs amis et jusqu'à la prêtresse du temple où il avait servi la messe; que, *pour guérir sa mélancolie*, comme il disait un jour à Auguste Barbier, *il ait éventré les morts* et déshabillé les vivants, voilà ce que ne saurait pardonner l'esprit le plus brisé, le plus sceptique[2]. » C'est là un coin de sa psychologie. Ce qui suit ne le dément pas.

1. Cité par G. Michaut, *Sainte-Beuve amoureux et poète...;* p. 120.
2. Léon Séché, *Les amitiés littéraires d'Alfred de Vigny : Sainte-Beuve; Revue Bleue*, 24 mars 1900, p. 353. — Cf. Auguste Barbier, *Souvenirs personnels et silhouettes contemporaines;* Paris, 1883, in-12.

Passons à une autre de ses questions : que pensait-il en religion ?

On connaît les théories confessionnelles qu'il débuta par professer. C'est en badinant que Mirecourt dit, qu'aux années de sa jeunesse, « il passait la moitié du jour en prières, servait la messe avec la plus édifiante ferveur, se relevait la nuit pour vaquer à de pieux exercices et semblait prendre tout droit le chemin du ciel[1]. » Cependant, badinage ou non, de son enfance austère et pieuse, mûrie dans cette vieille maison de Boulogne-sur-Mer, flanquant, dans la rue du Pot-d'Etain, le sordide et humide Mont-de-Piété, de cette demeure grise et monacale de sa jeunesse, il avait conservé assez l'empreinte pour faire dire à Théodore Pavie qu'il « était né pour porter la soutane[2]. » Il en donna la preuve dans son roman *Volupté*, « mélange, disait Cuvillier-Fleury, de mysticisme et de lubricité, page vécue dans la rue et écrite dans la sacristie, trilogie profane avec un dénouement catholique[3]. » Il donnait alors ouvertement dans la

1. Eugène de Mirecourt, *Les Contemporains : Sainte-Beuve…*; pp. 6, 7.

2. Léon Séché, *Etudes d'histoire romantique : Sainte-Beuve ;* Paris, MCMIV, in-18, tome I [*Son esprit, ses idées*] ; p. 23. — Sur la jeunesse de Sainte-Beuve, cf. les curieux documents recueillis par Ernest Deseille. *L'année boulonnaise ; éphémérides historiques intéressant le pays boulonnais ;* Boulogne-sur-Mer, 1885-1886, in-8, *passim*.

3. Anonyme [Cuvillier-Fleury], *Critique littéraire de « Vo-*

dévotion et, à en croire les *Souvenirs personnels* d'Auguste Barbier, appelait Lamennais : *Papa*. Etroitement il soudait ces sentiments religieux à ses théories littéraires. Il en truffait savamment ses poésies; on sait qu'il en a bardé le lyrisme d'érotomane du *Livre d'amour*. Mais, dit Pons, « il me sera facile de prouver que cette prétendue conversion ne fut qu'un moyen d'ajouter une corde à sa lyre et d'obtenir la clef du boudoir de l'être aimé[1]. » Hypocrisie, alors ? Mais achevons l'enquête.

Etait-il brave ?

En 1830, il se cacha sous le nom de Delorme, dans un hôtel meublé au numéro 2 de la cour du Commerce, pour échapper aux dangers que courait alors la garde nationale dans les émeutes presque quotidiennes. Pavie dit que ce n'était que pour éviter les corvées[2]. Risquer de se faire tuer faisait partie alors de la corvée. « J'aimerais mieux avoir mis au monde un maçon, » disait sa mère à la maîtresse d'hôtel[3]. Ce couard avait alors vingt-six ans.

Mais, puisqu'on est en veine de distributions de

lupté, » roman de Sainte-Beuve; Paris, 1835, in-8, 46 pp. — C'est un extrait, tiré à petit nombre, du *Journal des Débats*.

1. A.-J. Pons, *Sainte-Beuve et ses inconnues...*; p. 53.

2. Léon Séché, *Muses romantiques : Hortense Allart de Méritens...*; p. 182.

3. Léon Séché, *Etudes d'histoire romantique : Sainte-Beuve...*; tome I, p. 40.

VICTOR HUGO.

Photographie prise à Guernesey.

plaques commémoratives et glorificatrices, ne pourrait-on pas poser sur l'hôtel du Passage du Commerce un modeste petit marbre, avec trois lignes :

SAINTE-BEUVE

SE CACHA DANS CETTE MAISON

DE 1830 A 1840

L'histoire n'aurait qu'à y gagner en exactitude.

Avait-il le sens du ridicule?

En 1830, le directeur du journal où il écrivait, Dubois, du *Globe*, lui donna une paire de soufflets. Force lui fut de se battre. Comme il pleuvait pendant la rencontre, il s'abrita sous son parapluie[1]. On a cependant bien raillé M. Prudhomme et son immortel en-cas !

Avait-il conscience de la dignité?

Au moment où George Sand éprouva le besoin de se donner un nouvel amant, elle s'adressa à lui, le priant de lui en trouver un à son goût. Il accepta le plus simplement du monde, car il ne « répugnait pas du tout à s'occuper des amours d'autrui. » Il se mit en campagne, et « posa la candidature de Musset, en négligeant, d'ailleurs, de consulter le

____

1. Lettre de Paul Foucher à Victor Pavie ; Paris, 20 oct. 1830. — Léon Séché : *Etudes d'histoire romantique : Sainte-Beuve...*; tome I, p. 63.

poète [1]. » Soumis à l'admiration de M. Jules Troubat.

Etait-il discret ?

A propos de cette même aventure, George Sand lui avait écrit des lettres intimes confidentielles. Ces lettres, dans le beau monde où il fréquentait, Sainte-Beuve « les prêtait aux jeunes femmes que de pareilles confidences pouvaient intéresser, » et elles « circulaient ainsi de boudoir en boudoir, contenues dans une large enveloppe sur le dos de laquelle Sainte-Beuve effaçait à peine le nom des femmes auxquelles il les avait successivement envoyées [2]. » Le digne homme ! Il est bien vrai qu'il « observait toutes les politesses et les bienséances [3]. » A preuve.

Avait-il le respect de la vérité ?

Oui, à l'en croire. « Le vrai ! le vrai seul ! » vaticinait-il dans les *Nouveaux lundis*. Etait-ce donc le « vrai » qu'il disait quand, effrontément, il affirmait que Balzac avait touché 3.000 francs pour dire du bien de Stendhal, de Stendhal qui n'avait pas le sou ? « Où Stendhal, observe avec une finesse souriante M. Jules Claretie, où Stendhal,

1. Léon Séché, *Alfred de Musset à Fontainebleau ; Mercure de France*, vol. LX, 15 mars 1906, p. 162.
2. Vicomte d'Haussonville, député à l'Assemblée nationale, *C.-A. Sainte-Beuve, sa vie, ses œuvres* ; Paris, 1875, in-18, p. 189.
3. Jules Troubat, *Sainte-Beuve intime et familier...* ; p. 7.

dont les droits d'auteur étaient, comme on le sait, fort minces et pour ainsi dire nuls. eût-il pris ces 3.000 francs? Pouvait-il faire des économies sur ses appointements de consul? Je note le propos. Il en vaut la peine[1]. » Certes, car il montre que du jésuitisme de ses théories. Sainte-Beuve avait retenu la pratique de la diffamation. Et, pour racheter tout cela, qu'a-t-il? Le génie? Point. La splendeur de l'invention? Aucunement. L'esprit? Peut-être, si l'esprit consiste en la mobilité des pensées et l'instabilité des opinions. Le style? A peine. Il écrit mal, péniblement, poussivement. Son ami Pavie dit que ses phrases sont « assez mal faites[2]. » Il ignore la valeur des mots, écrit *scolastique* au lieu de *scolaire*[3], confond *substanter* et *sustancer*[4]. De la petite Adèle, la fille de Hugo, dont il est le parrain, il dit que sur son « front léger » sont gravés pour lui « tant d'ardents météores » et « tant d'orages pressés[5], » ce qui est du pur galimatias. Il se répète comme dans une

1. Jules Clarétie, *La vie à Paris; Le Temps*, 29 oct. 1909.
2. Lettre de Victor Pavie à son frère ; 11 juillet 1827. — André Pavie, *Médaillons romantiques...*; p. 45.
3. Lettre de Sainte-Beuve au ministre Charles Rogier; Paris, 4 mai 1881. — Emile Faguet, *Sainte-Beuve à Liège en 1831 et en 1848-1849; La Revue*, 1er octobre 1905, p. 331.
4. Paul et Victor Glachant, *Les manuscrits de Victor Hugo; Revue de Paris*, 15 juin 1899, p. 834.
5. C.-A. Sainte-Beuve, *Livre d'amour...*; pièce XVI, *A la petite Ad...*; p. 107.

poésie de juillet 1829, dédiée à Mme Hugo, dans les *Poésies de Joseph Delorme*, où il dit :

Vous avez pu prévoir comme dans un présage....

Il est incohérent :

Sa tête se penche et flotte au velours du coussin[1]*....*

Il est absurde :

Je nageais chaque soir en ses tièdes pensées[2]*....*

Et tel, donc. laid, traître, hypocrite, couard, indiscret, Mme Victor Hugo est allé le prendre pour amant? La psychologie, battue sur son propre terrain, est à ce point, dans ce cas, délicate et contradictoire, que c'est presque jour par jour, en éclairant les paroles par les actes, qu'il faut pénétrer cette crise sentimentale qui, étant donnée la qualité des personnages, se hausse au plus déconcertant des scandales.

1. C.-A. Sainte-Beuve, *Livre d'amour...* ; pièce IV, *L'Enfance d'Adèle ;* p. **32**.
2. C.-A. Sainte-Beuve, *Livre d'amour...*; pièce XVI; *A la petite Ad...*; p. **110**.

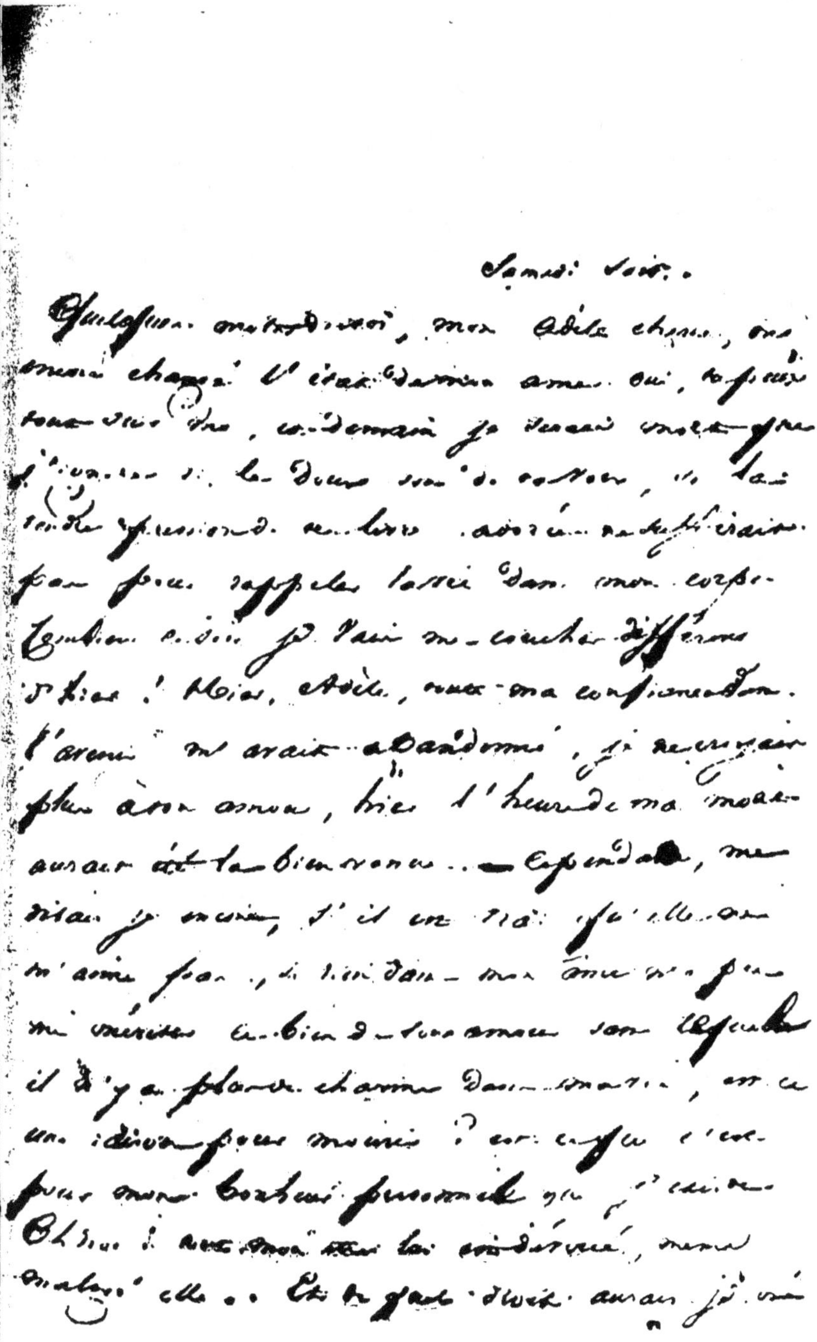

Lettre d'amour de Victor Hugo, fiancé à Adèle.
(*Première page.*)

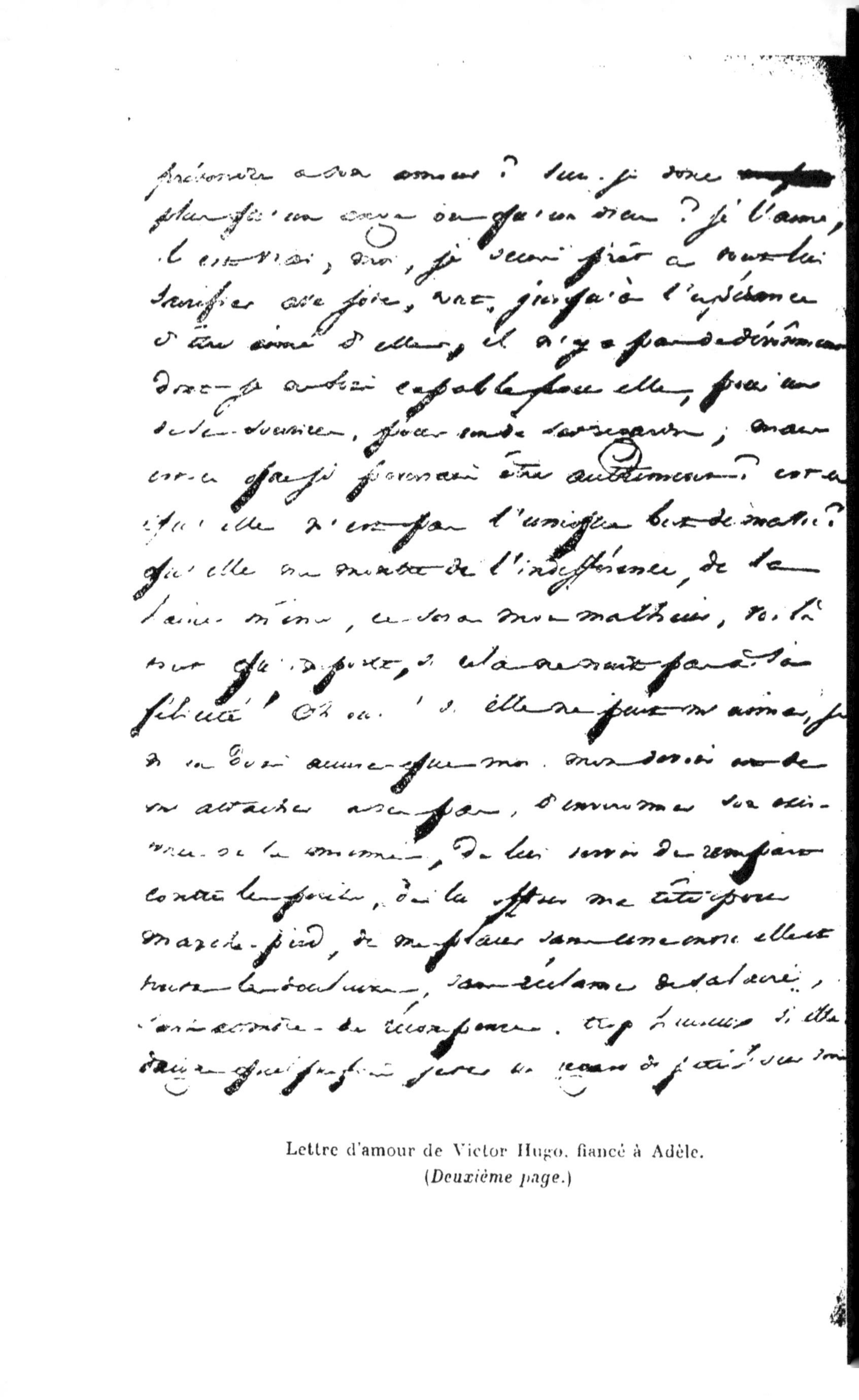

Lettre d'amour de Victor Hugo, fiancé à Adèle.
(*Deuxième page.*)

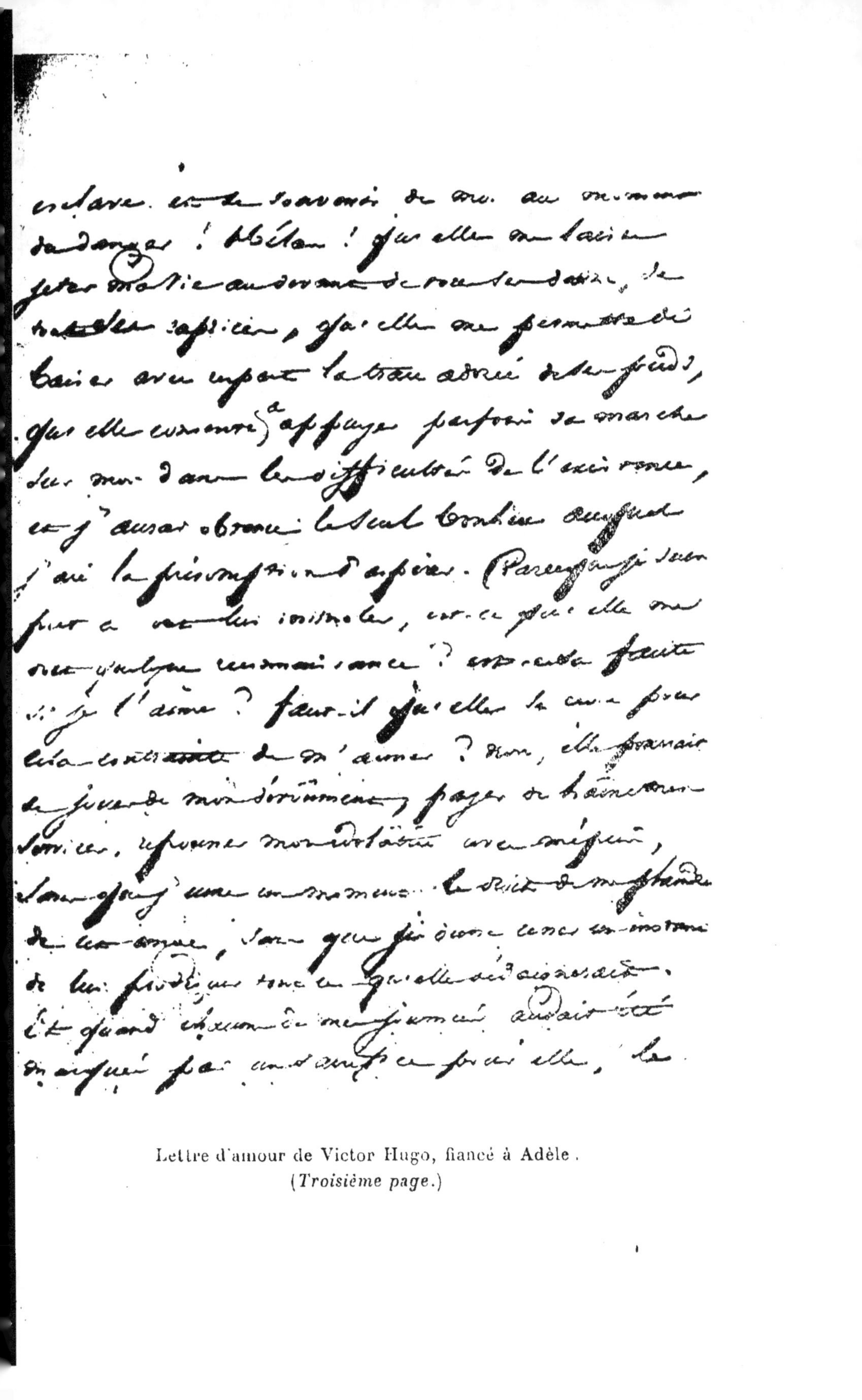

Lettre d'amour de Victor Hugo, fiancé à Adèle.
(Troisième page.)

Lettre d'amour de Victor Hugo, fiancé à Adèle.
(Quatrième page.)

III

LE ROMAN D'AMOUR ET DE MENSONGE

DE

SAINTE-BEUVE ET DE Mme VICTOR HUGO

Intimité de Sainte-Beuve et du ménage Hugo. — Sainte-Beuve louant le « buffle des buffles. » — Rupture de l'amitié. — Obscurités de la crise. — Attitude de Hugo dans le drame sentimental. — « Ni vanité, ni volupté, » dans la liaison avec Adèle. — Sainte-Beuve « empêché? » — Sainte-Beuve déguisé en vieille tante Aurore. — Anecdote grotesque certifiée par le secrétaire du critique. — Le scandale du *Livre d'amour*. — Sainte-Beuve et la poésie « indigne » de son recueil. — Pourquoi Sainte-Beuve l'a publié. — Sa colère de n'être point pris au sérieux dans ses confidences. — L'article d'Alphonse Karr, dans les *Guêpes*. — Mme Hugo avoue sa chute au pamphlétaire. — Plagiat du conte. — Cinglante réponse de Victor Hugo au *Livre d'amour*. — Equivoque de l'attitude de Mme Hugo. — Elle a des moustaches, dit Pons. — Lâcheté indigne de Sainte-Beuve en accablant de son livre Victor Hugo au moment de la mort de Léopoldine. — En le réimprimant on lui décerne un éternel brevet d'infamie.

Ce fut en janvier 1827 que Sainte-Beuve, inconnu, obscur, entra en relations avec les Hugo.

Le 2 janvier il avait publié, dans le *Globe*, un article louangeur sur les *Odes et ballades*, et le poète le remercia aussitôt. Ils s'aperçurent alors qu'ils étaient voisins : Sainte-Beuve habitait, depuis quatre ans, avec sa mère [1], au numéro 94 de la rue de Vaugirard, « c'est-à-dire dans la partie la plus monacale d'une voie morose entre toutes [2]. » Hugo gîtait au numéro 90. Le critique, timide et réservé, s'enthousiasma du poète. Le poète, de son côté, déjà en puissance de ce charme qui éblouissait et captivait ses visiteurs, se plut à cette neuve admiration. Et, puisqu'ils étaient voisins, ils continuèrent à se voir fort régulièrement. Sainte-Beuve

1. Mme Sainte-Beuve avait quitté Boulogne-sur-Mer dès 1823, pour venir habiter chez son fils. Ce fut chez lui qu'elle mourut, le 17 novembre 1850. « Mon cher ami, écrivait le critique, le lundi 18 novembre 1850, à Ravenel, conservateur à la Bibliothèque Nationale, j'ai la douleur de vous annoncer que hier soir, dimanche, à 5 h. 1/2, j'ai perdu ma pauvre mère ; elle a été enlevée subitement. Avant-hier, samedi, à pareille heure, elle avait été prise de douleurs au cœur ou à l'estomac ; elle semblait remise et je l'avais quittée dimanche à 4 h. 1/2, gaie et causant comme à l'ordinaire. Une heure après, le ressort de la vie s'est brusquement arrêté ; je vous verrai, mon cher ami, dès que je me serai acquitté des tristes et derniers devoirs.... » Léon Dorez, *Sainte-Beuve et la Bibliothèque Nationale; lettres à Jules Ravenel (1843-1865)*; le *Livre d'or de Sainte-Beuve...*; pp. 150, 151.

2. Fernand Bournon, *Les logis parisiens de Sainte-Beuve;* le *Livre d'or de Sainte-Beuve...*; p. 325. — La maison de Sainte-Beuve, rue de Vaugirard, fut démolie sous le second Empire, de même que celle de Victor Hugo, remplacée aujourd'hui par le n° 88.

fut désormais de la maison, des dîners et des soirées, des lectures et des promenades.

Couple heureux et brillant, je ne vis plus qu'en toi !

disait-il dans une de ses poésies aux Hugo. Lyriquement il payait son écot. Cette intimité, d'ailleurs, ce foyer gai et souriant à côté de son âtre éteint et morose, lui convenait à merveille. « J'ai toujours vécu chez les autres, écrira-t-il plus tard à son ami Just Ollivier ; j'ai toujours cherché mon nid dans leurs âmes[1]. » Aveu qui le révèle une manière de coucou sentimental, qui ajoute un trait à sa physionomie. Il tâchait, en échange, à se rendre utile, et s'il demandait des recommandations à Hugo[2], il mettait, par contre, sa plume à sa disposition. Et c'était, à chaque parution d'un

1. Lettre de Sainte-Beuve à Just Ollivier ; Paris, 20 août 1839. — Firmin Roz, *Sainte-Beuve à Lausanne ; Le livre d'or de Sainte-Beuve...* ; p. 186.

2. Lettre aut. sig. de Victor Hugo à Charles Nodier ; jeudi, 28 juin, 2 p. in-8. « Curieuse lettre de sa jeunesse, par laquelle Victor Hugo présente Sainte-Beuve à Nodier ; Sainte-Beuve voudrait demander à Nodier ses bons offices pour lui faciliter un travail important qu'il a entrepris sur la langue française au xvie siècle. C'est une tâche qui exige un talent élevé et une profonde science. Il a le talent : vous pouvez lui ouvrir de nouvelles sources de science. » *Catalogue d'une précieuse collection de lettres autographes comprenant des lettres adressées à Rachel par Béranger, Dejazet, Marie Dorval, Dumas père et fils, Victor Hugo, Lamartine, Alfred de Musset, George Sand, etc.* ; Paris, décembre 1909, in-8, pièce n° 77.

livre du poète, des feux d'artifices d'hyperboles et
de métaphores, actes d'admiration lyrique qui
l'annonçaient comme devant être « l'Ali du nouveau prophète[1]. » Sans mesure dans la reconnaissance, il outrait quelquefois l'éloge démesuré-
ment, pareil, disait Henri Heine, à ces crieurs du
roi africain Darfour, qui, devant le cortège de leur
potentat, hurlaient : « Voici venir le buffle, véritable descendant du buffle, le taureau des taureaux ;
tous les autres sont des bœufs : celui-ci est le seul
véritable buffle ! » Ainsi, ajoutait Henri Heine,
« Sainte-Beuve, chaque fois que Victor Hugo se
présentait au public avec un nouvel ouvrage, courait jadis devant lui, embouchait la trompette et
célébrait le buffle de la poésie[2]. » Aussi, était-il
devenu le factotum, l'indispensable, le premier
des amis de la maison. Quand naquit le dernier
enfant de Victor Hugo, la petite Adèle[3], ce fut
lui qu'on choisit comme parrain. C'est cette filleule
dont il a si ignoblement mêlé le nom aux boues du

1. Emmanuel des Essarts, *La jeunesse d'un poète; Les
royages de l'esprit;* Paris, 1869, in-18, p. 188.

2. Cité par Adolphe Jullien, *Le romantisme et l'éditeur
Renduel...;* p. 125.

3. Adèle Hugo s'enfuit, on le sait, avec un officier de marine
commandant le stationnaire de Guernesey, qui l'emmena en
Amérique. En proie aux brutalités de son amant ivrogne,
Adèle Hugo s'enfuit et revint folle en France. « Un seul des
enfants de Mme Hugo survit, écrit M. E. Lemaître. C'est sa
fille Adèle. Un jugement du tribunal civil de la Seine du

Livre d'amour. Enfin, son amitié, son attachement, sa reconnaissance, lui paraissaient devoir durer jusqu'à la mort. Il s'indignait qu'on en pût douter. Dans une poésie adressée, en juillet 1829, à Mme Hugo, il disait avec une amertume nuançant le douloureux reproche :

> *Vous, prudente et si sage,*
> *Vous avez cru prévoir comme dans un présage,*
> *Qu'avant mon lit de mort, mon amitié pour vous,*
> *Oui, Madame, pour vous et votre illustre époux,*
> *Amitié que je porte et si fière et si haute,*
> *Pourrait un jour sécher et périr par ma faute!*

Mme Victor Hugo avait fort bien prévu, et c'était par la faute de Sainte-Beuve que toute cette paix confiante, cette heureuse intimité allaient crouler peu après. Mais, pour le présent, il était le confident de toutes les joies et de toutes les peines. Hugo l'appelait « son frère[1]; » Sainte-Beuve, à l'en croire, le convertissait à la démocratie, il le *déroyalisait*. « Heureux Victor Hugo, a publié M. Biré, si Sainte-Beuve, vers ce même temps, se

22 février 1882 a interdit Mme Adèle Hugo, qui se trouve actuellement dans la maison de santé de Mme Rivet, grande rue de Saint-Mandé, n° 106. » E. Lemaître, *le Livre d'amour; Sainte-Beuve et Victor Hugo...*; p. 25. — Ce fut Auguste Vacquerie qui fut nommé son tuteur légal. Cf. *Le cri du peuple*, samedi 23 mai 1885.

1. Cf. Victor Hugo, *Correspondance (1815-1835)*; Paris, 1896, in-8, *passim*.

fût borné à le déroyaliser[1] ! » Car c'est alors qu'éclate, brusquement, la crise dans le ménage Hugo et que Mme Hugo apparaît dans cette posture équivoque par laquelle « on veut absolument qu'elle ait mis sur le front d'Olympio quelque chose de plus que des lauriers[2]. » Que, pour ce faire, elle ait été choisir Sainte-Beuve, voilà ce dont on peut s'étonner. D'ailleurs, Sainte-Beuve, n'en est-il pas demeuré confondu lui-même ? ne s'est-il pas écrié :

> *Qui suis-je, et qu'ai-je fait pour être aimé de toi,*
> *Pour être tant aimé, pour avoir de ta foi*
> *Des gages si secrets, de si grands témoignages[3] !*

De fait, après lui, on peut répéter la question. S'il faut admettre la véracité de la liaison de l'adultère de Mme Hugo avec Sainte-Beuve, aucune explication raisonnable ou vraisemblable ne peut être admise, et il vaut mieux conclure que « ce sont là des mystères que le cerveau féminin peut seul concevoir et expliquer[4]. » Il y a, cependant, à examiner quelle explication donnent, en les confrontant, les divers documents de la cause, et ceux-là particulièrement, qui sont émanés des intéressés. Les plus probants, ceux qui n'ont subi

---

1. Edmond Biré, *Victor Hugo après 1830...*; tome I, p. 4.
2. Tristan Legay, *Les amours de Victor Hugo...*; p. 74.
3. C.-A. Sainte-Beuve, *Livre d'amour...*; pièce XV, *Qui suis-je...*: p. 103.
4. Paul Gruyer, *Victor Hugo photographe...*; p. 16.

aucun « truquage[1] » qui n'étaient point destinés à
tromper le public et qui n'attendaient rien de la
publicité, sont ceux-là qui viennent de Victor Hugo.
La *Correspondance* offre, en effet, un certain
nombre de lettres adressées à Sainte-Beuve, rela-
tives à sa passion pour Mme Hugo. « C'est presque
un thème de tragédie, écrivait Georges Rodenbach
dans une pénétrante et subtile étude de cette
crise, moins une tragédie antique qu'une tragédie
cornélienne, où les personnages vont s'efforcer à
être plus grands que nature. Tel, du moins, nous
apparaît Hugo, dans cette circonstance. Il n'est
peut-être pas très humain. Mais c'est un poète, un
homme de génie, et nous le voyons vraiment dans
ses lettres s'exprimer en héros. Il tient à l'amour
de sa femme, dont il est sûr d'ailleurs; il tient
aussi à l'amitié de Sainte-Beuve pour lequel il a
une affection chaude, exaltée, et qu'il nomme sans
cesse son meilleur ami, son frère. Il s'afflige; il a
de belles paroles; il souffre avec lui. Sainte-Beuve
va partir, occuper une chaire ailleurs. Tout cela
se guérira, s'arrangera. Ils sont poètes tous deux.
Ils aiment l'art ensemble. Ils sont des combat-
tants de la même cause. Le romantisme part en
guerre. Il ne faut pas se désunir ni perdre une

1. Georges Rodenbach, *Le mariage de Victor Hugo; Le
Figaro*, 28 décembre 1896.

amitié précieuse pour tous deux. Voilà la pensée de Victor Hugo[1]. » C'est là, aussi, en ce moment, la résultante de toute sa vie d'amour avec Adèle, de sa tendresse pour elle, car nous sommes en 1830, et la princesse Negroni de *Lucrèce Borgia* n'est pas encore entrée dans la vie de ce mari fidèle. Il est toujours celui qui a promis, aux anxieux jours des fiançailles : « Va, tu es née pour être heureuse, où je n'aurai été bon à rien sur la terre[2]. » Cette part de bonheur ne l'a-t-il point faite large, énorme, glorieuse, à l'Adèle d'autrefois, à cette Adèle à laquelle il écrivait, voici près de dix ans : « Conçois-tu tout ce qu'il y a d'injurieux pour nous deux à mêler des idées d'*adultère*[3] à notre mariage? Non, tu ne l'as pas pensé. Que ne connais-tu mon caractère! Que n'as-tu entendu même les railleries dont j'étais, il y a bien peu de temps, l'objet, parce qu'à des gens qui m'avaient demandé *si je ne tuerais pas ma femme surprise en adultère*, j'avais répondu simplement que *ce serait moi que je tuerais*[4]. » Sans doute, maintenant que ces dix ans

---

1. Georges Rodenbach, *Le ménage de Victor Hugo; Le Figaro*, 28 décembre 1896.

2. Lettre de Victor Hugo à Adèle Foucher; Paris, 12 novembre 1821. — Victor Hugo, *Lettres à la Fiancée...*; p. 97.

3. Ces mots sont en italiques dans l'édition des *Lettres à la Fiancée*.

4. Lettre de Victor Hugo à Adèle Foucher; Paris, 14 décembre 1821. — Victor Hugo, *Lettres à la Fiancée...*; p. 117.

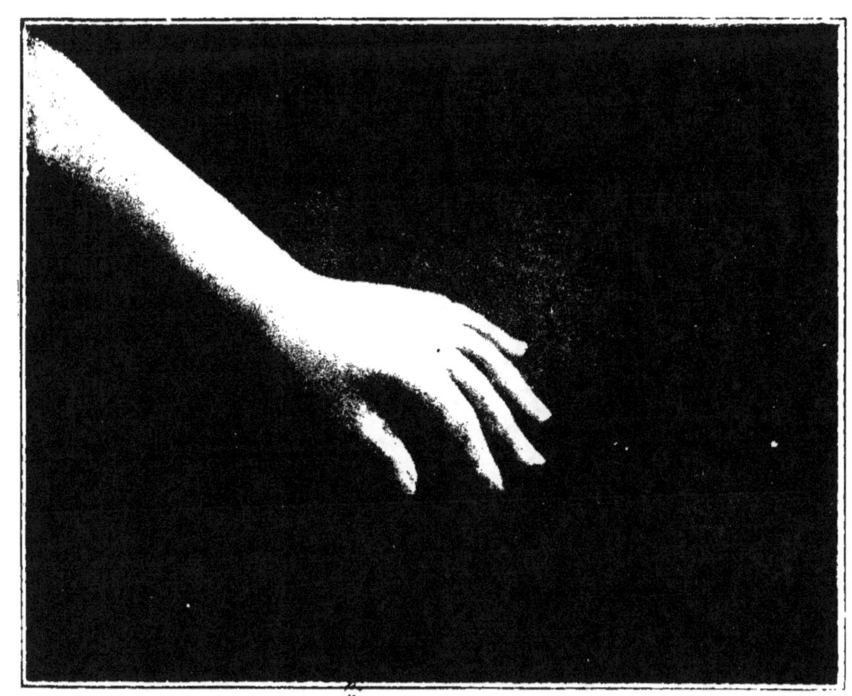

LA MAIN DE Mme VICTOR HUGO
d'après une photographie faite à Guernesey

ont passé, la tendresse est devenue plus calme, l'amour s'est assagi, et l'idée du suicide ne flotte plus autour du poète, même à ses plus mauvaises heures d'intime désespérance. Comment accepte-t-il la crise? Et que s'est-il passé pour qu'il en soit informé? On en est réduit aux suppositions. Sainte-Beuve, sans doute, a avoué son amour à Adèle et Adèle s'est confessée à son mari. Ou, trop noble pour garder un aussi délicat et pénible secret, Sainte-Beuve a fait part au mari de sa passion. Entre les deux versions on peut choisir, mais la seconde paraît bien belle pour être crue vraisemblable avec Sainte-Beuve. Quoi qu'il en soit, à la date du 4 novembre 1830, Hugo connaît le désir de son ami pour Adèle. Il ne croit ni l'un ni l'autre coupables. « L'ébranlement douloureux passera, » écrit-il à Sainte-Beuve, le 8 décembre. Et il ajoute, ce qu'il n'eût point fait certes, s'il se fût douté de quelque chose : « Venez me voir souvent.... Vous n'avez pas de meilleur ami que moi[1]. » Mais sept mois plus tard, tout est consommé. Maintenant Hugo lui écrit : « L'obligation même qui m'est imposée par une personne que je ne dois pas nommer ici, d'être toujours là quand vous y êtes, me dit sans cesse et bien cruellement, que nous ne sommes plus les amis d'autrefois.... Cessons donc

____

1. Victor Hugo, *Correspondance...*; p. 274.

de nous voir[1].... » Donc Mme Hugo a exigé de ne
plus être seule à recevoir Sainte-Beuve, à moins
que le mari ait masqué par cette ruse honorable le
devoir de sa présence désormais nécessaire, ou, à
moins que. encore, Mme Hugo ait employé la même
ruse pour détourner les soupçons de l'époux. C'est,
involontairement, Sainte-Beuve qui suggère cette
supposition. Ne dit-il pas dans une pièce du *Livre
d'amour* :

> *Adèle! tendre agneau ! que de luttes dans l'ombre,*
> *Quand ton lion jaloux, hors de lui, la voix sombre,*
> *Revenait usurpant sa place à ton côté,*
> *Redemandait son droit, sa part dans ta beauté,*
> *Et, qu'en ses bras de fer, brisée, évanouie,*
> *Tu retrouvais toujours quelque ruse inouïe*
> *Pour te garder fidèle au timide vainqueur*
> *Qui ne veut et n'aura rien de toi que ton cœur[2].*

Enfin, ne rompant point tout à fait avec lui, Hugo
lui conseillait de partir, de voyager, de changer
d'atmosphère, de paysages et d'idées. Et Sainte-
Beuve sollicitait une chaire de littérature française
à Liège, l'obtenait, acceptait la place le 8 juin, et,
brusquement, donnait sa démission le 4 septembre,
se refusant à quitter Paris. Pourquoi? « Paris est
encore le lieu du monde où l'on supporte le

1. Victor Hugo, *Correspondance...*; p. 281. — A la date du
6 juillet 1831.
2. C.-A. Sainte-Beuve, *Livre d'amour...*; pièce IV ; *L'Enfance
d'Adèle;* p. 33.

malheur, » a-t-il écrit[1]. Etait-ce pour supporter le sien qu'il était demeuré? Non, à en croire les dates données dans le *Livre d'amour*. Alors? Une lettre de Victor Hugo explique tout : « J'ai acquis la certitude qu'il était possible que ce qui a tout mon amour cessât de m'aimer, » écrit-il le 7 juillet 1831[2]. S'était-il aperçu que sa femme, enfin, lui avait échappé tout à fait? Ici plus rien ne guide dans l'enquête. On en est réduit aux dires du *Livre d'amour* et à quelques anecdotes suspectes. Cependant « il paraît que les preuves abondent. L'excellent Troubat les collectionne. Il en détient chaque jour de nouvelles, et elles sont toujours plus probantes, plus convaincantes que la veille. Défions-nous de ces preuves[3]. » Soit, mais quelles preuves? Quelles qu'elles soient, elles sont et seront toujours contredites, en certaines de leurs parties, par Sainte-Beuve lui-même. Il a dit à Adèle :

> *Tu n'as jamais connu, dans nos oublis extrêmes,*
> *Caresse ni discours qui n'ait tout respecté;*
> *Je n'ai jamais tiré de l'amour dont tu m'aimes,*
> *Ni vanité, ni volupté[4].*

1. Lettre à Mme ***; 3 pp. — *Collection Dentu ; autographes ; première partie; personnages célèbres* ; tome II, fasc. IV; 6e série ; Paris, 1888, in-8, pièce n° 3001, p. 287.
2. Victor Hugo, *Correspondance...* ; p. 284.
3. Tristan Legay, *Les amours de Victor Hugo...*; p. 78.
4. C.-A. Sainte-Beuve, *Livre d'amour...*; pièce XI; *Nous sommes, mon amie ...*; p. 85.

Mais qu'est-ce à dire? « *Ni vanité....* » Il a donc toujours été discret? Il n'a pas parlé? Et le *Livre d'amour* où il a délayé son roman, où il a imprimé en toutes lettres le nom de l'héroïne? De quelle qualité était donc sa vanité pour pouvoir récuser cette preuve de ses sentiments avantageux? « *Ni volupté....* » Il a donc dit vrai dans son roman *Volupté*, en faisant sous-entendre que, pour goûter la joie du plaisir, il lui avait fallu l'intervention du chirurgien? Il parlait donc en connaissance de cause de l'infirmité de Louis XVI, non *impuissant*, mais *empéché*, disait-il, car on n'est pas muet pour être bègue[1]. Quant aux « preuves » il en est une que nous citerons, en passant, en exemple des autres. Elle est relative aux rendez-vous de Sainte-Beuve avec Mme Hugo. Le *Livre d'amour* parle de ceux qu'ils se donnèrent dans une chambre meublée de l'hôtel Saint-Paul, hôtel prédestiné, s'il en fut, que celui qui servit aux « grands esbattements » de Charles VI et d'Isabeau de Bavière, mais garde le silence sur ceux-là qui se seraient donnés dans la demeure même du mari. Voici, textuellement, une des « preuves » en question. Elle a paru dans l'*Intermédiaire des chercheurs et des curieux*, en 1881 :

1. Sainte-Beuve, *Nouveaux lundis;* Paris, s. d., in-12, tome IX, p. 344. — Maurice Boutry, *Autour de Marie-Antoinette;* Paris, 1906, in-8, p. 344. — Hector Fleischmann, *Les maîtresses de Marie-Antoinette;* Paris, s. d. [1910], in-18, p. 21.

Les nombreuses réponses qu'a amenées cette intéressante question, au sujet du *Livre d'amour*, me rappelle une anecdote *très authentique* qui m'a été contée, il y a quelques années, un soir, après dîner, par le propriétaire même de l'hôtel dans lequel la chose se passa, voici bientôt près d'un demi-siècle. Le propriétaire, un vieux gentilhomme très mondain, véritable modèle de la vie élégante à Paris, et qui se piquait de littérature à ses heures, est mort à Nice, vers la fin de 1877, à 90 ans sonnés. La belle dame pour laquelle fut composé le rare volume en question acceptait alors, avec sa famille, dans l'hôtel du baron, aux Champs-Elysées, un riche et vaste appartement[1]. Le poète du *Livre d'amour*, déguisé en « vieille tante, » chapeau à la tante Aurore, voilette baissée, robe et mantelet de couleurs sombres, sac à tapisserie suspendu au côté, souliers de prunelle, etc., venait régulièrement et presque quotidiennement, adorer, sur place, l'objet de son culte. Et, chose extraordinaire, bien qu'elle se voit ainsi depuis que le monde est monde, ces visites avaient tout justement lieu aux heures où le mari de la dame avait l'habitude de s'absenter pour aller, méthodiquement, faire une promenade hygiénique au grand air. L'amour, dit-on, rend imprudents les plus habiles; elles devinrent, ces visites, tellement fréquentes — mais tellement — qu'à la fin, la concierge intriguée de toujours voir arriver la « vieille dame, » précisément quand le mari était sorti, puis s'esquiver ensuite discrètement avant qu'il fût de retour, la suivit, un beau jour, à son arrivée, et lui cria

1. En quittant, en 1830, son appartement du n° 11 de la rue Notre-Dame-des-Champs, Victor Hugo alla s'installer rue Jean-Goujon, qu'il quitta pour la place Royale à la veille de la première du *Roi s'amuse*. Il paraît que, rue Jean-Goujon, « la seule chose, remarquable dans cette voie non construite, était un grand jeu de boules, entouré de planches. que fréquentaient les bourgeois le dimanche. » Alfred Barbou, *La vie de Victor Hugo...*; p. 171.

d'en bas, dans l'escalier où déjà l'autre était engagée :
« Hé! Madame, où montez-vous donc, comme ça? » Le
poète du *Livre d'amour* (pour ne pas le nommer) surpris,
perdit tout à fait la boule, et se précipitant sans rien
répondre, grimpa furieusement les degrés quatre à quatre.
Dans sa précipitation, par malheur, sous ses jupes d'emprunt, trop soulevées par une gymnastique aussi désor-
donnée, l'amoureux laissa voir, d'en bas, à la mégère qui
le guettait... ses jambes, ses infortunées jambes revê-
tues d'un « affreux » pantalon d'homme. Un pantalon
d'homme! et vu par une concierge, encore! Vous pensez,
quel esclandre cela fit dans la loge et dans tout l'hôtel et
quelles colères, quelles récriminations suivirent l'explosion
de la découverte de cette satanée culotte. Et tout, hélas!
fut fini. Jamais à l'hôtel on ne vit revenir la pauvre « vieille
tante[1]. »

M. G. Michaut a cru pouvoir douter de cette grotesque aventure. « Je crois bien, dit-il, qu'il n'y a
là qu'une de ces légendes vulgaires comme il s'en
forme toujours autour des histoires de ce genre[2]. »
Outre sa vulgarité et son ridicule, le conte est par-
dessus tout odieux et bas. Il donne un triste rôle
à Mme Hugo, mais quel rôle plus triste encore à
Sainte-Beuve! Il apparaît là d'une bassesse et d'une
pleutrerie sans égales, grotesque, ce qui est du
physique, mais encore lâchement hypocrite, ce qui
est du moral. Et, pour tous ces motifs qui tou-

1. Article signé : Truth. — *Intermédiaire des chercheurs et
des curieux*, 25 février 1881, col. 112. — E. Lemaitre, *Le
Livre d'amour ; Sainte-Beuve et Victor Hugo...* ; pp. 35, 36, 37.
2. G. Michaut, *Sainte-Beuve amoureux et poète...*; p. 144.

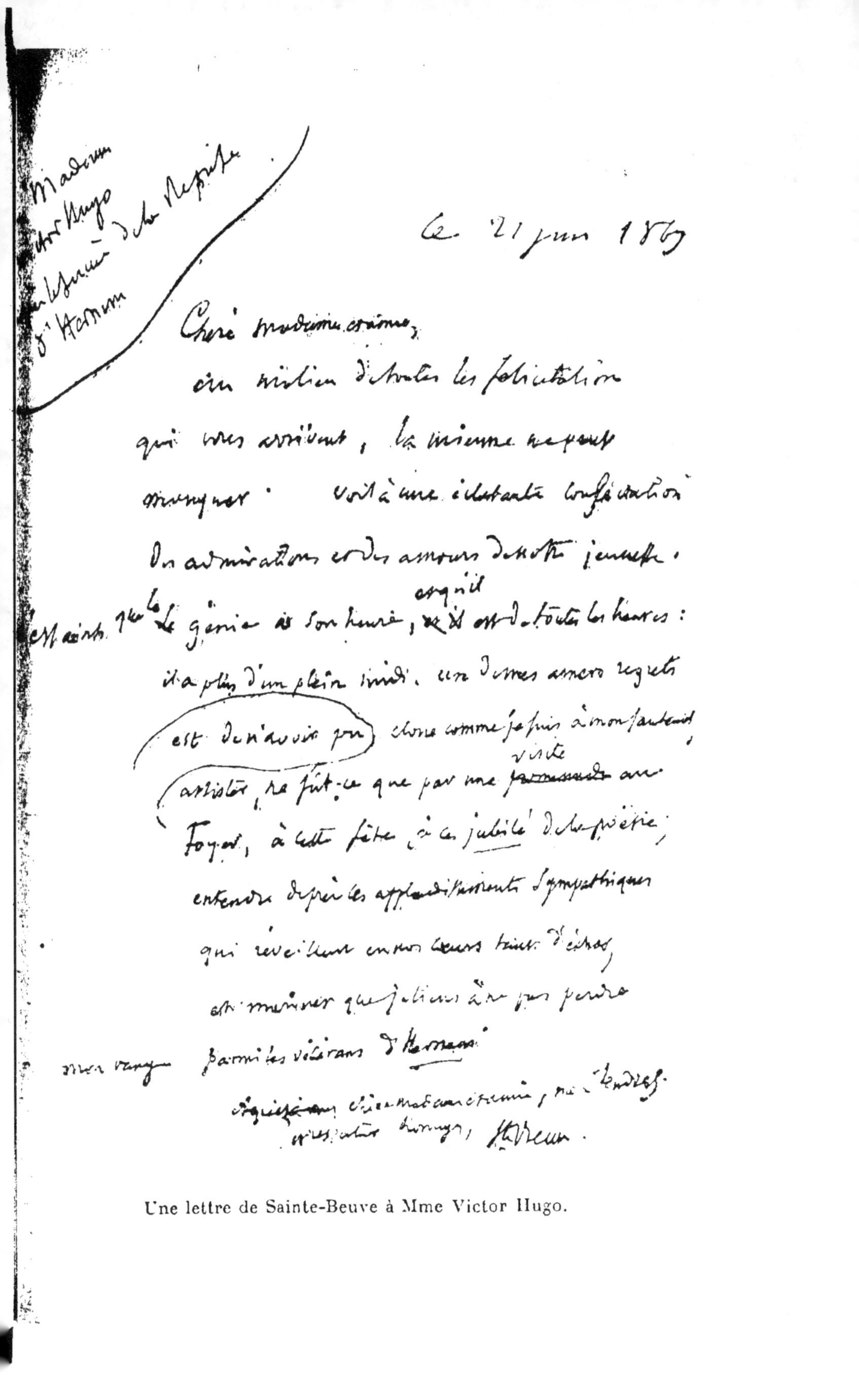

Une lettre de Sainte-Beuve à Mme Victor Hugo.

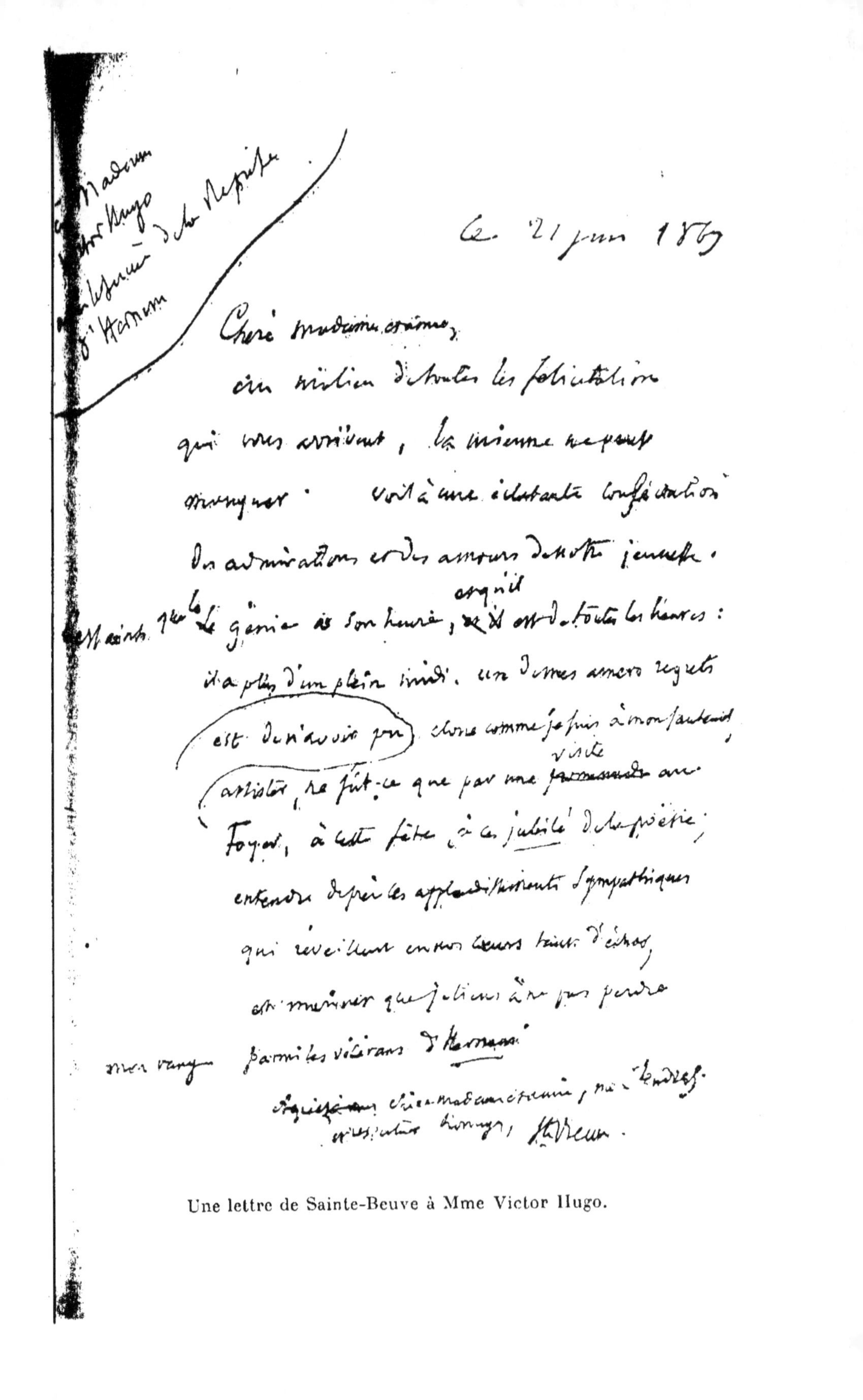

Une lettre de Sainte-Beuve à Mme Victor Hugo.

chent à la dignité morale, on en voudrait douter. Eh bien ! non. Sainte-Beuve a joué ce rôle grotesque, ridicule, lâche et hypocrite, et c'est son dernier secrétaire, M. Jules Troubat, qui, en se frappant les cuisses, en franc et joyeux Gaulois, en vient attester. « Sainte-Beuve, raconte-t-il, s'était déguisé en femme dans sa jeunesse pour n'être pas reconnu et dénoncé à un mari soupçonneux. « Jugez quelle jolie femme je devais faire avec ce gros nez ! » disait-il... quarante ans après[1]. » Et, pour éviter le doute au lecteur, M. Jules Troubat explique : « Quand il s'endormait dans un fauteuil, après dîner, la tête enveloppée dans un madras, à la lecture d'un livre nouveau, Sainte-Beuve ne se défendait pas d'avoir l'air d'une vieille femme[2]. » Enfin, M. Jules Troubat en appelle au témoignage de Champfleury, lequel déclare que le visage de Sainte-Beuve était celui « d'une femme mûre, à la chair un peu molle[3]. » Et voilà le lecteur édifié sur l'aventure de la tante Aurore, à pantalons, se sauvant dans les escaliers de la rue Jean-Goujon.

Arrivons maintenant au *Livre d'amour*, objet éternel de toujours renaissantes querelles. A en croire les dates qu'il donne, le roman avec Adèle

1. Jules Troubat, *Sainte-Beuve intime et familier...*; pp. 17, 18.
2. Jules Troubat, *Sainte-Beuve intime et familier...*; p. 17.
3. Jules Troubat, *La salle à manger de Sainte-Beuve...*; p. 55.

aurait duré du milieu de 1831 à la fin de 1837. Ce fut en 1837 que Sainte-Beuve alla, à Lausanne, professer son cours sur Port-Royal. « Nous avons connu plusieurs personnes qui en suivaient régulièrement toutes les séances, dit Mirecourt. Elles nous certifient que les Suisses dormaient comme des bienheureux[1]. » De fait, depuis trois ans, les relations du poète et du critique étaient rompues. Sur un acerbe et jésuitique article de Sainte-Beuve, dans la *Revue des Deux-Mondes*, sur l'*Etude sur Mirabeau*, de Hugo, le vieux lien s'était brisé net. Le poète lui envoyait un bref et définitif adieu[2]. Il devait, plus tard, en le recevant à l'Académie, lui donner une haute leçon de dignité, de tenue et de morale, dont son discours témoigne[3]. Il est donc certain que, brouillé, absolument séparé des Hugo, exclu et banni de ce foyer où la gloire était assise, fougueuse et ardente encore, Sainte-Beuve conçut le désir de la vengeance. Déjà il l'exécutait dans le privé, médisant du poète, le ridiculisant, le critiquant dans le sein d'amis discrets, mais il voulait frapper plus haut et frapper plus fort, et publi-

---

1. Eugène de Mirecourt, *Les contemporains : Sainte-Beuve...*; pp. 56. 57.
2. Cf. la lettre dans Victor Hugo, *Correspondance...*; p. 307.
3. Cf. *Institut royal de France; discours prononcés dans la séance publique tenu par l'Académie française pour la réception de M. Sainte-Beuve, le 27 février 1845*; Paris, 1845, in-4°.

quement. Ce fut alors qu'il livra, en 1843, à l'imprimerie de Pommeret et Guenot, le manuscrit du *Livre d'amour*. Au début de novembre le volume était composé. Cela formait un minime in-18 de cent huit pages, avec deux feuilles pour le titre et faux titre. C'était, mis en vers, le roman d'Adèle et de lui, Sainte-Beuve, l'histoire rimée de ses promenades en fiacre, de ses mélancolies, de ses espoirs, de tout le canevas sommaire et ordinaire sur lequel se brode la passion amoureuse. Le fond en était médiocre, gris, incolore. La forme valait-elle mieux? Ces vers, s'extasie M. Jules Troubat, ces vers « sont parmi les plus puissants que Sainte-Beuve ait écrits[1]. » C'était singulièrement déprécier les autres. L'avis de M. Jules Troubat est d'ailleurs double. De ces « vers puissants » il a dit naguère que ce n'était, tout simplement, que de la « véritable musique de chambre et non d'opéra[2]. » On sait comment, en général, la poésie de Sainte-Beuve, son génie lyrique poussif, ont été sévèrement appréciés. Dans sa *Revue Parisienne*, fondée en 1840, Balzac écrivait ce jugement dont ne s'est pas relevé le poète du *Livre d'amour* :

1. Cité par G. Michaut, *Sainte-Beuve amoureux et poète...*; p. 322.

2. Lettre de M. Jules Troubat à M. E. Lemaitre; Compiègne, 12 avril 1884. — G. Lemaitre, *Le livre d'amour; Sainte-Beuve et Victor Hugo...*; p. 57.

« La muse de M. Sainte-Beuve est de la nature des chauves-souris et non de celle des aigles. Elle a peur de contempler de tels horizons, elle aime les ténèbres et le clair-obscur : la lumière offense ses yeux. Sa phrase molle et lâche, impuissante et couarde, côtoie les sujets, se glisse le long des idées ; elle tourne dans l'ombre comme un chacal ; elle entre dans les cimetières ; elle en rapporte d'estimables cadavres qui n'ont rien fait à l'auteur pour être ainsi remués. » A cette critique Sainte-Beuve a répondu en accusant Balzac de toucher de l'argent pour faire des comptes rendus élogieux. Passons et négligeons. Enfin, plus près de nous, peu suspect cependant de partialité pour la poésie de notre homme, M. Paul Bourget disait : « Ce n'est plus de la poésie chantée ni même parlée, c'est de la poésie causée, c'est-à-dire une prose à laquelle le rythme et la rime sont tout près d'être une surcharge[1]. » Et, excellemment et définitivement, on a conclu : « Même si l'on n'a pas le goût le plus vif pour la critique de Sainte-Beuve, on le félicitera d'avoir, pour elle, renoncé à la poésie[2]. »

La poésie ! Hé ! Hé ! Sainte-Beuve s'imaginait y avoir brillamment sacrifié. Sur la garde d'un de ses recueils il écrivait sans pouffer : « Aujourd'hui

1. Paul Bourget, *Sainte-Beuve poète ; le Livre d'or de Sainte-Beuve...* ; p. 28.
2. André Beaunier, *Sainte-Beuve, Le Figaro*, 30 octobre 1909.

on me croit seulement un critique, mais je n'ai pas quitté la poésie, sans y avoir laissé tout mon aiguillon[1]. » Oui, mais où le miel? Certes, point dans le *Livre d'amour*. C'est l'œuvre d'un « poète béat et confit, » déclarait Alphonse Karr[2], mais Théophile Gautier l'exécutait plus plaisamment : « Les vers sont trop mauvais pour que ce soit vrai[3]. » Vrai ou faux, le poème ne valait rien. « Il n'a pas même l'excuse d'un seul beau vers. Tout ce volume est pitoyable, comme fond et comme forme, comme tous ses poèmes d'ailleurs[4]. » Les quelques vers que nous en avons cité en témoignent, hélas!

Le *Livre d'amour* parut donc en 1843. Sa publication fut presque clandestine, car tirée à cinq cents exemplaires[5], Sainte-Beuve garda l'édition chez lui, ne donnant des exemplaires qu'à de rares amis, détruisant les autres, ce qui peut expliquer pourquoi des amateurs les payèrent depuis 120 francs,

1. Octave Uzanne, *Le Livre moderne*, Paris, 1890, in-8, tome I, pp. 15, 16.
2. Alphonse Karr, *Une Infamie; Les Guêpes*, avril 1845, p. 24.
3. Tristan Legay, *Les amours de Victor Hugo...*; p. 77.
4. Lettre d'Alexandre Dumas fils à M. G. Lemaître; Puys, près Dieppe, 28 décembre 1895. — Edmond Biré, *Sainte-Beuve, Chateaubriand et Victor Hugo; Gazette de France*, 3 février 1892. — G. Michaut, *Sainte-Beuve amoureux et poète...*; p. 299.
5. Ant.-Alex. Barbier, *Dictionnaire des ouvrages anonymes*; 3e édit.; Paris, 1882, in-8, tome II, vol. 1322.

142 francs, 150 francs, 151 francs, 165 francs, 300 francs, et même jusqu'à 360 francs[1].

Donc, de son aveu, depuis six ans, ses relations amoureuses avec Mme Hugo avaient cessé. Et il avait attendu six ans pour porter son coup. Il est bien vrai, ainsi qu'il l'écrivait, le 5 mars 1859, que, dans tous les cas, il avait « la Némésis très lente et boiteuse[2]. » Lentement il avait préparé et ruminé sa vengeance, descendant au rôle de ces gens, dont parle Tartuffe à Elmire, et que cite Pons :

> *Dont la langue indiscrète, en qui l'on se confie,*
> *Déshonore l'autel où leur cœur sacrifie.*

S'il est bien vrai, ainsi que le certifie intrépidement M. Jules Troubat, qu'il apportait en tout « son esprit de modération et de sagesse, son rôle pondérateur[3], » on peut se demander si ce furent la modération, la sagesse et la pondération qui lui firent attendre ce laps de temps, pendant lequel, involontairement, et en l'ignorant, il allait au-devant de l'application qu'on allait pouvoir lui faire de la vigoureuse et prophétique apostrophe

1. E. Lemaître, *Le Livre d'amour; Sainte-Beuve et Victor Hugo...*; pp. 50, 53, 72.
2. *Catalogue d'autographes Noël Charavay*, n° 354, février 1906; pièce n° 56309, offerte à 20 francs. — La lettre a été, depuis, publiée *in extenso* dans *Le Livre d'or de Sainte-Beuve...*; p. 424.
3. Jules Troubat, *La salle à manger de Sainte-Beuve...*; p. 73.

de Hugo, disant, en 1821 : « Un poète malhonnète homme est un être dégradé plus bas et plus coupable qu'un malhonnète homme qui n'est pas poète[1]. » Mais il était si peu poète, le Sainte-Beuve du *Livre d'amour !* Le rimeur cédait, allègrement et volontiers, le pas en lui au vaniteux. « Après le plaisir de faire l'amour, dit sagement Pons, il n'en est pas de plus grand que d'en parler, d'en décrire les ivresses, d'en rappeler les émotions, les joies et les douleurs[2]. » A cet aphorisme courant, Sainte-Beuve ne manqua point. « On n'ignore pas qu'il se vantait assez facilement de ses bonnes fortunes, » dit M. Léon Séché[3]. Vantardise ingénue, au surplus, qui ne devait tromper personne et qu'un académicien jugeait naguère, en peu de lignes, sans appel et sans recours : « Ce vieux fat, d'une laideur invraisemblable, tenait tellement à ce que les jeunes générations fussent persuadées qu'aucune femme de son temps ne lui avait résisté, avait fini par le persuader à lui-même parfaitement[4]. » De fait, après l'avoir entendu parler de sa « langue

---

1. Lettre de Victor Hugo à Adèle Foucher; Paris, 29 décembre 1821. — Victor Hugo, *Lettres à la Fiancée...*; p. 136.

2. A.-J. Pons, *Sainte-Beuve et ses inconnues...*; p. 1.

3. Léon Séché, *Etudes d'histoire romantique : Sainte-Beuve...*; tome II [*Ses mœurs*], p. 148.

4. Emile Faguet, *Victor Hugo et Sainte-Beuve; Revue Bleue*, 14 novembre 1896. — G. Michaut, *Sainte-Beuve amoureux et poète...*; p. 296.

aventureuse[1], » image audacieuse, ne le voit-on pas écrire, en tête d'un exemplaire du *Livre d'amour* : « On s'est décidé à en assurer l'existence, puisqu'ils ont été faits [ces vers] de l'aveu des deux êtres intéressés pour consacrer le souvenir de leur lien[2]. » Le moyen de dire plus clairement que Mme Hugo poussa Sainte-Beuve à faire imprimer le recueil qui devait la diffamer! Mais de la suffisance du poète, un autre exemple, décisif, peut être donné. Il ajoute au portrait de l'avantageux personnage et l'achève. En 1848, ayant donné sa démission de conservateur à la Bibliothèque Mazarine, où il était entré en 1840, il sollicita et obtint de son ami Charles Rogier, le ministre belge, sa nomination à une chaire de littérature française, à l'Université de Liége. Précédemment, on a vu au nom de quelles secrètes raisons il avait refusé la même chaire, en 1831. Dès que cette nomination fut connue, la *Revue de Belgique* publia un violent et cinglant article, intitulé : *Impossible!* où onze colonnes stigmatisaient la mauvaise action, l'abus de confiance et la diffamation

---

1. C. A. Sainte-Beuve, *Livre d'amour...*; pièce IX; *Il est ici toujours...*; p. 73.

2. Note dans l'exemplaire du *Livre d'amour*, conservé à la Bibliothèque nationale, cote Y^e 1800-4801. — Gustave Vinot, *Revue Rétrospective, recueil de pièces intéressantes et de citations curieuses; nouvelle série;* Paris, 1894, in-18, pp. 262, 263.

du *Livre d'amour*[1]. Son cours professé, le 16 août 1849, il donnait sa démission, et, dans sa lettre explicative au ministre, il disait : « Aussitôt que ma nomination eut paru au *Moniteur*, monsieur le ministre sait à quel torrent d'injures et d'insultes j'ai été soumis ; mais il ne sait pas assez à quel point j'en ai gardé le souvenir, non pas dans mon amour-propre, mais dans ma fierté d'homme. Je fais, certes, la part de la licence de la presse et de ce qu'elle a d'inévitable dans tout pays libre ; mais il y a eu des circonstances toutes particulières dans l'insulte....[2] » On saisit le bout de l'oreille. Les Belges n'ont pas cru à sa conquête ! Ils ne se sont pas laissés piper au conte du *Livre d'amour*. Incrédule engeance ! Sainte-Beuve la plante là.

Le fait prouve que, malgré le caractère secret, clandestin, de sa publication, le *Livre d'amour* était connu de certains, voire même du grand public. En effet, moins de deux ans plus tard, exactement, en avril 1845, Alphonse Karr publiait dans les *Guêpes* un article que Pons qualifie « d'odieux[3], » mais qui n'était que l'exécution publique et anonyme de Sainte-Beuve et de son œuvre. Comment

1. *Revue de Belgique ; littérature et beaux-arts ;* Bruxelles, 1848, in-8, 3e année, 2e série, tome I, pp. 188-193.

2. Emile Faguet, *Sainte-Beuve à Liége en 1831 et en 1848-1849 ; La Revue,* 1er octobre 1905, p. 329.

3. A.-J. Pons, *Sainte-Beuve et ses inconnues...* ; p. 106.

L'AUTEUR DE *Notre Dame-de-Paris.*
Caricature romantique.

le livre était-il arrivé aux mains d'Alphonse Karr?
Les explications qu'il en a donné, — et fort judicieusement M. G. Michaut l'a fait observer, — ne
tiennent pas debout. « Un jour, raconte-t-il, c'était
en 1845, un ouvrier imprimeur auquel j'avais
rendu je ne sais quel très petit service, vint me
trouver et me dit : « Monsieur, il se prépare dans
telle imprimerie une infamie dont je crois devoir
vous avertir; on compose et on va imprimer à
cent exemplaires un livre de M. Sainte-Beuve, où
il est question de Mme.... Je vous apporte une
épreuve de l'ouvrage que j'ai fait voler, espérant
que peut-être vous trouverez le moyen de sauver
cette malheureuse femme, qui est la femme d'un
de vos amis, lequel est aussi le sien. » Et, là-dessus,
Alphonse Karr aurait fait son article dans les
Guêpes. Cela, répétons-le après lui, en 1845. Or
depuis novembre 1843, le livre était imprimé et
déposé chez Sainte-Beuve! Alors? Alphonse Karr
a simplement voulu cacher la manière dont il s'était
procuré le livre ou taire le nom de la personne qui
le lui avait prêté. Et, tout le monde a cru à son
conte, personne n'a aperçu, sauf M. G. Michaut,
la contradiction des dates. Sereinement M. J. Lemaître les a admises et non moins sereinement
M. Léon Séché y a cru comme tout le monde[1].

1. Léon Séché, *Etudes d'histoire romantique : Sainte-Beuve...*;
tome II, p. 58.

De là une série d'erreurs qui ont faussé toute la psychologie du scandale. Elles ont fait que d'aucuns ont cru Alphonse Karr sur parole, dans les explications qu'il a fait donner, par Mme Hugo elle-même, de sa chute. C'est le *Livre de bord* qu'il a orné du copieux morceau. Il conte que, son article dans les *Guêpes* ayant fait du bruit, il reçut, le lendemain, la visite de Mme Hugo, à laquelle il commença par assurer qu'il ne croyait rien des dires de Sainte-Beuve :

Vous avez tort, me dit-elle, pâle et solennelle, vous avez tort de ne pas croire, car c'est vrai ; mais je vais vous dire comment c'est arrivé. Il était l'ami le plus intime de mon mari et avait pris facilement dans la maison l'attitude qu'on laisse prendre à ce que, nous autres femmes, nous appelons un homme sans conséquence. Il vint un jour m'avertir que mon mari me trahissait, qu'il avait pris au sérieux les arbres de toile, les couronnes de carton, les femmes de céruse, etc.; en un mot qu'il était amoureux d'une fille de théâtre. Un ami eût pu me donner du courage et de la sagesse, me faire voir le peu de durée probable d'un caprice de ce genre ; mais lui, il me plaignit comme une femme dont la vie est finie et perdue ; c'était une passion irrésistible et qui ne finirait jamais[1] ; il me vantait la beauté, l'esprit de ma rivale ; enfin, il prépara soigneusement un désespoir auquel il put offrir des consolations et une vengeance. D'abord je ne voulus pas croire ;

---

1. On peut confesser qu'en écrivant ceci en 1879 — année de la publication du *Livre de bord* — Alphonse Karr n'avait aucunement le mérite de la prophétie par rapport à la longue liaison de Juliette avec Victor Hugo.

je demandai des preuves; il en vola à son ami et me les apporta; alors, froide, glacée, folle, je lui dis : « Je veux me venger, mais je ne veux pas qu'on puisse attribuer ma vengeance au libertinage ni même à la légèreté! Je veux prendre pour complice d'une faute qui sera unique, un homme qu'on ne puisse m'accuser d'aimer, un homme qui ne puisse pas m'avoir plu ; je choisirai donc le plus laid, le plus désagréable, le plus ennuyeux, le plus traître, le plus répugnant, au physique et au moral, des hommes que je connaisse ; c'est vous dire que j'ai pensé à vous. Voulez-vous de moi?... »

Voilà les belles déclarations faites par Mme Hugo à Alphonse Karr. Il semble les avoir d'ailleurs tirées et amplifiées de quelques lignes de Pons, lequel avait, peu avant, écrit :

Adèle vit en lui [Sainte-Beuve] un bras sur lequel, dans son délaissement, elle pouvait s'appuyer, même avec abandon. Celui-là, du moins, il était permis de l'aimer sans aller sur les brisées d'une rivale. Entre un mari qui n'est plus aimable et un soupirant qui promet de l'être beaucoup, comment hésiter[1]?

Enfin, par Pons, nous remontons à la source du conte, à l'origine du système de défense qui prétend que la liaison de Victor Hugo avec Juliette a fait tomber Mme Hugo aux bras de Sainte-Beuve. C'est, dans le *Livre d'amour*, en tête de la pièce XXXI, qu'on peut lire, pour la première fois, ces raisons spécieuses, — et fausses :

---

1. A.-J. Pons, *Sainte-Beuve et ses inconnues...*; p. 66.

Nonchalamment, hier, la dame que tu sais[1],
Comme dans le salon près d'elle je passais,
M'appela, me parla de toi, daigna te plaindre,
De l'abandon, dit-elle, où tu te vas éteindre
Puisqu'un si noble époux par Phryné t'est ravi;
Et, d'autres s'y mêlant, ce furent à l'envi
Plaintes, compassion et touchants commentaires
Sur tes pleurs d'Ariane en tes nuits solitaires :
« — Elle veut s'en cacher, mais le mal est plus fort! »
« — Chaque soir, quand vient l'heure où l'infidèle sort,
« Voyez-la bien, son œil qui couve la pendule
« A l'air de demander que l'aiguille recule.
« Sensible comme elle est, ce chagrin la tuera. »
« — Non, elle est douce et calme, elle s'habituera. »
« — S'habituer, Monsieur! jeune encore, il est triste
« D'être ainsi négligée! » Et la plus belle insiste,
Prenant des airs d'égards pour ta pauvre beauté.
Et moi je me rongeais, en silence irrité[2].

Et le reste du poème fait comprendre que l'amant
n'a plus rien à demander à la maîtresse et que tous
deux n'ont pas attendu que le « noble époux » fût
captivé par « Phryné ». Ainsi, en cherchant à prouver que la liaison avec Juliette est un motif à rap-
prochement entre lui, Sainte-Beuve, et Mme Hugo,
il démontre, par la même occasion, que cette liaison est postérieure à la « conjonction » de leurs
deux âmes. Nous savons, par ailleurs, que c'est en
1830-1831 que se place la crise dans le ménage

1. Quelle dame? Mystère. Une dame inventée, vraisemblablement, par Sainte-Beuve pour motiver son poème.
2. C.-A. Sainte-Beuve, *Livre d'amour...*; pp. 161, 162.

Hugo, à cause de Sainte-Beuve. Or la première nuit d'amour de l'auteur de *Lucrèce Borgia* avec son interprète est du 19 février 1833. Donc : Sainte-Beuve ment, Pons se trompe, Alphonse Karr badine en nous racontant les propos de Mme Hugo. Concluons avec M. Michaud : « Admettra qui voudra un tel conte! Pour moi je n'en crois rien[1]. » Car, enfin, il faut bien convenir, les lettres de Hugo citées, les dates contrôlées, que si Mme Hugo a été la maîtresse de Sainte-Beuve elle l'a été depuis 1830 ou 1831, et qu'en 1833 elle n'avait plus à exercer à l'égard de son mari une vengeance, dont, seul, il avait, alors, le droit de décider. Ou bien tout est faux et tout croule : la correspondance de Hugo n'est relative qu'à la « trahison sentimentale » de sa femme, et Sainte-Beuve a dupé ses lecteurs, a faussé les dates de ses poèmes et fait du *Livre d'amour* la plus brillante des mystifications littéraires. Voilà les deux dilemmes : point d'autre. Au choix. Mais quel qu'il soit, le beau rôle appartient à Hugo, et « l'homme que le libelle devait frapper le plus cruellement est, en somme, celui qui gagne le plus à ce qu'il soit divulgué[2]. » Le connut-il? Oui, à n'en pas douter. L'article de Karr était clair. Le livre avait circulé de mains en mains. Sans doute lui arriva-t-il de cette manière.

<hr>

1. G. Michaut, *Sainte-Beuve amoureux et poète…*; p. 234.
2. G. Michaut, *Sainte-Beuve amoureux et poète…*; p. 3.

En tout cas, il le méprisa, peu préoccupé de son danger à cause de son caractère clandestin. Mais, prévoyant, un jour, la publicité des vers diffamatoires, de sa rude plume des jours de colère il crevait son papier des rouges vers vengeurs :

A S...-B.

Que dit-on? on m'annonce un libelle posthume
De toi? C'est bien. Ta fange est faite d'amertume ;
Rien de toi ne m'étonne, ô fourbe tortueux.
Je n'ai point oublié ton regard monstrueux,
Le jour où je te mis hors de chez moi, vil drôle,
Et que, sur l'escalier, te poussant par l'épaule,
Je te dis : « N'entrez plus, Monsieur, dans ma maison! »
Je vis luire en tes yeux toute la trahison,
J'aperçus la fureur dans ta peur, ô coupable!
Et je compris de quoi pouvait être capable
La lâcheté changée en haine, le dégoût
Qu'a d'elle-même une âme où s'amasse un égout,
Et ce que méditait la laideur dédaignée,
Car on pressent la toile en voyant l'araignée[1]*!*

Ainsi Hugo demeure dans son rôle. Il a cloué, vivant, son ennemi au pilori. C'est bien. Il peut se taire maintenant. Ils sont quittes. Mais elle? Elle, qu'a-t-elle dit, qu'a-t-elle fait, car elle a connu le *Livre d'amour:* cela est certain[2]. Comment a-t-elle détrompé ce galant avantageux qui, tout

---

1. Georges Rodenbach, *Le ménage de Victor Hugo; Le Figaro*, 28 décembre 1896.
2. G. Michaut, *Sainte-Beuve amoureux et poète...*; p. 295.

Paul Foucher, beau-frère de Victor Hugo.

(D'après un croquis exécuté en 1832 par Eugène Delacroix.)

vif, s'est décerné un brevet de godelureau irrésistible, en lui disant, dans son livre :

... Rien ne pourra vous désenchanter de moi[1] ?

Et a ainsi, publiquement, dénoncé son mauvais goût féminin ? Rien, elle n'a rien fait. Voilà le grave et voilà le délicat : « C'est qu'elle continue à le voir comme par le passé[2]. » Est-ce parce qu'elle veut « réveiller par la jalousie l'amour de Victor Hugo[3] ? » C'est donc croire qu'il n'y pourrait mettre le holà ? Il faut donc admettre la duplicité de Mme Hugo. Dans l'été de 1835, Pavie, l'ami du Cénacle romantique, se marie à Angers. Tandis que Hugo voyage au loin, dans la Brie et la Champagne, Mme Hugo va aux fêtes de la noce. Le souvenir de son mari l'accompagne. « Je souhaite à Pavie une femme comme toi, et après cela qu'il remercie Dieu ! » Et, cependant, un post-scriptum d'Adèle, au bas d'une lettre du 1er août, de son père à sa tante, nous apprend : « M. de Sainte-Beuve qui est ici s'unit à nous[4]. » Nous apprenons encore

---

1. C.-A. Sainte-Beuve, *Livre d'amour...*; pièce IX; *Il est ici toujours...*; p. 77.

2. Léon Séché, *Études d'histoire romantique : Sainte-Beuve...*; tome II, p. 41.

3. Lettre d'Arsène Houssaye à E. Lemaitre; château de Parisis (Bruyères-sous-Laon), 8 avril 1895. — E. Lemaitre, *le Livre d'amour; Sainte-Beuve et Victor Hugo...*; p. 2.

4. Alfred Asseline, *Victor Hugo intime...*; p. 52.

que Mme Hugo est allée rendre visite à des tantes et
à des cousines, dans un couvent d'Ursulines, à
Nantes, et « Sainte-Beuve, présent aux scènes du
couvent, avait aussi les larmes aux yeux[1]. » Cela
Hugo le sait-il[2]? Sait-il aussi que, le 15 juin 1837,
Sainte-Beuve a pu écrire à son ami Ulric Guttinger,
que Mme Hugo était malade et qu'il en était bien
inquiet? « J'attends toujours avant de partir et je
file mon câble aussi lentement que je puis. Je par-
tirai pourtant[3]. » Donc elle le voit. Mais ces dates,
ce sont des points de repère livrés par le hasard.
Il y a des faits plus graves, pour démontrer la

1. Lettre de Pierre Foucher à sa sœur, 3 août 1835. —
Alfred Asseline, *Victor Hugo intime...*; p. 60.

2. Il y a justice à citer, sur ce point, ce qu'écrit dans son
remarquable ouvrage M. Gustave Simon, *Le roman de Sainte-
Beuve;* Paris, 1906, in-8°, p. 255 : « Sainte-Beuve eut [pendant
ce voyage] pour Mme Victor Hugo les attentions les plus
respectueuses et pour sa fille la plus tendre sollicitude. Il
redevint le frère qu'il était autrefois. Elle le mande à son
mari, et, — voici la preuve d'innocence la plus forte qu'on
puisse attendre d'une honnête femme, — elle ajoute : « Quand
tu seras à Paris, je te prierai, mon ami, de lui écrire quelques
lignes de remerciement pour ses soins. » Je crois que M. Gustave Simon a attaché beaucoup d'importance à cette phrase,
et d'autant plus que, plus loin, p. 256, il croit pouvoir assurer
que le « prétendu amour d'Adèle » pour Sainte-Beuve, nullement sensuel, un peu sentimental à peine, lui tint « presque
tout dans la tête. » Mais n'est-ce point assez? Cela ne suffit-
il pas pour faire comprendre les raisons du détachement de
Victor Hugo? C'est ce seul point que nous plaidons ici pour
légitimer la liaison avec Juliette.

3. *Catalogue d'une très précieuse collection de lettres autographes;* Paris, février 1907, in-8, pièce n° 134, p. 36.

continuité des relations entre l'auteur du *Livre d'amour* et la femme que cette publication a dû si violemment outrager.

Le 3 septembre 1835, Sainte-Beuve écrivait à Béranger :

Il se prépare ici une saison assez littéraire, assez poétique même : nous allons avoir dans une quinzaine un volume lyrique de Hugo ; il y aura des vers d'amour.... Les beaux vers comme les siens, je n'en doute pas, couvriront et glorifieront le péché[1].

Plus explicitement il parlait de ces vers, quelques jours plus tard, le 26 septembre, à Victor Pavie :

Il y en a beaucoup à cette belle Dalila[2]. Il accommode tout cela comme il peut et à la chinoise avec l'amour conjugal des *Feuilles d'automne*, qu'il ne veut pas rompre officiellement. Mais il y aura éclat, je pense, et curiosité maligne très en jeu, lors de cette publication[3].

Il n'y eut point éclat, et la seule curiosité maligne en jeu fut celle de Sainte-Beuve. Il s'agissait du recueil qui parut, le 27 octobre 1835, sous le titre de *Chants du Crépuscule*, et qui contenait

---

1. C.-A. Sainte-Beuve de l'Académie française, *Portraits contemporains, nouvelle édition revue, corrigée et très augmentée*; Paris, 1869, in-18, tome I, p. 139.

2. « Jamais, quoi qu'en dise Sainte-Beuve, elle [Juliette] n'a joué le rôle de Dalila. » Louis Guimbaud, *Victor Hugo et Juliette Drouet; La Contemporaine*, 10 mars 1902, p. 273.

3. Edmond Biré, *Victor Hugo après 1830...*; tome I, p. 159.

treize pièces, où, selon M. Biré, le poète chantait
« landerirette avec Mlle Juliette[1]. » Ces pièces,
dit encore M. Biré, « vous ne les avez pas lues
sans une intime souffrance, sans songer à cette
mère de famille que le mari délaisse[2].... » Hé!
non, monsieur Biré, nous en sommes fâchés, mais
c'est sans souffrance aucune que nous avons lu,
par exemple, le chant d'amour lyrique à Juliette :

Hier, la nuit d'été qui nous prêtait ses voiles
Etait digne de toi, tant elle avait d'étoiles!
Tant son calme était frais, tant son souffle était doux,
Tant elle éteignait bien ses rumeurs apaisées,
Tant elle répandait d'amoureuses rosées,
    Sur les fleurs et sur nous!

Et je bénissais Dieu dont la grâce infinie,
Sur la nuit et sur toi versa tant d'harmonie,
Qui, pour me rendre calme et pour me rendre heureux,
Vous fit, la nuit et toi, si belles et si pures,
Si pleines de rayons, de parfums, de murmures,
    Si douces toutes deux.

C'est Dieu qui mit l'amour au bout de toute chose,
L'amour en qui tout vit, l'amour sur qui tout pose,
C'est Dieu qui fit la nuit plus belle que le jour,
C'est Dieu qui sur ton corps, ma jeune souveraine,
A versé la beauté, comme une coupe pleine,
    Et dans nos cœurs l'amour.

Quant à la « femme délaissée, » si ingénument

1. Edmond Biré, *Victor Hugo après 1830...*; tome I, p. 164.
2. Edmond Biré, *Victor Hugo après 1830...*; tome I, p. 163.

plainte par M. Biré, force nous est bien de reconnaître qu'elle s'occupait par ailleurs, car, sinon, comment expliquer que Sainte-Beuve fût si bien renseigné? Comment eût-il su, par avance, ce que contenait un manuscrit que Hugo ne lui avait pas montré? Comment avait-il deviné qu'il y aurait, dans les *Chants du crépuscule*, des vers d'amour pour la « belle Dalila? » C'est donc que quelqu'un l'avait renseigné, quelqu'un d'assez intime auprès du poète pour avoir pu feuilleter les pages du livre encore inconnu. Qui?

J'ai sous mon toit un mauvais hôte,

disait, dans la pièce XXVI, de son livre, *A mademoiselle J.*, le poète. C'était, évidemment, Sainte-Beuve qu'il entendait désigner. Soupçonna-t-il jamais sa femme coupable de l'indiscrétion? D'ailleurs Sainte-Beuve allait lever le masque. En novembre 1835 il publia, sur les *Chants du crépuscule*, dans la *Revue des Deux-Mondes*, une étude perfide et benoîte où Hugo, accusé d'immoralité, se voyait reprocher les pièces sur Juliette figurant à la suite de pièces sur Mme Hugo. « Il n'a pas vu, disait Sainte-Beuve, que l'impression de tous serait qu'un objet respecté eût été mieux honoré et loué par une omission entière. » Publiquement, il prenait donc la défense de Mme Hugo contre son mari. De quel droit? De quoi se mêlait-il? Il se savait donc encouragé, par avance, certain de l'approbation de l'intéressée? Mais, dans le privé, c'était bien autre chose! « Cette immoralité est si honteuse, disait Sainte-Beuve à ses camarades, et bien que j'aie été autrefois l'ami d'Hugo, je lui flanquerais volontiers ma main sur la figure. » Quelques jours après, le rencontrant par hasard chez Villemain, le ministre de l'instruction publique, il l'évita prudemment, car « je lui aurais lancé quelque chose à la tête. » Hugo apprit les propos, se fâcha et envoya à l'astucieux rouquin ses témoins. Sainte-Beuve en tomba de son haut. Quoi? se battre!... lui!... et si Hugo allait le tuer?... Il en suait de peur. Il fit son testament, y enveloppa ses manuscrits et courut porter le tout chez l'éditeur Renduel. Celui-ci voyant le pleutre si effondré de crainte, si tremblant et si larmoyant, eut pitié de sa platitude. Il arrangea l'affaire[1].

Dix ans plus tard, un fait analogue se produit, une preuve aussi flagrante des relations secrètes de Sainte-Beuve avec Mme Hugo apparaît. C'est au lendemain du flagrant délit d'adultère où on a saisi le poète. De cette affaire, dont on trouvera les détails plus loin, ne retenons que la promesse faite, par Hugo, à Louis-Philippe, de quitter Paris pendant quelques mois. Or, écrit Sainte-Beuve, le

1. Adolphe Jullien, *Le romantisme et l'éditeur Renduel...*; pp. 123,124.

19 septembre 1845, à Pavie, « je sais qu'il n'a pas quitté Paris et qu'il travaille, enfermé, à je ne sais quelle œuvre dont il espère que l'éciat recouvrira l'autre. Je n'ai eu d'ailleurs aucune nouvelle directe, aucun signal de ce côté[1]. »

Mais comment sait-il la chose que Hugo a tant de raison de tenir secrète? Poser la question n'est-ce point dénoncer l'auteur de l'indiscrétion? Dès lors ne peut-on pas ajouter foi à la déclaration de Pons affirmant, qu'entre les deux complices du *Livre d'amour*, des relations amicales persistèrent jusqu'au bout[2]? Pour en attester ne peut-on pas grouper, ici encore, une série de faits déconcertants et probants? Le 10 juin 1852, Mme Hugo, après la vente du mobilier de son appartement de la rue de la Tour-d'Auvergne, alors que son mari a déjà gagné la chambre meublée de l'exil, va trouver Sainte-Beuve chez lui, rue du Montparnasse. « Elle venait lui demander de ne rien écrire contre son mari, tant que celui-ci serait en exil. Cette demande fut faite en toute simplicité et toute noblesse, sans allusion au passé, sans un reproche, sans une plainte. Sainte-Beuve fut ému, il promit et a tenu sa promesse[3]. » Touchante anecdote! mais contredite, malheureusement, par Sainte-

1. Edmond Biré, *Victor Hugo après 1830...*; tome II, p. 87.
2. A.-J. Pons, *Sainte-Beuve et ses inconnues...*; pp. 92, 93.
3. Edmond Biré, *Victor Hugo après 1852....*; p. 32.

Beuve lui-même. Dans une lettre du 17 mai 1856, il a donné de son silence sur Hugo une toute autre explication, et confessé qu'il n'avait pas voulu écrire sur l'exilé pour ne point « paraître méconnaître et violer une ancienne amitié, ou sans avoir l'air d'y vouloir remonter et de m'y reprendre[1]. » Raisons exclusivement personnelles, on le voit, et qui n'ont rien à démêler avec une démarche de Mme Hugo. Cette visite ne fut pas, d'ailleurs, unique. Pendant le second Empire, à en croire M. Jules Troubat, Mme Hugo « ne venait guère à Paris sans lui pousser une visite. » Témoignage qui corrobore l'anecdote de Pons :

Un jour que je me trouvais chez lui, survint une dame, qui, connaissant le chemin, grimpa lentement le petit escalier, après avoir jeté son nom à la servante. Lorsqu'elle redescendit, accompagnée cérémonieusement jusqu'à la porte par le galant critique, je vis une personne déjà âgée, aux traits nets et décidés, d'un profil italien plutôt que français. Le léger duvet qui, dans la fleur de la jeunesse, estompait la lèvre supérieure et n'était sans doute qu'un charme de plus, s'était accentué avec le temps, d'une façon moins gracieuse. Aussi, quand nous fûmes seuls, ne puis-je m'empêcher de lui dire : « Eh ! mais elle a une fière moustache votre connaissance ! » — « Ah ! répondit-il,

---

1. *Réponse à quelqu'un qui m'écrirait qu'on attribuait à la crainte de déplaire aux Tuileries mon silence sur les « Contemplations » de Victor Hugo; 17 mai 1856. — Correspondance de C.-A. Sainte-Beuve; 1822-1865; Paris, 1877, in-18, tome I, p. 212, pièce C LVII.*

avec un triste sourire, nous ne sommes plus jeunes ni l'un ni l'autre [1] ! »

Etait-ce, pour Sainte-Beuve, une manière de goûter les dernières gorgées de sa lente vengeance? N'est-ce point lui qui a écrit cette cruelle phrase : « Une des plus vraies satisfactions de l'homme, c'est quand la femme qu'il a passionnément désirée et qui s'est refusée opiniâtrement à lui cesse d'être belle [2] ? » Le croquis de Pons nous dit que c'était alors le cas de Mme Hugo.

Enfin, à tout cela, il est un dernier trait à ajouter. On connaît les pièces et les documents du scandale. on sait que Mme Hugo a été déshonorée, avilie par le *Livre d'amour*, et c'est de l'auteur de ce libelle qui, publiquement, l'a déshabillée, que, dans *Victor Hugo raconté*, elle écrit : « M. Sainte-Beuve, causeur aussi charmant qu'éminent écrivain.... » Et c'est de lui qu'elle loue « les beaux vers [3]. » Donc, elle n'a pas gardé rancune, au contraire. Hugo, lui, au moins a conservé le silence.

1. A.-J. Pons, *Sainte-Beuve et ses inconnues...*; pp. 93, 94.
2. *Les cahiers de Sainte-Beuve...*; p. 25.
3. *Victor Hugo raconté par un témoin de sa vie...*; tome II, pp. 180, 181. — Ce livre, Mme Victor Hugo l'a adressé à Sainte-Beuve, à l'homme du *Livre d'amour*. C'est un des traits accablants et déconcertants de ce cas psychologue. Le 17 juin 1861, Sainte-Beuve l'en remerciait en ces termes : « Madame et amie, je reçois avec un mot de votre main les deux volumes : *Victor Hugo raconté par un témoin de sa vie*. Je me mets à la lecture avec l'intérêt qu'inspirent et le sujet et le témoin. J'y trouve des faits tout nouveaux, j'y retrouve

MAISON HABITÉE PAR VICTOR HUGO, RUE NOTRE-DAME-DES-CHAMPS, N° 11.
Lithographie de Champin.

Il a crucifié, anathématisé tous ses ennemis, Planche[1] comme Nisard, Montalembert comme le fils Verhuel : il n'a rien dit — publiquement — de Sainte-Beuve. Ce n'est que, mort, qu'on a trouvé, dans ses papiers, la fulgurante riposte au *Livre d'amour*.

des faits que je connaissais et qu'un récit piquant réveille. Je goûte le talent du narrateur. Mais combien je suis touché en voyant les souvenirs aimables qu'on a gardés de moi et la manière charmante et honorable dont mon nom est encadré dans ces pages que tous désormais liront. Agréez, Madame et amie, l'expression de ma gratitude et de mes respectueuses amitiés. » Gustave Simon. *Le roman de Sainte-Beuve...*; pp. 315, 316.

1. C'était Sainte-Beuve qui avait présenté le critique Planche à Hugo. C'était un « jeune homme grand, à profil grec, et qui eût été beau s'il n'avait pas eu les yeux saillants et le crâne étroit, » a écrit Mme Hugo. Le poète disait de lui : « Planche ? Il est long, plat, gris, raboteux ; il a donc été bien nommé. » Sa négligence et sa malpropreté étaient, on le sait, légendaires. Il accepta un jour, raconte Philarète Chasles, six cachets de bain de Mme Sand ; sans quoi elle lui signifierait son congé, disait-elle avec un air tout à fait sérieux. En effet, Planche profita du bienfaisant cadeau et se présenta le soir même chez Mme Sand. « Comment ! lui cria-t-elle, encore dans le même état ! » — « Non, dit Planche sans se déconcerter devant nous, j'ai profité d'un de vos cachets. Touchez mes cheveux, ils sont encore mouillés. » — « Mais malheureux et vos mains ? » — « Ah ! mes mains, répliqua Planche, c'est bien possible, j'ai lu au bain, et naturellement j'ai tenu les mains et le livre au-dessus de l'eau. » Enfin Mirecourt ayant conté que Mme Hugo lui demanda un jour : « Monsieur Planche, avez-vous beaucoup de chemises ? » ajoute : « L'anecdote nous semble apocryphe. — Il suffit d'avoir vu Mme Hugo pour la croire incapable de blesser qui que ce soit par un mot piquant ou par une raillerie, à moins que ce damné Gustave, à l'exemple de l'érotique Sainte-Beuve, ne l'ait poussée à bout par ses audaces. Alors le cas de légi-

Mais ce livre atteste lui-même de sa bassesse, il le condamne dans sa lâcheté : par la date inscrite à son titre : 1843, par le mois où il paraît : novembre. Hugo, alors, est accablé par le plus grand deuil de sa vie. Le 4 septembre à Villequier, sa fille, Léopoldine, s'est noyée avec son mari, dans la Seine. Tous deux, dans un même cercueil, sont allés dormir l'éternel sommeil, à l'ombre de l'humble et petite église. Dans ce temps, sous le nom de Georget[1], Hugo voyageait dans les Cha-

time défense la rendrait excusable, sans justifier l'agresseur ni lui permettre la rancune, surtout vis-à-vis de l'époux. » Apocryphe ou non, Gustave Planche n'accepta pas l'anecdote et poursuivit Eugène de Mirecourt en diffamation. Le 25 mars 1857, la 6ᵉ chambre condamna Mirecourt à 500 francs d'amende et à l'insertion du jugement dans deux journaux, au choix de Planche, « attendu, disait l'arrêt, qu'à la page 46 de la brochure Jacquot, dit de Mirecourt, impute à Gustave Planche d'avoir, par *ses audaces*, poussé à bout une femme mariée, et que ce fait, bien que présenté sous une forme hypothétique, n'en est pas moins de nature à porter atteinte à sa considération et à son honneur, et constitue une diffamation.... » Cf. *Victor Hugo raconté par un témoin de sa vie...*; tome II, p. 182 ; Philibert Audebrand, *Les critiques de 1830 ; Le Livre d'or de Sainte-Beuve...*; p. 113 ; Philarète Chasles, *Mémoires...*; tome II, pp. 112, 113 ; Eugène de Mirecourt, *Les Contemporains ; deuxième série; Gustave Planche* ; Paris, 1856, in-32, pp. 45, 46 ; Théophile Deschamps, *Biographie de Jacquot, dit de Mirecourt; troisième édition, revue et augmentée des comptes rendus des procès en police correctionnelle;* Paris, 1857, in-32, pp. 121, 123.

1. Hugo avait pris l'habitude de voyager sous des pseudonymes. Déjà, d'Anvers, le 22 août 1837, il priait son ami, le peintre Louis Boulanger, de mettre sur ses lettres : *M. le vicomte Hugo,* en omettant le prénom, pour ne pas trahir son

rentes. Aucune lettre des siens ne parvint à le toucher. De Saumur, le 10 septembre, il écrivait à Louise Bertin, la fille du directeur des *Débats* : « Hier, je venais de faire une grande course à pied, au soleil, dans les marais, j'étais bien las, j'avais soif, j'arrive à ce village, qu'on appelle, je crois, Subise [Soubise, Charente-Inférieure], et j'entre dans un café. On m'apporte de la bière et un journal *Le Siècle*. J'ai lu. C'est ainsi que j'ai appris que la moitié de ma vie et de mon cœur était morte[1]. » On sait quelles strophes harmonieuses jaillirent de l'accablement et de la résignation de cet énorme deuil, immortalisant le nom de cette Léopoldine, dont Sainte-Beuve avait dit dans le *Livre d'amour* :

> *Cette Léopoldine est fille des Césars :*
> *Elle attire, elle impose ; elle est fine, elle est belle ;*
> *Mais c'est Lui, surtout Lui, que sa lèvre rappelle :*
> *Le dédain, à demi sous la grâce aiguisé,*
> *Dit assez l'âpre veine où son sang fut puisé[2].*

incognito. Cf. *Catalogue d'une précieuse réunion de Lettres autographes ayant fait partie de la collection de M. Léon Gaucher;* Paris, mai 1908, in-8, pièce n° 171 — A propos de Nisard qui, lui aussi, avait pris cette habitude, Sainte-Beuve citait ce mot : « Je voyage sous mon nom, avait dit l'auteur du *Livre d'amour*, pourquoi voulez-vous que j'en change? » Et Nisard avait répondu : « Ah! moi, je prends un nom d'emprunt, de crainte d'être importuné. » Sainte-Beuve n'en revenait pas : « Comprenez-vous ce Nisard? Il se croit célèbre! » A.-J. Pons, *Sainte-Beuve et ses inconnues...*; p. 303.

1. Victor Hugo. *Correspondance...*; p. 55.

2. C.-A. Sainte-Beuve, *Livre d'amour...*; pièce XVI; *A la petite Ad...*; p. 110.

Deux ans auparavant, l'ayant rencontrée à une soirée de l'académicien Lebrun, il écrivait à son ami Juste Olivier :

J'ai fait pendant une heure ma cour respectueuse à Mlle Léopoldine Hugo, l'aînée des enfants, la plus charmante et la plus perlée des ballades de son père. Elle a dix-sept ans. Je la traitais comme une très grande et très sérieuse personne qu'elle est, et elle avait l'air charmé[1].

Et, c'est à l'heure où la mort la plus horrible l'enlevait à sa mère, que Sainte-Beuve publiait le roman diffamatoire, le livre de sa haine lâche. Il piétinait ce deuil terrible, jetait sa pelletée de boue sur le cercueil de la jeune femme. « Rien au monde, a éloquemment protesté M. Michaut, ne pourra démontrer qu'un tel acte, — à un tel moment! — ne soit pas un acte vil[2]. » Qui en pourrait défendre Sainte-Beuve? M. Jules Troubat, lui-même, ne l'a pas osé! Et ce qui achève de stigmatiser l'homme, c'est que, trois mois plus tard, le 19 décembre, il disait solennellement, dans son testament : « Mon intention expresse est que ce livre ne périsse pas[3]. » Il n'a pas péri, il demeure et marque au front le coupable de cette infamie. Il est bon, il est utile qu'on l'ait sauvé du nau-

1. Lettre du 19 février 1814. — André Pavie, *Médaillons romantiques...*; p. 327.
2. G. Michaut, *Sainte-Beuve amoureux et poète...*; p. 201.
3. Léon Séché, *Etudes d'histoire romantique : Sainte-Beuve...*; tome II, p. 56.

frage du mépris, qu'on l'ait réédité : c'est l'acte d'accusation et la condamnation du fourbe qu'on réimprimait en lettres rouges sur sa boueuse mémoire.

IV

HUGO IMMORAL

L'immoralité coutumière de Hugo l'a poussé à sa liaison avec Juliette. — Amusante indignation de M. Alexandre Duval. — Hugo, précurseur du théâtre réaliste et dramaturge obscène. — Comique protestation de M. Biré. — Hugo, auteur libertin. — Le *D'après nature* de *Choses vues*. — Hugo, poète lascif. — Le libertinage des *Chansons des rues et des bois*. — « C'est Geronte à Paphos! » — Hugo se baigne sur le toit d'Hauteville-House. — Auguste Vacquerie et les miss de Jersey. — C'est un « malicieux aventurier. » — Juliette Drouet était-elle digne d'être l'objet de l'immoralité de Hugo?

Donc, il y eut quelque chose entre Mme Hugo et Sainte-Beuve. Si le « quelque chose » est innocent, on doit néanmoins avouer « qu'ils s'arrangent bien pour mettre contre eux toutes les apparences[1]. » Sainte-Beuve, paraît-il, à un moment, voulut ou tenta de les sauver. Il retira. autant que faire se pouvait, les exemplaires du *Livre d'amour*

[1]. E. Lemaitre, *Le Livre d'amour; Sainte-Beuve et Victor Hugo...*; p. 37.

donnés, de la circulation. Il le payait, dit Arsène Houssaye, « par de rudes angoisses, » et il confessait : « Les bonnes fortunes deviennent de mauvaises fortunes si on les conte. Il faut n'en parler qu'à son cœur[1]. » Son cœur était vraisemblablement vaste et innombrable, puisqu'il en parlait au public. En effet, c'est à 1845 que se rapporte la déclaration ci-dessus, et, en 1863, Sainte-Beuve réimprimait la plupart des pièces du *Livre d'amour*, vingt-cinq sur quarante-cinq, dans l'édition des *Poésies de Joseph Delorme*. Ses « rudes angoisses, » on le voit, n'avaient guère duré. Croyait-il, alors, que son acte serait de ceux dont il a dit que « l'indulgent avenir » les absout toujours[2]? Mais enfin, quel qu'il soit, il suffit à légitimer moralement la trahison de Hugo, et à faire comprendre qu'au sortir de la crise sentimentale de 1830-1831, il était prêt à accepter des consolations moins cruelles que les souvenirs dont, désormais, son foyer allait être hanté. Dès lors la liaison avec Juliette est préparée : qu'elle paraisse, et cette âme désemparée, vide, veuve et blessée sera à elle.

Qui nierait que la crise n'y soit pour quelque

---

1. Lettre d'Arsène Houssaye à E. Lemaitre ; Paris, 27 août 1885. — E. Lemaitre, *Le Livre d'amour; Sainte-Beuve et Victor Hugo...*; p. 77.

2. C.-A. Sainte-Beuve, *Livre d'amour...*; pièce VIII; *Récit à Adèle*; p. 61.

chose, sinon pour tout? C'est donc user d'un tour de passe-passe pour mettre, au compte de l'immoralité coutumière de Victor Hugo, sa passion pour Juliette. Il fait beau voir cette immoralité reprochée par Sainte-Beuve! A propos des *Chants du crépuscule* on l'a vu ériger en champion de la décence et des mœurs, toutes choses qui lui furent toujours étrangères. Il n'innovait point. Alexandre Duval, l'auteur-acteur-académicien, lui avait déjà reproché « ces prostitutions de filles publiques, ces viols accomplis presque sur la scène[1]. » Qui eût jamais cru Hugo le précurseur du théâtre réaliste? D'ailleurs, ajoutait Duval, « je conviens cependant qu'il y a dans le viol et la prostitution, un grand motif de curiosité pour le parterre et la

1. Alexandre Duval, de l'Académie française, *De la littérature dramatique; Lettre à M. Victor Hugo;* Paris, MDCCCXXXIII, in-8, p. 15. — Le 6 juillet 1833, Alexandre Duval écrivait à Samson, le célèbre acteur, pour se plaindre de la froideur avec laquelle le comité de la Comédie-Française avait accueilli la lecture d'une de ses pièces. Il déclarait ne point s'en étonner, car dans sa *Lettre à M. Victor Hugo,* il avait reproché aux comédiens de sacrifier au dieu de Baal, et « qu'enfin, j'avais eu grand tort de prendre pour juges ceux qui s'étaient dévoués aux bourreaux de l'art dramatique. Si en religion comme en politique on ne convertit personne, dois-je m'étonner maintenant du peu de succès que j'ai obtenu auprès de ceux qui se sont prosternés devant *Hernani, le Roi s'amuse,* etc.? » *Catalogue d'autographes Noël Charavay,* n° 351, novembre 1905, pièce n° 55476. — Revenant sur ces faits dans une lettre du 29 janvier 1838, à Samson, Duval lui faisait le récit de ses relations avec le Théâtre Français et le

certitude de toucher bien vivement le cœur des femmes sensibles. Aussi ne craignent-elles pas de suivre certaines représentations d'où, après avoir été obligées de rougir du regard malin de certains hommes, elles remportent au moins dans leur intérieur des souvenirs qui ne laissent pas d'avoir quelques charmes. Vous avez si bien senti, Monsieur, l'efficacité de ce moyen dramatique, que vous avez employé un viol et deux prostitutions dans vos deux derniers ouvrages[1]. » Tant de vertu intrigua un jour un des biographes de Victor Hugo. « Qu'aviez-vous donc fait à cet académicien? » lui demanda-t-il. Et le poète de répondre : « Je lui avais fait *Hernani*[2]. » Et, de même, il avait fait *Lucrèce Borgia* à un sieur Destigny, qui le vitupérait en vers :

Un Homère assidu de la fille de la joie[3]*!*

résumé de ses griefs contre les comédiens. En trente ans il se vantait d'avoir fait représenter 21 ouvrages, dont 8 en 5 actes, sur lesquels on comptait 18 succès qui contribuèrent longtemps à la fortune et à la gloire du théâtre. « Mais le romantisme, depuis dix ans, est maître de la place, et j'ai cessé de travailler. Que pouvais-je faire? » Continuer à ne pas travailler, lui eût-on pu répondre avec justesse. Cf. *Catalogue d'autographes Noël Charavay*, mars 1910, pièce n° 66900, offerte à 15 fr.

1. Alexandre Duval, *De la littérature dramatique; Lettre à M. Victor Hugo...*; p. 27.
2. Alfred Barbou, *La Vie de Victor Hugo...*; p. 187.
3. Alfred Barbou, *La Vie de Victor Hugo...*; p. 155.

Là, l'obscénité était un moyen de critique. Au même titre que le burlesque, le grotesque, l'absurdesque (*sic*) et le satanesque (*sic*), elle faisait partie de la « charte romantique[1]. » Enfin, le reproche n'était-il pas parti de haut, et le comte d'Argout n'avait-il pas, le 23 novembre 1832, défendu *Le Roi s'amuse* « considérant que les mœurs sont outragées? »

Le même grief devait poursuivre le poète jusqu'à la fin de sa carrière. Un sieur Courtat, dans une critique acerbe des *Misérables*, lui reprochait, par exemple, « de déshonorer sa commençante vieillesse d'écrivain austère en glorifiant la passion sensuelle de Cosette et de Marius[2]. » Mais qu'eût-il dit, le rigide Courtat, s'il avait su qu'en Cosette, Victor Hugo avait incarné Adèle, de même qu'il s'était représenté en Marius? « Il ne se faisait point difficulté d'avouer que c'était un peu l'histoire de ses amours avec cette charmante Adèle Foucher, qu'il connaissait depuis son enfance, » a écrit un de ses familiers[3]. C'est cette mise en scène, directe ou voilée, de sa personnalité, que lui reproche quelquefois M. Biré. « N'est-il

1. Ch. Farcy, *Lettre à M. Victor Hugo, suivie d'un projet de charte romantique;* Paris, 1830, in-8.

2. Albert de Bersaucourt, *Les pamphlets contre Victor Hugo; Mercure de France*, tome LXXV, 1er septembre 1908, p. 67.

3. Richard Lesclide, *Propos de table de Victor Hugo...;* p. 60.

pas le premier à se mettre en scène d'étrange
façon ? » s'indigne-t-il en faisant allusion à certain
passage de *Choses vues*[1]. Pour faire toucher du
doigt l'inanité du reproche et la facilité de ce genre
de critique, il n'est qu'à reproduire le passage accusateur. On se demandera, après l'avoir lu, s'il est
incompatible avec les théories littéraires de celui
qui pensait que « tout ouvrage qui ne développe
point une grande idée morale quelconque est une
fertilité indigne de l'art[2]. » Voici donc ce qui a
choqué le bon goût littéraire et la pudeur dépar-
mentale de M. Biré :

D'APRÈS NATURE

Nuit du 3 au 4 février [1849]

Elle avait un collier de perles fines et un châle qui était
en cachemire rouge d'une beauté étrange. Les palmes, au
lieu d'être en couleur, étaient brodées en or et en argent,
et traînaient sur ses talons, de sorte qu'elle avait le charmant à son cou et l'éblouissant à ses pieds. Symbole com-
plet de cette femme qui, volontiers, introduisait un poète
dans son alcove et laissait un prince dans son antichambre.

Elle entra, jeta son châle sur un canapé, et vint s'asseoir

1. Edmond Biré, *Choses vues et choses vraies ; Le Correspondant*, 10 août 1887, p. 553.

2. Lettre aut. sig. ; 16 mars ; 4 p. in-8. — *Catalogue de la
précieuse collection de lettres autographes ayant appartenu à
M. Victorien Sardou, membre de l'Académie française* ; Paris,
1909, in-8, pièce nº 66.

à la table qui était toute servie auprès du feu ; un poulet, une salade, et quelques bouteilles de vin de Champagne et de vin du Rhin. Elle fit asseoir son peintre à sa gauche, et me montrant une chaise à sa droite :

— Mettez-vous là, me dit-elle, près de moi, et ne me faites pas le pied ; il ne faut pas trahir le bêta. Si vous saviez, c'est moi qui suis bête, je l'aime. Vous le voyez. Il est très laid,

En parlant ainsi, elle regardait Serio avec des yeux enivrés.

— C'est vrai, reprit-elle, qu'il a du talent, un grand talent même, mais imaginez-vous qu'il m'a prise d'une drôle de façon. Depuis quelque temps, je le voyais dans les coulisses rôder, et je disais : qu'est-ce que c'est donc que ce monsieur qui est si laid? Je dis cela au prince Caprasti qui l'amena un soir souper. Quand je le vis de près, je dis : c'est un singe. Lui me regardait je ne sais pas comment. A la fin du souper, je lui pressai la main en lui présentant une assiette. En prenant congé il me demanda tout bas :

— Quel jour voulez-vous que je revienne?

Je lui répondis :

— Quel jour? Ne venez pas le jour, vous êtes trop laid, venez la nuit.

Il vint un soir. Je fis éteindre toutes les bougies. Il revint le lendemain et encore le lendemain, comme cela pendant trois nuits. Je ne savais ce que j'avais. Le quatrième jour je dis à ma maîtresse de piano : je ne sais pas ce que j'ai. Il y a un homme que je ne connais pas — je ne savais seulement pas son nom — qui vient tous les soirs. Il me prend la tête sur sa poitrine et puis il me parle doucement, si doucement. Il est très pauvre, il n'a pas le sou, il a deux sœurs qui n'ont rien, il est malade, il a des palpitations, j'ai une peur de chien d'être amoureuse folle de lui. — Ma maîtresse me dit : bah ! — Le cinquième jour il me sembla que cela s'en allait. Je dis à la maîtresse de piano : mais c'est qu'il commence à m'ennuyer beaucoup, ce monsieur! je ne savais plus du tout où j'en étais. Monsieur, cela dure depuis trente-deux jours. Et figurez-vous que lui, il ne dort pas. Le matin je le chasse à grands coups de pied.

— C'est vrai, interrompit Serio mélancoliquement, elle rue.

Elle se pencha vers lui et lui dit avec idolâtrie :

— Tu es vraiment trop laid, vois-tu, pour avoir une jolie femme comme moi. Au fait, Monsieur, poursuivit-elle en se tournant de mon côté, vous ne pouvez pas me juger; ma figure est une figure bien chiffonnée, voilà tout; mais j'ai vraiment de bien jolies choses. Dis donc, Serio, veux-tu que je lui montre ma gorge?

— Faites, dit le peintre.

Je regardai Serio. Il était pâle. Elle, de son côté, écartait lentement, d'un mouvement plein de coquetterie et d'hésitation, sa robe entr'ouverte, et en même temps interrogeait Serio, avec des yeux qui l'adoraient et un sourire qui se moquait de lui.

— Qu'est-ce que cela te fait que je lui montre ma gorge? Dis, Serio? Il faut qu'il la voie. Aussi bien, je serai à lui quelqu'un de ces jours, je vais lui montrer, veux-tu?

— Faites, répondit Serio.

Sa voix était gutturale. Il était vert. Il souffrait horriblement. Elle éclata de rire.

— Tiens! dit-elle, quand il verrait ma gorge, Serio? Tout le monde l'a vue.

Et en même temps, elle saisissait résolument sa robe des deux mains et comme elle n'avait pas de corset, sa chemise fendue par devant laissa voir une de ces admirables gorges que les poètes chantent. Danaé devait avoir cette posture et cette chemise ouverte le jour où Jupiter se métamorphosa en Rothschild pour entrer chez elle.

Eh bien, en ce moment-là, je ne regardai pas Zubiri. Je regardai Serio.

Il tremblait de rage et de douleur, tout à coup il se mit

à ricaner comme un misérable qui a une agonie dans le cœur.

— Mais regardez donc, me dit-il, la gorge d'une vierge et le sourire d'une fille.

J'ai oublié de dire que pendant que tout cela se passait, je ne sais lequel de nous avait découpé le poulet, et nous soupâmes.

Zubiri laissa sa robe se refermer et s'écria :

— Ah! tu sais bien que je t'aime. Ne te fâche pas. Parce que tu n'as eu jusqu'ici que de vieilles femmes tu n'es pas accoutumé à nous autres, pardi! c'est tout simple. Tes vieilles elles n'avaient rien à montrer. C'est vrai, mon pauvre garçon, tu n'as encore eu que des vieilles femmes. Tu es si laid! Eh bien, qu'est-ce que tu veux qu'elles montrent, la princesse de Belle-Joyeuse, ce spectre! et ton grand diable de bas-bleu de quarante-cinq ans qui a des cheveux blondasses! Voulez-vous bien vous cacher! A propos, Monsieur, vous n'avez pas vu ma jambe?

Et avant que Serio eût pu faire un geste, elle avait posé son talon sur la table, et sa robe relevée laissait voir jusqu'à la jarretière, la plus jolie jambe du monde chaussée d'un bas de soie transparent.

Je me tournai vers Serio. Il ne parlait plus, il ne bougeait plus, sa tête s'était renversée sur sa chaise et il s'était évanoui.

Zubiri se leva ou plutôt se dressa debout. Son regard qui, la minute d'auparavant, exprimait toutes les coquetteries, exprimait maintenant toutes les angoisses.

— Qu'a-t-il? cria-t-elle. Eh bien, es-tu bête? Elle se jeta sur lui, l'appela, lui frappa dans les mains, lui jeta de l'eau au visage; en un clin d'œil, fioles, flacons, cassolettes, élixirs, vinaigres, couvrirent la table, mêlés aux verres à moitié vides et au poulet à demi mangé. Serio rouvrit lentement les yeux. Zubiri s'affaissa sur elle-même et s'assit sur les pieds de Serio. En même temps elle pressait les mains du peintre dans ses petites mains blanches et qu'on eût dit moulées par Coustou. Tout en fixant sur les paupières de Serio, qui se rouvraient, des yeux éperdus, elle murmurait :

— Cette canaille ! Se trouver mal parce que je montre ma jambe ! Ah ! bien, s'il me connaissait seulement depuis six mois, il en aurait eu des évanouissements ! Mais enfin tu n'es pas un crétin, cependant, Serio, tu sais bien que Zubara a fait mon portrait toute nue.

— Oui, interrompit languissamment Serio. Et il a fait une grosse femme lourde, une flamande, c'est bien mauvais.

— C'est un animal, reprit Zubiri, et comme je n'avais pas d'argent pour payer le portrait, il l'offre en ce moment à je ne sais plus qui, pour une pendule ! Eh bien, tu vois bien, il ne faut pas te fâcher. Qu'est-ce que c'est qu'une jambe ? D'ailleurs, il est certain que ton ami sera mon amant après toi, vois-tu. Oh ! en ce moment-ci, Monsieur, je ne pourrais pas. On me donnerait cinquante mille francs que je ne pourrais pas tromper Serio. Tenez, j'ai le prince Cafrarti[1] qui reviendra un de ces jours. Et puis, un autre encore. Vous savez on a toujours un fonds de commerce. Et puis il y a des gens qui ont envie de moi. Il y a toujours des curieux qui ont de l'argent et qui disent : tiens, je voudrais passer une nuit avec cette créature, avec cette fille, avec ses yeux, avec ses épaules, avec cette effronterie, avec ce cynisme. Ça doit être drôle à voir de près, cette Zubiri-là. — Eh bien, personne ! je ne veux de personne ! Je suis accoutumée à Cafrarti. Monsieur, quand Cafrarti reviendra, je ne pourrai pas le supporter plus de dix minutes. S'il reste un quart d'heure, je le tue. Voilà où j'en suis. J'adore celui-ci. Est-il canaille de s'être trouvé mal et de m'avoir fait peur comme cela ! J'aurais dû réveiller Cœlina. — Ma femme de chambre s'appelle Cœlina. — Une femme du monde l'aurait réveillée, mais nous autres filles, nous

____

1. On a vu plus haut qu'il s'appelait Caprasti.

VICTOR HUGO RÉPUBLICAIN.

Caricature politique de 18..

les laissons dormir ces pauvres filles. Nous sommes bonnes, n'ayant rien autre chose. Ah! voilà qu'il se remet tout à fait. O mon vieux pauvre! si tu savais comme je t'aime! Monsieur, il me réveille toutes les nuits à quatre heures du matin, et il me parle de sa famille, de sa pauvreté, et de son grand tableau qu'il a fait pour le Conseil d'Etat. Je ne sais pas ce que j'ai, cela me fait frissonner. Cela me fait pleurer. Après cela, il se fiche peut-être de moi avec ses jérémiades; c'est peut-être une balançoire qu'il avait aussi avec ses vieilles femmes. Tous ces hommes sont si gredins! Je suis bien bête de me laisser prendre à tout cela, n'est-ce pas? C'est égal cela me prend. Je pense à lui dans le jour, c'est bizarre! Il y a des moments où je suis toute triste. Savez-vous? J'ai envie de mourir. Au fait, je vais avoir vingt-quatre ans, je vais être vieille aussi, moi. A quoi bon se faner, se vider et se défaire peu à peu? Il vaut bien mieux s'en aller tout d'un coup. Cela fait dire au moins à quelques flâneurs qui fument leur cigare devant Tortoni : — Tiens, vous savez, cette jolie fille? elle est morte. — Tandis que plus tard, on dit : — Quand donc mourra-t-elle cette affreuse sorcière! Qu'est-ce qu'elle a donc à vivre comme cela? C'est ennuyeux. — Voilà les élégies que je me fais. Oh! mais, c'est que je suis amoureuse pour de bon. Amoureuse de ce sapajou de Serio. Oui, Monsieur, de ce sapajou de Serio! Enfin, figurez-vous que je l'appelle ma mère!

Ici elle leva les yeux vers Serio. Lui levait les yeux au ciel. Elle lui demanda doucement :

— Qu'est-ce que tu fais?

Il répondit :

— Je t'écoute.

— Eh bien qu'est-ce que tu entends?

— J'entends un hymne, dit Serio[1].

1. Victor Hugo, *Choses vues*; Paris MDCCCLXXXVII, in-8, p. 269 et suiv.

Voilà donc le Victor Hugo immoral et obscène, de M. Biré. Confessons qu'il l'est, avec une splendeur littéraire incomparable, et que ce croquis d'orgie à la manière vénitienne eût fait la gloire de l'auteur de *Victor Hugo après 1852*, s'il l'eût écrit. Mais ce n'est point là la seule occasion qui lui a fourni matière à de vertueuses déclamations. Avec sa manie maladive d'identifier le poète en tout et partout avec son œuvre, de n'y point faire la part de l'homme privé et de l'auteur, il est arrivé à formuler pour chaque livre un réquisitoire à la manière prudhommesque. Ainsi, prouvant l'immoralité de l'œuvre, il a prouvé, — ou pensé prouver, — l'immoralité de l'homme. En cela, il a suivi l'exemple d'Armand de Pontmartin qui, en 1856, écrivait déjà à propos des odes passionnées des *Contemplations :* « L'amour, chez Victor Hugo, ne nous a jamais séduit, parce qu'il ne nous a jamais persuadé. Et puis, le dirons-nous, sans vouloir faire, à propos de poésie, une morale trop rigoriste : nous comprenons qu'on écrive des vers d'amour de dix-huit à trente ans; mais nous ne comprenons pas qu'on les publie à cinquante-cinq. Sont-ils récents? C'est un ridicule. Sont-ils anciens? La personne qui les a inspirés est nécessairement arrivée à cet âge qui commande le respect et où la couronne de roses poétiques ne trouve plus à se poser que sur un front de grand'mère[1]. » C'était décocher un coup cruel à Juliette. Mais ce fut bien pis quand parurent les *Chansons des rues et des bois*, qu'un journal annonce en ces termes sans urbanité : « M. Victor Hugo, cassé par la débauche, n'ayant plus un cheveu sur la tête ni une dent dans la bouche, vient de publier un livre obscène[2]. » Ce jugement sommaire, M. Biré l'a repris à son compte, et, péremptoirement, il a résumé la critique du livre en une ligne : « Vous n'y trouverez que des amours de guinguettes et des polissonneries de banlieue[3]. » Il est juste cependant de dire qu'un admirateur du poète n'a pu s'empêcher de faire remarquer, à propos du même volume : « J'ai vu surtout avec peine ces empiétements sur le domaine médiocrement enviable de Mürger. Il y a quelque chose qui fait souffrir ma fierté d'admirateur, et ce que j'appellerai ma *pitié filiale* pour ce père des intelligences, c'est de voir notre Pindare solenniser une bonne fortune avec une lavandière, assimiler aux nuages de l'Ida les canapés des guinguettes et livrer à une giletière la bande-

1. Armand de Pontmartin, *Les Contemplations; Le Correspondant*, 1856, p. 298.

2. Richard Lesclide, *Propos de table de Victor Hugo...*; p. 283.

3. Edmond Biré, *Victor Hugo après 1852...*; p. 182.

lette d'Hermès[1]. » Dès lors, pour les ennemis du poète, quelle raison de se taire, et, à la critique, suivant M. Biré, de ne point se montrer impitoyable? « L'indulgence ne lui est plus permise, dit-il, si elle a devant elle un vieillard de soixante-trois ans, un père de famille, — *un maturo! un magistrato!* — et si cet homme en cheveux blancs chante ses plaisirs et ses galanteries d'antan, s'il conduit sa muse chez les blanchisseuses, s'il se lance éperdument dans la description des jupes, des corsets, des fichus et des robes, s'il prêche le libertinage, s'il donne de la lubricité à la nature entière, aux arbres mêmes et aux fleurs, s'il fait entendre pendant des milliers de vers, avec une sorte de furie, le hennissement de la chair débordée[2]. » Pauvre Lisette du vieux Béranger, condamnée par ricochet! C'est pourquoi Victor Hugo n'est que « Géronte à Paphos[3], » comme M. Biré est Zoïle à Pathos. Mais qu'eût-il dit, le pauvre homme, s'il eût su que telle pièce des *Chansons des rues et des bois* portait en marge du manuscrit : « Fait sur demande de Mme Juju, » c'est-à-dire Juliette[4]? » Qu'eût-il dit encore, s'il avait su

<hr>

1. Emmanuel des Essarts, *Réflexions sur « Les Chansons des Lois et des rues »*; *Les Voyages de l'Esprit...*; p. **228**.
2. Edmond Biré, *Victor Hugo après 1852...*; p. **182**.
3. Edmond Biré, *Victor Hugo après 1852...* ; p. **183**.
4. Léon Séché, *Juliette Drouet...*; *Revue de Paris*, 15 février 1903, p. **742**.

qu'en ce moment même, à Guernesey, Victor Hugo scandalisait quelque peu la pudibonderie anglaise, en se baignant sur le toit d'Hauteville-House, « sans se soucier des passants qui auraient pu le voir[1]? » De ces baignades publiques, sa critique 'eût pu tirer des arguments inattendus. De quel poids, dans l'examen d'un livre de Victor Hugo, que l'anecdote où on voit, à Jersey, des miss observer curieusement, avec des jumelles, les ébats du poète, — sans caleçon, M. Biré[2]! —

1. H. Wellington Wack, *Le roman de Juliette et de Victor Hugo...*; p. 59. — Sur ces baignades, voici le dire d'un témoin oculaire : « A onze heures, étant couvert de transpiration, tant par le feu du travail que par celui d'un poêle qui chauffait sa serre en hiver, il se mettait tout nu et s'épongeait le corps, à l'anglaise, d'une eau très froide qui était restée toute la nuit à l'air. Les personnes qui passaient dans Hauteville-Street, à ce moment-là, et qui levaient leurs yeux vers la cage de verre [*le lock out*, cabinet de travail de Hugo au dernier étage de la maison], pouvaient voir la blanche apparition. Une friction énergique avec des gants de crin était le second et indispensable article de ce programme savamment réglé. » Paul Stapfer, *Victor Hugo à Guernesey; souvenirs personnels;* Paris, 1905, in-18, p. 39.

2. « On connaît la pruderie anglaise. Elle va jusqu'à nier certains mots, entre autres ceux de culotte et de pantalon, la négation du mot entraînant la négation de la chose. Si quelques Anglais se résignent à revêtir des *inexpressible*, c'est par une timidité condamnable, les Ecossais l'entendent bien mieux. Aussi dans les îles de la Manche, où le *Cant* règne et gouverne, on se croirait déshonoré si l'on portait un caleçon, même au bain. Surtout au bain. D'ailleurs on ne vend pas de caleçons à Jersey. On est réduit à se baigner dans le costume primitif que notre père Adam avait adopté — avant

dans les flots! Il paraît qu'un jour, dans ce simple appareil, Auguste Vacquerie alla leur demander l'heure, ce qui le fit appeler, par les journaux de l'endroit, un « malicieux aventurier[1]. »

Mais ne suffit-il point? Par ces quelques traits on a pu juger de « l'immoralité » de Victor Hugo. Il demeure à examiner si celle, qui en fut la bénéficiaire, en était digne en quelques points. Après le poète, la femme, l'amant, voici la maîtresse, qui vient compléter le quatuor des personnages de cette enquête.

la pomme. » — Richard Lesclide, *Propos de table de Victor Hugo...*; p. 284. — A propos de ces bains sommaires, on trouve encore dans le curieux volume de H.-Paul Stapfer, cette indication pittoresque : « Il y avait bien à Guernesey un vague établissement, avec des cabines dégarnies et mal closes pour se déshabiller. L'installation n'était guère moins primitive que celle du rocher à la mode de Victor Hugo : ni costumes, ni caleçons, ni peignoirs, ni serviettes, ni baquet d'eau chaude. On se baignait absolument nu (les hommes, du moins), et on se séchait avec son mouchoir de poche.... Les Anglais, avec une simplicité que j'admire, une grave et antique naïveté, ne trouvent ni ridicule, ni inconvenance dans ce spectacle naturel. » Paul Stapfer, *Victor Hugo à Guernesey...*; pp. 80, 81.

1. Alfred Barbou, *La Vie de Victor Hugo...*; p. 260.

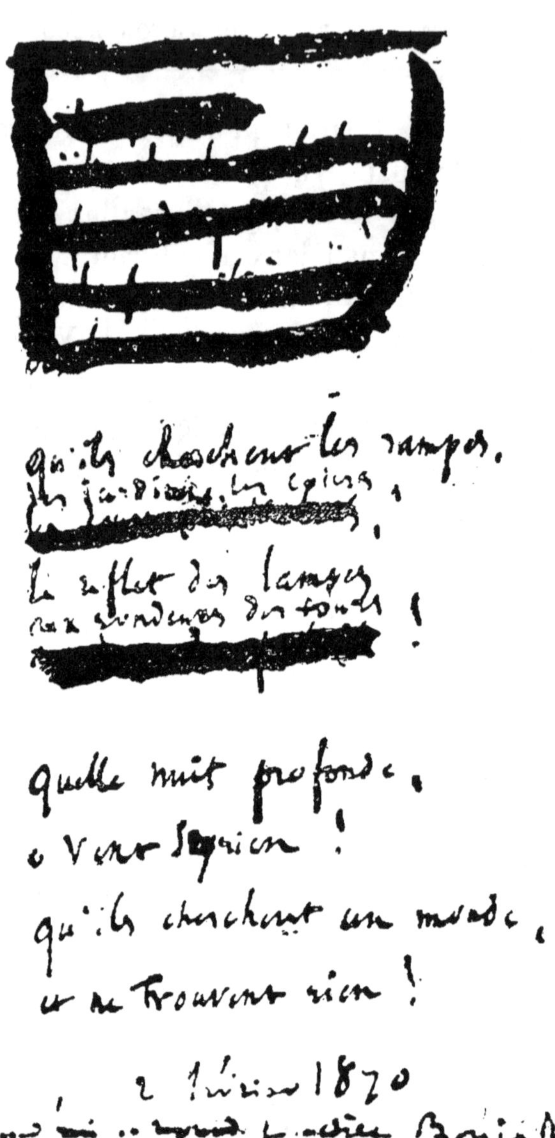

Fragment autographe d'un poème de Victor Hugo.

V

OMBRES DU PASSÉ DE JULIETTE

La beauté de Juliette. — Lithographies qui existent d'elle. —
Curieux étonnement d'un écrivain anglais. — La belle
Juliette chantée par Théophile Gautier. — Sa naissance
obscure. — Petite condition de ses parents. — Orpheline,
elle est recueillie et placée au couvent du Petit-Picpus. —
Source de la documentation de Hugo pour un chapitre des
Misérables. — Juliette évite de devenir religieuse. — Du
couvent à l'atelier du sculpteur. — Maîtresse de Pradier. —
Elle a une fille. — Abandon et chute. — L'amant de
Mlle George fait de Juliette une comédienne. — Sa carrière dramatique. — La jolie fille, les amateurs et le prince
russe. — Sa rencontre avec Hugo. — C'est pour elle que
le poète écrit : « *Oh! n'insultez jamais une femme qui
tombe!...* » — Tombée, Hugo la relève.

Juliette avait vingt-sept ans quand elle connut
Victor Hugo. Elle était alors dans l'épanouisse-
ment d'une beauté, à laquelle son Biré à elle,
M. Chenay, le beau-frère de Victor Hugo, rend
lui-même hommage. Elle avait l'éclat de la grâce
dans la jeunesse; de la sveltesse dans l'élégance;
le rayonnement d'un sourire jeune et neuf, et,
dans tout le visage, quelque chose d'une candeur

étonnée qui se retrouve, charmante et délicate, dans la lithographie que Léon Noël exécuta d'elle, en 1832. Elle y apparaît les épaules largement découvertes, ces épaules que Poulet-Malassis, déclarait — alors qu'elle avait cinquante ans — les plus belles de Paris[1]. Sur la pâleur de la peau tremble et tombe une longue boucle de cheveux noirs, ténue et luisante, ce qui contredit l'assurance de M. Paul Chenay, parlant des « boucles d'or d'autrefois » de Juliette[2]. Le doute sur la couleur n'est pas permis. M. Richard Lesclide, un ami de la maison du poète, son secrétaire, dit nettement : « Très beaux cheveux noirs[3]. » M. Jules Claretie confirme le détail[4]. Brusquement, étant jeune encore, ces belles tresses onduleuses et ténébreuses blanchirent, et prirent « une merveilleuse couleur de neige un peu dorée[5]. » Le visage n'y perdit en rien de ses roses grâces et de la pureté uniforme de ses lignes. Elle demeura fidèle à la beauté de ses portraits, de ce temps, que ce soit celui de Le Genisel ou celui de Noël.

1. Richard Lesclide, *Propos de table de Victor Hugo...*; p. 64.

2. Paul Chenay, *Victor Hugo à Guernesey...*; p. 156.

3. Richard Lesclide, *Propos de table de Victor Hugo...*; p. 65.

4. Jules Claretie, *Le Temps*, 13 mai 1883.

5. Richard Lesclide, *Propos de table de Victor Hugo...*; p. 65.

« Il est aussi assez singulier, écrit un peu naïvement M. Wellington Wack, que, d'autant que j'ai pu m'en rendre compte, aucun musée de France ou d'Angleterre ne possède un portrait de Juliette Drouet et qu'aucun portrait d'elle n'ait jamais été publié. Se pourrait-il que Victor Hugo ait voulu supprimer le portrait de celle qu'il avait si longuement et si tendrement aimée[1] ? » Candide Anglais ! Il a mal cherché, en France, du moins. Sinon il eût appris que Victor Hugo n'avait, en aucune manière, fait disparaître les images de Juliette. Il eût découvert, en cherchant, le portrait de Léon Noël, celui de Le Genisel, dans la collection Soleirol, celui de Darondeau, dans le *Charivari*; il eût appris qu'au moment de la mort de la maîtresse de Victor Hugo, Bastien Lepage achevait d'elle une toile saisissante[2]. Mais, mieux que les images graphiques, il eût trouvé le portrait de flamme lyrique, coloré et lumineux, dessiné par Théophile Gautier qui, si brillamment, excella dans ce genre de portraits voluptueux et féminins. Victor Hugo, qui disait de Juliette « qu'elle avait été la plus belle personne du siècle[3], » qui lui écrivait, le 16 février 1837 : « Tu as les deux

1. H. Wellington Wack, *Le roman de Juliette et de Victor Hugo...*; p. 241.
2. Jules Claretie, *Le Temps*, 13 mai 1883.
3. Richard Lesclide, *Propos de table de Victor Hugo...*; p. 64.

beautés à la fois : celle du corps et celle de l'âme[1], » Victor Hugo ne résumait là que brièvement l'ode lyrique et chaleureuse chantée à la gloire de la beauté de Juliette, par Gautier :

La tête de Mme Juliette est d'une beauté régulière et délicate, qui la rend plus propre aux sourires de la comédie qu'aux convulsions du drame; le nez est pur, d'une coupe nette et bien profilée; les yeux sont diamantés et limpides, la bouche d'un incarnat humide et vivace reste fort petite, même dans les éclats de la plus folle gaieté. Tous ces traits charmants en eux mêmes sont entourés d'un ovale du contour le plus suave et le plus harmonieux, un front clair et serein, comme le fronton de marbre blanc d'un temple grec, couronne lumineusement cette délicieuse figure; des cheveux noirs abondants, d'un reflet admirable, en font ressortir merveilleusement l'éclat diaphane et lustré. Le col, les épaules et les bras sont d'une perfection tout antique; elle pourrait inspirer dignement les sculpteurs, et être admise au concours de beauté avec les jeunes Athéniennes qui laissaient tomber leurs voiles devant Praxitèle méditant sa Vénus.

C'était pourtant dans un coin, obscur et pauvre de France, qu'était née une pareille beauté. Le 10 avril 1806, elle avait vu le jour dans le faubourg de Rillé, rue de la Révolution, à Fougères, dans l'Ille-et-Vilaine. Son père, Julien Gauvain, avait vingt-neuf ans; sa mère, née Marie Marchandet, vingt-sept. Ils s'étaient mariés le 10 flo-

---

1. Léon Séché, *Juliette Drouet...*; *Revue de Paris*, 15 février 1903, p. 737.

réal an VII. C'étaient de pauvres gens, vivant chichement du petit métier de tailleur exercé par le père. La mère devait être délicate, maladive. Peu de temps après la naissance de sa fille elle traîna une vie chétive et condamnée. Le 15 décembre 1806, elle mourut. Le père parut demeurer inconsolable. Moins d'un an plus tard, le 12 septembre 1807, il disparut à son tour, laissant seule la petite Julienne. Dans un coin du vieux cimetière du bourg, parmi les herbes et les ossements anonymes de la fosse commune, il s'en alla reposer des grandes fatigues humaines. Sur cette fosse perdue et oubliée plane, cependant, un rayon de gloire : là dort l'homme qui a donné son nom à un des plus purs héros du poète, à ce Gauvain de *Quatre-vingt-treize*, jeune demi-dieu de la Terreur.

Demeurée orpheline, la petite fille, cependant, n'alla pas aux hospices où on claquemure les enfances malheureuses. Elle avait des oncles et des tantes, un peu plus fortunés que son père, qui avaient quitté Fougères pour Paris[1]. L'un deux, Jean-Baptiste Drouet, dont Juliette, plus tard, prit le nom, et qu'elle fit général de sa propre autorité[2].

---

1. Louis Guimbaud, *Victor Hugo et Juliette Drouet ; La Contemporaine*, 10 mars 1902, p. 254.
2. « Orpheline de bonne heure, elle fut recueillie par son oncle, le général Drouet, dont elle garda toujours le nom. » Richard Lesclide, *Propos de table de Victor Hugo...* ; p. 65.

Jean-Baptiste Drouet était garde général des forêts. Il recueillit l'enfant, l'éleva, mais, à l'âge de sept ans, désireux de s'en débarrasser, ou de lui commencer bientôt son éducation, la plaça au couvent du Petit-Picpus, à Paris. La petite Julienne Gauvain avait là deux tantes religieuses. « Il n'est pas téméraire d'affirmer, dit un de ses biographes, que Juliette garda de son passage au Petit-Picpus, les airs de distinction naturelle, les qualités de tact et de mesure qu'elle a déployés jusqu'à sa mort[1]. » Elle en garda aussi de bien curieux souvenirs, dont on sait l'admirable profit qu'a tiré Hugo pour son chapitre sur le Petit-Picpus, dans les *Misérables*. Ce n'est point lui qui a trouvé ces extraordinaires phrases de jeunes filles au couvent : « Mon père, je m'accuse d'avoir été adultère, » ou : « Tu es vierge, toi, moi je ne le suis plus, » mais bien elle qui les lui a rapportées. D'elle encore le réalisme si exact, si pittoresque de cette atmosphère conventuelle où elle vécut ses jeunes années, où elle faillit vivre ses derniers jours. Il s'en était fallu de peu, en effet, qu'elle ne prît le voile, guidée et encouragée, sans doute, par ses deux tantes religieuses. On n'a cependant, sur ce point, que le témoignage seul de Juliette, entendu à travers M. Richard Lesclide, et force est donc

1. Louis Guimbaud, *Victor Hugo et Juliette Drouet*; *La Contemporaine*, 10 mars 1902, p. 256.

de l'enregistrer sans le pouvoir discuter ou analyser. Or donc, la veille de la prise de voile,
Mgr de Quelen, l'archevêque de Paris, s'était rendu
au Petit-Picpus pour faire subir une petite confession morale aux postulantes. « C'était un usage
établi ; il adressait aux pauvres filles quelques mots
d'encouragement et leur montrait le ciel en pers-
pective[1]. » C'est ce qu'il s'apprêtait à faire pour la
jeune Julienne, et entre eux s'engagea ce petit dia-
logue, évidemment approximatif :

— Alors, mon enfant, vous avez la voca-
tion?

— Oh! non, monseigneur.

Ceci avec un petit air de tristesse. Stupeur de
Mgr de Quelen. Hein? que lui chantait-on là?

— Comment? qu'est-ce que cela veut dire?

Regard vers la supérieure présente à l'entre-
tien :

— Révérende mère, pouvez-vous m'expliquer
cela?

Explication de la révérende mère :

— Monseigneur, nous avons dû suivre les ins-
tructions des parents de la jeune fille; elle est
orpheline et sans fortune. Regardez-la, que voulez-
vous qu'elle devienne dans le monde, avec cette
figure?

1. Richard Lesclide, *Propos de table de Victor Hugo...*;
p. 65.

Mais l'archevêque ne s'en laissa point conter. Ah! s'il eût pu prévoir les *Misérables* et certain chapitre.... Pour le présent il répliqua :

— N'importe, cela n'est pas une raison. Tout vaut mieux qu'une mauvaise religieuse.

Consolateur, il releva Julienne effondrée :

— Ne vous inquiétez de rien, mon enfant; vous aurez bientôt de mes nouvelles.

Les nouvelles furent que, le lendemain, « le général Drouet », en « sacrant un peu », la revint retirer du couvent[1].

Là s'arrêtent les confidences de Julienne, devenue Juliette, et Drouet au lieu de Gauvain, sur sa jeunesse. C'est dommage. On eût aimé apprendre d'elle ce qu'elle devint, de sa sortie du Petit-Picpus jusqu'en 1825, année où on la retrouve, servant de modèle dans l'atelier du sculpteur Pradier. Là-dessus elle ne dit mot, et pour cause. C'est qu'alors elle était la maîtresse du sculpteur. L'auteur des Cariatides du tombeau impérial, aux Invalides, l'avait fait poser pour une des statues dont il décorait la place de la Concorde. Quelle statue? Celle de Lille, comme le dit M. Richard Lesclide[2]? Celle de Strasbourg, comme l'assure M. Louis

---

1. Richard Lesclide, *Propos de table de Victor Hugo...*; p. p. 66, 67.

2. Richard Lesclide, *Propos de table de Victor Hugo...*; p. 64.

Mme Victor Hugo
photographiée à Guernesey

Guimbaud[1] ? Ou simplement pour le buste de cette statue, ainsi que le dit M. Séché[2] ? Mystère et confusion. « Une longue discussion, engagée dans l'*Intermédiaire des chercheurs et des curieux,* semble établir, au contraire, que la statue de Lille représente une demoiselle Vignardonne, et celle de Strasbourg, Mme Pradier[3]. » Et, du coup, voici Juliette sans statue. Ne peut-elle point s'en passer ? Celle qu'elle doit aux poésies de Victor Hugo ne lui suffit-elle vraiment point ? De ce Pradier, pauvre sire sans grand caractère, dont le violon d'Ingres était une guitare[4], Juliette eut, en 1826, une fille nommée Claire, celle-là dont Hugo, dans les *Contemplations,* a écrit :

Douce Claire aux yeux noirs avec des cheveux blonds….

Cette naissance devait marquer la rupture du premier roman d'amour de Juliette. Pradier se sépara d'elle, lui laissant à charge la petite fille qui mourut en 1846. Au lendemain de ce déchire-

1. Louis Guimbaud, *Victor Hugo et Juliette Drouet* ; *La Contemporaine,* 10 mars 1902, p. 259.
2. Léon Séché, *Etudes d'histoire romantique : Sainte-Beuve…* ; tome II, p. 247.
3. Henry Lyonnet, *Dictionnaire des comédiens français;* *(Ceux d'hier)* ; *biographie, bibliographie, iconographie ;* Genève, s. d., in-4, fasc. 55, p. 237.
4. « Le sculpteur Pradier excellait sur la guitare. » Louis Guimbaud, *Victor Hugo et Juliette Drouet; La Contemporaine,* 25 février 1902, p. 165.

ment, où plongea Juliette? On ne sait trop. Pradier recevait nombreuse compagnie dans son atelier de la rue de l'Abbaye. Fut-ce là que sa maîtresse connut Alphonse Karr, avec qui elle vécut quelque temps? C'est vraisemblable, mais la supposition est fragile. Fut-ce là encore qu'elle rencontra ce picaresque et extraordinaire Harel, ancien préfet de l'Empire et amant de Mlle George, dont nous avons, par ailleurs, conté l'étonnant roman comique[1]? Ici encore on en est réduit aux hypothèses. Ce qui demeure avéré, c'est qu'en 1829 Harel faisait débuter Juliette, dans la comédie, au théâtre de Bruxelles qu'il dirigeait alors. Peu de mois après elle revenait à Paris, toujours avec Harel, à la Porte Saint-Martin. C'était alors « une jolie fille, » fort remarquée des amateurs du beau sexe[2]. » Ils eurent souventes fois l'occasion de l'admirer, à partir du 27 février 1830, où elle joua Emma, dans l'*Homme du monde*, d'Ancelot et de Saintine. Liée à la fortune d'Harel, elle le suivit à l'Odéon, dans cette direction où il devait laisser des souvenirs dignes des meilleures pages du roman comique de la scène. Le 28 mai 1831, elle

1. Cf. notre volume : *Une maîtresse de Napoléon (Mlle George, de la Comédie-Française), d'après des documents nouveaux et des lettres inédites ; avec une préface de M. Jules Claretie, de l'Académie française ;* Paris, 1908, in-8, p. 311 et suiv.

2. Paul Chenay, *Victor Hugo à Guernesey...* ; p. 158.

paraissait dans le *Moine,* de Fontan, élucubration dont on nous a conservé ce plaisant et déconcertant résumé :

L'inflexible moine Ambrosio n'est plus le même depuis qu'il a vu la belle Antonia : Mathilde, sa maîtresse, son génie malfaisant, promet de lui faire posséder celle qu'il convoite; elle invoque Satan qui entre avec accompagnement de flammes de bengale et de coups de tam-tam. Satan est orné de griffes et de cornes, comme dans les *Contes de la Mère l'Oie;* il tire de son pourpoint rouge un parchemin, rouge aussi, sur lequel il inscrit le pacte fatal que signe Ambrosio. Le moine s'introduit alors chez Antonia pendant son sommeil, l'enlève et tue le frère de la belle. A l'acte suivant, Ambrosio est dans un palais splendide; une foule de seigneurs et de femmes encombrent les salons; il est à table et chante une chanson triste; il n'a pas le cœur à la joie. Ces gentilshommes, ces nobles dames, ce cardinal en robe rouge, qui viennent s'incliner devant lui, sont autant de diables qui se moquent de sa puissance. L'heure fatale a sonné, Satan vient réclamer sa proie. Duel entre le moine et Satan [1]....

Il paraît qu'en ce moment le public se fâcha. Etonnant! Il avait pris cette féerie pour un drame! Dans le *Jeune prince,* de Merville, le 7 juillet, Juliette lui succéda, puis, le 3 août, dans l'*Homme au masque de fer,* d'Arnould et Fournier. Le 29 septembre, elle créait la *Catherine II,* d'Arnould et Lockroy, et l'année suivante, en 1832,

1. Louis Guimbaud, *Victor Hugo et Juliette Drouet; La Contemporaine,* 10 mars 1902, pp. 261, 262.

regagnait la porte Saint-Martin, pour jouer Teresa, dans *Teresa*, d'Alexandre Dumas et Anicet Bourgeois, et, le 17 janvier 1883, la marquise, dans *Jeanne Vaubernier*[1].

A cette époque, elle habitait un somptueux appartement au numéro 35 de la rue de l'Echiquier et était entretenue par un prince russe fort libéral, propriétaire de mines en Sibérie[2]. Cela ne sent-il point fort le prince Caprasti ou Cafrarti, du croquis de 1849 trouvé si immoral par M. Biré? De même, en certains points, le langage imagé et libre de Zubiri ne se rapproche-t-il pas de la déclaration faite par Juliette, dans une lettre à Hugo, en octobre 1835 : « Je suis emportée, violente, mal embouchée, ceci n'est pas tout à fait ma faute et je n'en veux prendre qu'à moitié la responsabilité, d'autant plus que dans mes violences il y a autant de peur que de mauvaises habitudes d'éducation[3]. » Qui douterait que Juliette n'a point quelque peu posé, — mettons en buste, — pour l'amoureuse et fantasque créature du croquis *D'après nature?* En tout cas, c'est quelques traits de sa physionomie qu'on retrouve dans ces pages,

1. Louis Guimbaud, *Victor Hugo et Juliette Drouet; La Contemporaine*, 10 mars 1902, pp. 260, 261.

2. Paul Chenay, *Victor Hugo à Guernesey...*; p. 158.

3. Léon Séché, *Juliette Drouet...*; *Revue de Paris*, 15 février 1903, p. 735.

portrait de la courtisane voluptueuse et réhabilitée[1]. D'ailleurs, n'est-ce point ainsi que Victor Hugo a trouvé Juliette? Et n'oublions pas que c'est de 1835 que date la fameuse pièce des *Chants du crépuscule* :

Oh! n'insultez jamais une femme qui tombe!
Qui sait sous quel fardeau la pauvre âme succombe!

Le poète venait de ramasser « la pauvre âme » et d'alléger son « fardeau. »

_____

1. On verra, plus loin, qu'à la réalité l'actrice Alice Ozy a servi de modèle à la Zubiri du croquis *D'après nature.*

la Sieste de Jeanne.

Elle fait au milieu du jour son petit somme ;
Car l'enfant a besoin du rêve plus que l'homme ;
Cette terre est si laide alors qu'on vient du ciel !
L'enfant cherche à revoir Chérubin, Ariel,
Ses camarades, Puck, Titania, les fées,
Et ses mains quand il dort sont par Dieu réchauffées.
Oh ! comme nous serions surpris si nous voyions
Au fond de ce sommeil sacré, plein de rayons !
Ces paradis ouverts dans l'ombre, et ces passages
D'étoiles qui font signe aux enfants d'être sages,
Ces apparitions, ces éblouissements !
Donc, à l'heure où les feux du soleil sont calmants,
Quand toute la nature écoute et se recueille,
Vers midi, quand les nids se taisent, quand la feuille
La plus tremblante oublie un instant de frémir,
Jeanne a cette habitude aimable de dormir ;
Et la mère un moment respire et se repose,
Car on se lasse, même à servir une rose.
Ses beaux petits pieds nus dont le pas est peu sûr

Poéme autographe de Victor Hugo.

Dormant, et son berceau, qu'entoure un vague azur
Ainsi qu'une auréole entoure une immortelle
Semble un nuage fait avec de la dentelle ;
On croit, en la voyant dans ce frais berceau là,
Voir une lueur rose au fond d'un falbala,
On la contemple, on rit, on sent fuir la tristesse,
Et c'est un astre, voyant de plus sa petitesse ;
l'ombre, amoureuse d'elle, a l'air de l'adorer ;
le vent retient son souffle et n'ose respirer ;
Soudain, dans l'humble et chaste alcôve maternelle,
Versant tout le matin qu'elle a dans la prunelle,
Elle ouvre la paupière, étend un bras charmant,
Agite un pied, puis l'autre, et, si divinement,
Que des fronts dans l'azur se penchent pour l'entendre,
Elle gazouille .... — Alors, de sa voix la plus tendre,
Couvant des yeux l'enfant que Dieu fait rayonner,
Cherchant le plus doux nom que l'on puisse donner
À sa joie, à son ange en fleur, à sa chimère :
— Te voilà réveillée, bonheur ! lui dit sa mère.

Victor Hugo

Fragment de l'Art d'être grand-père.

VI

LES DESSOUS DE « LUCRÈCE BORGIA »

ET

LES A-COTÉS DE « MARIE TUDOR »

Comment Juliette est devenue la maîtresse du poète. — Les
« souliers dénoués. » — Succès de la comédienne dans la
princesse Negroni. — Le bal masqué du mardi gras 1883.
— La première nuit d'amour de Hugo et de Juliette. —
Souvenir brûlant qu'il en garde. — La fable d'Alexandre
Dumas : Mme Hugo a jeté Juliette aux bras de son mari. —
Les querelles autour de *Marie Tudor*. — Chute de la pièce.
— Responsabilité de Juliette. — Ironiques et cruels com-
mentaires des journaux. — Mlle Ida, maîtresse et femme
d'Alexandre Dumas. — Efforts de Hugo pour faire entrer
Juliette à la Comédie-Française. — Une ruse échouée. —
Son illusion sur le talent de sa maîtresse. — Elle est la
victime de ses habituelles métaphores.

Le 2 février 1833 devait avoir lieu, à la Porte-
Saint-Martin, la première de *Lucrèce Borgia*. C'est
à Mlle George qu'il était donné d'incarner l'âpre et
tendre figure de l'empoisonneuse. A côté d'elle,
lumière dans la nuit du drame, fleur de sourire au
milieu de tous ces rugissements de haine, devait

s'épanouir la figure de la princesse Negroni. C'était
à Juliette que le rôle était échu. « L'auteur ne
trouvait pas le rôle de la princesse Negroni digne
d'être offert à Mme Drouet, écrit un biographe.
Harel exposa ces scrupules à sa belle pensionnaire, qui prit une voiture et se rendit chez l'auteur. Elle lui demanda le rôle et l'obtint[1]. » Est-ce
là la vérité? On ne sait. Toujours est-il que voilà la
version de Juliette corroborée par Hugo. La suite
est plus sujette à caution. De fait, elle met en
jeu l'origine des relations amoureuses des deux
amants. Comment s'ébauchèrent-elles? Jusqu'à-
lors, soit à *Marion Delorme*, soit à **Hernani**,
soit au *Roi s'amuse*, Victor Hugo était demeuré
assez indifférent aux comédiennes. « Les propos
grivois, les provocations quelconques avaient été
sans effet sur lui, » dit son beau-frère[2]. Et, scrupuleux analyste de cette période de la vie du poète,
M. G. Michaut a pu écrire : « Nulle part je n'ai
rien vu qui nous autorise à lui prêter une maîtresse
avant 1833[3]. » Il était alors plus encore sous la
domination amoureuse d'Adèle que sous cette
sorte de crainte superstitieuse et religieuse que lui
inspiraient, au temps de son adolescence, les

1. Richard Lesclide, *Propos de table de Victor Hugo...*;
p. 67.
2. Paul Chenay, *Victor Hugo à Guernesey...*; p. **273**.
3. G. Michaut, *Sainte-Beuve amoureux et poète...*; p. **318**.

comédiennes. Elle est peu connue la curieuse anec-
docte de *Victor Hugo raconté* où on voit le jeune
poète, entraîné par Soumet, à un souper chez
Mlles Duchesnois et Emilie Leverd. La première
était fort décolletée, ce qui gêna beaucoup le jeune
Victor. Après souper on alla au spectacle. Ces
dames firent au poète « mille agaceries » à cause
« de son air grave et pudibond [1]. » Le lendemain,
encore frissonnant et épouvanté de cette soirée
avec deux actrices demi-nues, il courut se confesser « fort sérieusement et avec tous les scrupules
des examens de conscience » à l'abbé Lamennais.
« Son gros péché fut les agaceries que lui avaient
faites Mlles Duchesnois et Leverd [2]. » Il en eut
bien d'autres sur la conscience depuis!

Donc cette espèce de quasi-mépris pour les
comédiennes piqua Juliette au vif. Nous suivons
ici la version suspecte de M. Paul Chenay. A l'en
croire, elle se serait vivement plainte de ce dédain
au foyer des artistes, se demandant comment faire
pour attirer l'attention du poète. Elle posa la question à Planche, pour lors présent, à Planche,

1. La date donnée par le poète à ce souper est inexacte.
M. E. Biré qui l'a contrôlée et reconnue erronée en a,
naturellement, joyeusement triomphé. « Le dîner chez
Mlle Duchesnois est un dîner fantastique! » s'est-il écrié. Cf.
Victor Hugo avant 1830...; p. 268. Comme si la date faisait
quelque chose à la curiosité rétrospective de l'anecdote!

2. *Victor Hugo raconté par un témoin de sa vie...*; tome II,
pp. 46, 47, 48.

fameux par sa malpropreté, et Planche répondit :
« Il faut lui dénouer publiquement les cordons de
ses souliers, les lui ôter et lui baiser les pieds avec
admiration. » Et le beau-frère de Victor Hugo
d'ajouter, avec circonspection : « Est-ce ainsi que
se passèrent les choses à la première rencontre? Je
ne l'ai jamais su positivement[1]. » Il eût jubilé, s'il
eût pu lire certaine lettre de Juliette à son amant,
où, presque vingt ans après la première de *Lucrèce
Borgia*, elle lui écrivait : « Tu es mon Victor
aimable, puissant, imposant, doux, noble et sublime, dont je baise les chers petits pieds[2]. »

Du coup, Gustave Planche eût passé pour un
prophète. C'était une beauté qui manquait à sa
biographie. Cependant, sans que rien de décisif ne
se fût encore passé entre Hugo et la princesse
Negroni, eut lieu la première de la pièce. Le
succès de Juliette fut flatteur. En périodes ryth-
mées et galantes, Théophile Gautier l'enregistrait
dévotieusement :

C'est dans le petit rôle de la princesse Negroni de
Lucrèce Borgia que Mme Juliette a jeté le plus vif rayonnement, constatait-il. Elle avait deux mots à dire et ne faisait en quelque sorte que traverser la scène. Avec si peu
de temps et si peu de paroles, elle a trouvé moyen de créer

---

1. Paul Chenay, *Victor Hugo à Guernesey...*; pp. 158, 159.
2. Lettre du 18 janvier 1851. — M. Wellington Wack, *Le
roman de Juliette et de Victor Hugo...*; p. 130

une ravissante figure, une vraie princesse italienne, au
sourire gracieux et mortel, aux yeux pleins d'enivrement
perfide; visage rose et frais qui vient de déposer tout à
l'heure le masque de verre de l'empoisonneuse, si charmante d'ailleurs, qu'on oublie de plaindre les infortunés
convives et qu'on les trouve heureux de mourir après lui
avoir baisé les mains.

Pour elle, comme pour la pièce, c'était donc le
succès. Brillamment le poète triomphait. La
parodie s'emparait de son drame[1], et l'or affluait
à la caisse du théâtre. Quelques années plus tard
Harcel en attestait par cette lettre :

Monsieur,

Le plus grand succès d'argent obtenu sous mon administration est celui de *Lucrèce Borgia*. Les recettes des trente
premières représentations représentent un total de 84.769fr.
Aucun autre ouvrage n'a, dans le cours d'une exploitation
de huit années, égalé ou même approché ce chiffre. J'ai
l'honneur d'être avec une haute considération, Monsieur,

Votre très humble serviteur,

HAREL[2].

Paris, 3 novembre 1841.

Ce fut alors, qu'à toutes ces ivresses de la gloire
et du succès vint s'ajouter pour le poète l'ivresse

---

1. Dupin et Jules, *Tigresse mort-aux-rats, ou poison et
contre-poison, médecine en quatre dates et en vers;* Paris, 1833,
in-8.

2. *Victor Hugo raconté par un témoin de sa vie...;* tome II,
pp. 405, 406.

d'une première nuit d'amour. Dix-sept jours après la première de sa pièce, il eut celle de la première d'un nouveau roman d'amour qui devait durer cinquante ans. Au moment où la Porte-Saint-Martin jouait son drame, il avait reçu cette invitation :

> Monsieur,
>
> Vous êtes invité à assister au bal d'artistes qui aura lieu dans le foyer du Gymnase, le mardi gras 19 février. Le bal commencera à onze heures et demie. Le souper sera servi à deux heures et demie.
>
> *Les commissaires :*
>
> Léon Monval, Allan, régisseur, Jenny Vertpré, Carmoulier, Léontine Volnys
>
> Nota. — Cette lettre, qui est personnelle, servira de billet d'entrée. On est prié, autant que possible, de se présenter en costume[1].

C'est à un bal de ce genre que, quelques mois auparavant, à la fin de 1832, Hugo avait vu pour la première fois Juliette[2]. La sachant en possession d'amant, il n'avait pas hasardé et housardé l'aventure. « Il n'osa ce jour-là s'approcher d'elle[3]. » Le fit-il davantage le 19 février ?

Ils n'allèrent pas au bal, mais passèrent la nuit

---

1. Léon Séché, *Juliette Drouet...*; *Revue de Paris*, 15 février 1903, pp. 728, 729.

2. Louis Guimbaud, *Victor Hugo et Juliette Drouet; La Contemporaine*, 10 mars 1902, p. 264.

3. Léon Séché, *Juliette Drouet...*; *Revue de Paris*, 15 février 1903, p. 728.

ensemble. Le chaleureux et voluptueux souvenir de cette nuit-là hantait encore la mémoire de Hugo huit ans plus tard. C'est dans celle du 17 au 18 février 1841, qu'il l'évoquait pour sa maîtresse :

T'en souviens-tu, ma bien-aimée? Notre première nuit, c'était une nuit de carnaval, la nuit du mardi gras de 1833. On donnait, dans je ne sais quel théâtre, je ne sais quel bal où nous devions aller tous les deux (j'interromps ce que j'écris pour prendre un baiser sur ta belle bouche, et puis je continue). Rien, pas même la mort, j'en suis sûr, n'effacera en moi ce souvenir. Toutes les heures de cette nuit-là traversent ma pensée en ce moment l'une après l'autre, comme des étoiles qui passent devant l'œil de mon âme. Oui, tu devais aller au bal et tu n'y allas pas, et tu m'attendis[1]....

Six ans auparavant, ce même souvenir lui avait arraché le cri : « Le 26 février 1802, je suis né à la vie; le 17 février 1833[2], je suis né au bonheur dans tes bras[3]. » L'étreinte unie ainsi n'allait plus se désunir. A l'éternité jurée de cet amour, — sauf un ou deux petits accrocs de sa part à lui, — ils

1. Cf. ce curieux et remarquable document inédit dans Léon Séché, *Juliette Drouet...*; *Revue de Paris*, 15 février 1903, pp. 728, 729.

2. « Victor Hugo qui, décidément, n'avait pas la mémoire des dates, même de celles qui lui rappelaient les plus doux souvenirs, s'est trompé une fois de plus. Le mardi gras de 1833 n'était pas le 17 février, mais le 19. » Léon Séché, *Juliette Drouet...*; *Revue de Paris*, 15 février 1903, p. 728.

3. Léon Séché, *Juliette Drouet...*; *Revue de Paris*, 15 février 1903, p. 736.

allaient demeurer fidèles. A en croire Alexandre Dumas, ce bel hâbleur, c'était tout ce que demandait Mme Hugo.

C'est lui, en effet, qui a raconté qu'Adèle l'avait prié de décider Juliette à devenir la maîtresse de son mari. Singulière prière, expliquée, disait Dumas, que, « se sachant atteinte d'une infirmité lui interdisant, à l'avenir, tout rapport conjugal avec son époux, » elle voulait éviter que celui-ci « ne fît plus tard un choix moins heureux. » Flegmatiquement l'auteur des *Trois mousquetaires* contait cela à une de ses amies. Enregistrant le conte, M. Pierre Dauze a fort justement jugé : « Alexandre Dumas, à notre avis, si le récit est exact, nous paraît s'être tout simplement gaussé de la naïveté de son amie[1]. » Qui, d'ailleurs, eût pu se laisser piper à cette fable? Aigri dans les joies de son foyer, pris par le charme de Juliette, point d'autres raisons à chercher à la liaison de Victor Hugo. Elle entrait maintenant dans cette période dont le *Livre d'amour* devait dire, en de méchants vers :

> *Lui, le dur jaloux, l'orgueilleux offensé,*
> *S'est pris au piège aussi d'un amour insensé.*
> *Il court après l'objet qui, nuit et jour, l'enlève[2]....*

1. P. D. [Pierre Dauze], *Victor Hugo et Sainte-Beuve*; *Revue biblio-iconographique*, 1897, 3ᵉ série, nᵒ 1, p. 29.

2. C.-A. Sainte-Beuve, *Livre d'amour...*; pièce VIII; *Récit à Adèle*; p. 69.

« LE CITOYEN VICTOR HUGO JOUANT AU CONGRÈS DE LA PAIX »
Caricature politique de 1849.

Publiquement le poète allait décerner audit
« objet » la louange de son admiration. Quand
parut *Lucrèce Borgia*, on put lire, en tête de
l'œuvre, ce bulletin des victoires des artistes, où
nul ne songea à s'étonner à trouver la part de
Juliette, aussi large et aussi brillante :

Il y a, disait l'auteur dans son style de proclamation, il
y a dans *Lucrèce Borgia* certains personnages du second
ordre représentés à la Porte Saint-Martin par des acteurs
qui sont de premier ordre et qui se tiennent avec une grâce
et une loyauté et un goût parfaits, dans le demi-jour de
leurs rôles. L'auteur les en remercie ici. Parmi ceux-ci, le
public a vivement distingué Mme Juliette. On ne peut
guère dire que la princesse Negroni soit un rôle. C'est, en
quelque sorte, une apparition ; c'est une figure belle, jeune
et fatale, qui passe, soulevant aussi un coin du voile
sombre qui couvre l'Italie au xvıe siècle. Mlle Juliette a jeté
sur cette figure un éclat extraordinaire. Elle n'avait que
quelques mots à dire, elle y a mis beaucoup de pensée. Il
ne faut à cette jeune actrice qu'une occasion pour révéler
puissamment au public un talent plein d'âme, de passion
et de vérité.

Ayant ainsi amorcé « l'occasion, » Victor Hugo
se chargea de lui donner le coup de pouce. Pendant les répétitions de *Lucrèce Borgia*, il avait
promis à Harel un nouveau drame, qui s'appelait
Marie d'Angleterre comme *Marion Delorme*
s'était appelée *Un duel sous Richelieu*, et *Lucrèce
Borgia*, *Le souper de Ferrare*. C'était le drame
qui allait devenir *Marie Tudor*. Juliette faillit

bien ne pas le créer à la Porte-Saint-Martin. Pour des raisons obscures. mal expliquées dans *Victor Hugo raconté*, Harel prétendit interrompre, en plein succès, *Lucrèce Borgia*. Brusquement, et du jour au lendemain, il annonça une reprise.

— Pourquoi? demanda l'auteur.

— Parce que je le veux, dit, sans plus, le directeur.

Ils se dirent des mots vifs. Harel rappela à Hugo la promesse de lui livrer *Marie Tudor*. Hugo contesta la promesse, et, de fil en aiguille, reçut le lendemain matin ce poulet de l'amant de Mlle George :

Votre persévérance à contester la parole que vous m'avez donnée fréquemment et devant témoins, accompagnée de ces mots : *je suis à vos ordres*, fait de moi l'offensé.

J'attends donc une réparation.

Faites-moi savoir quand et où vous voulez me la donner.

HAREL.

30 avril, au soir.

Au moment où Hugo sortait pour aller chercher ses témoins, il tomba, au coin du boulevard, sur Harel, costumé en garde national.

— Monsieur Hugo, lui dit Harel, je vous ai écrit une lettre très bête. Ce serait un mauvais moyen d'avoir votre pièce que de vous tuer. De votre côté, ce ne serait pas une bien grande gloire pour vous que d'avoir tué M. Harel. Le mieux est de nous réconcilier. Je suis l'offensé, et c'est moi qui reviens. Voulez-vous me pardonner et me donner votre pièce? Il va sans dire qu'on joue *Lucrèce*, ce soir[1].

Ils tombèrent dans les bras l'un de l'autre, ravis tous deux, sans doute, et en août suivant, Victor Hugo lut *Marie Tudor* aux artistes de la Porte-Saint-Martin. Cette fois « l'occasion » s'était trouvée pour Juliette. A côté de Mlle George, elle allait avoir un rôle à sa taille.

La première eut lieu le 6 novembre 1833. Ce fut une belle soirée de clameurs et de sifflets. La salle était manifestement hostile, composée de beaucoup d'amis d'Alexandre Dumas qu'un maladroit article de Granier de Cassagnac, dans le *Journal des Débats*, venait de brouiller avec Victor Hugo. L'insuffisance notoire de Juliette, écrasée sous le rôle de Jane, acheva d'ailleurs la chute. Mme Hugo elle-même n'a pas pu dissimuler l'étendue du désastre. « Mlle George, dit-elle, ne fut plus ménagée; son imprécation contre Londres fut bourrasquée: la grande scène finale entre les deux femmes fut sifflée d'un bout à l'autre[2]. » C'est

1. *Victor Hugo raconté par un témoin de sa vie...*; tome II, pp. 407, 408, 409.
2. *Victor Hugo raconté par un témoin de sa vie...*; tome II, p. 419.

ici le lieu de rappeler que M. Biré a écrit de *Victor Hugo raconté :* « Il n'y a pas un fait, dans ces deux volumes, pas une anecdote, pas un détail qui vienne de Mme Hugo, pas une appréciation qui émane d'elle[1]. » Erreur! Qu'on lise : « Une indisposition grave de l'actrice qui jouait Jane obligea à faire relâche le lendemain[2]. » Cela c'est bien de Mme Hugo. Par une habileté toute féminine, elle a tourné ici un point délicat. « L'actrice qui jouait Jane! » Elle n'a pas nommé Juliette!

La presse acheva la pièce. Après avoir raconté les orages de la soirée, la feuille du docteur Véron concluait : « On peut donc dire à bon droit que *Marie Tudor* est tombée[3]. » Par un moyen énergique et cruel, en l'amputant de Juliette, les amis de l'auteur tentèrent de la relever. « La pièce de Hugo a réussi avec un orage dû à Juliette, à Dumas, à Bocage, à toutes les intrigues du drame et des coulisses, écrivait le lendemain Sainte-Beuve à Victor Pavie. Juliette a si mal joué que nous avons décidé Hugo à lui retirer le rôle. » Et Hugo, l'angoisse au cœur, s'était exécuté : une note émanant du théâtre annonçait : « Mlle Juliette étant gravement indisposée, le rôle qu'elle remplissait dans

1. Edmond Biré, *Victor Hugo après 1852...*; p. 157.
2. *Victor Hugo raconté par un témoin de sa vie...*; tome II, p. 420.
3. *Le Constitutionnel*, 11 novembre 1833.

Marie Tudor a été confié à Mlle Ida[1] » Changement cruellement enregistré, le lendemain, par le
Constitutionnel : « Mlle Juliette a été tellement
au-dessous de son petit rôle qu'elle a été remplacée par Mlle Ida à la deuxième représentation[2]. »
On s'en montrait d'ailleurs ravi en d'autres
endroits encore, et c'était la *Revue de Paris* qui
écrivait malicieusement : « La pièce a d'ailleurs
gagné à un changement d'actrice. Celle qui remplissait le rôle de Jane l'a cédé, ce qui l'a beaucoup
indisposé, dit-on, à Mlle Ida, dont le talent à la fois
énergique et gracieux rendrait Roméo lui-même
infidèle à Juliette[3]. » Mlle Ida Ferrier, née Mar-
guerite-Joséphine Ferrand, était une camarade de
Juliette à la Porte-Saint-Martin. Le 6 février 1832,
elle avait, à ses côtés, créé le rôle d'Amélie Delaunay
dans *Teresa*, le drame d'Alexandre Dumas et d'Anicet Bourgeois, ce qui avait eu pour résultat de la
faire la maîtresse de Dumas. Elle avait, à en croire
le beau-père de Hugo, le caractère difficile. « La
petite Ida, écrivait-il le 6 juin 1836, à sa sœur,
ruine son amant et le battrait par-dessus le mar-
ché[4]. » Battu et ruiné il parvint, cependant, à la
faire engager, en 1837, à la Comédie-Française.

1. *La Gazette de France*, 10 novembre 1833.
2. *Le Constitutionnel*, 11 novembre 1833.
3. *Revue de Paris*, tome LVI, p. 204.
4. Alfred Asseline, *Victor Hugo intime...*; p. 80

Il en informait, par ce billet, Charles Maurice, le directeur du *Courrier des théâtres* :

> Mon cher voisin,
>
> L'engagement nous arrive à l'instant même, signé de MM. les membres du Comité de la Comédie-française, et est au choix d'Ida pour les débuts, et tout à fait indépendant de l'engagement que je compte souscrire de mon côté. La Comédie, comme vous le voyez, s'est mise en frais de délicatesse. Ida ira vous voir demain et vous expliquera tout cela. Mais elle a voulu que vous fussiez instruit de la chose à l'instant même où elle a été signée. Tous mes remerciements de la bonne police que vous avez voulu faire pour nous et mille compliments empressés.
>
> AL. DUMAS.
>
> 5 heures du soir, 24 février 1837[1].

Il l'épousa trois ans plus tard, le 5 février 1840. Ce que fut ce mariage, on le sait. Ida en mourut, le 11 mars 1859, à Gênes[2].

---

1. Charles Maurice, *Histoire anecdotique du théâtre, de la littérature et de diverses impressions contemporaines, tirée du coffre d'un journaliste avec sa vie à tort et à travers ;* Paris, 1856, in-8, tome II, p. 157. — Dans le même volume Charles-Maurice publie cette anecdote relative à *Marie Tudor* : « Deux personnes désolent ce pauvre Harel : Victor Hugo et Bocage. Tout à l'heure il me peignait ses angoisses lorsque le premier vient explorer le théâtre pour imaginer des décorations dont la dépense le fait frémir, et quand, après avoir tout accordé à l'autre, celui-ci n'est pas satisfait. « Je lui donne, m'a-t-il dit, les rôles, les costumes, les billets qu'il désire ; mais, à présent, il me demande la République, je ne peux pas la lui donner. »

2. Sur cette singulière union, voici une savoureuse anecdote, contée par Viel-Castel avec son venin et son brio habituels :

Tout comme Dumas, quelques mois après l'échec de *Marie Tudor*, Hugo allait tenter de

Paraphe de Victor Hugo.

faire entrer Juliette à la Comédie-Française. « J'ai été victime d'une machination odieuse, il y a deux ans, lui écrivait-elle le 12 janvier 1836 ; ce n'est

« On sait, dit-il, que Dumas a épousé Ida, l'actrice de la Porte-Saint-Martin, tout le monde s'est occupé de ce mariage auquel Chateaubriand a servi de témoin et personne ne se l'expliquait. En voici la raison : Ida, fille de je ne sais qui, avait pour tuteur M. Domange, l'entrepreneur des vidanges de Paris. Elle possédait un petit capital, environ 40.000 francs. Ida, après avoir longtemps partagé le logis de Roger de Beauvoir, où Dumas l'avait connue, échut un jour à l'auteur des *Mousquetaires*. Domange, en honnête tuteur désireux d'assurer l'avenir de sa pupille, s'y prit de la façon suivante. Il employa les 40.000 francs d'Ida à acheter à vil prix 200.000 francs de créances sur Alexandre Dumas. Puis, escorté de gardes du commerce il se présenta un matin pour inviter le grand homme à payer les 200.000 francs qui étaient la dot de Mlle Ida, ou de vouloir bien prendre Clichy pour résidence. Dumas, pressé par la *contrainte*, épousa Ida riche de 200.000 francs et fut béni par Chateaubriand et l'entrepreneur de vidanges. Quelque temps après son mariage il demeurait rue de Rivoli. Ida occupait un splendide premier étage. Dumas avait fait meubler un petit appartement au quatrième au fond de la cour et s'y retirait presque chaque nuit, c'était son cabinet de travail. En ce temps-là le duc d'Orléans donnait des fêtes. Un jour, Dumas y est invité. Il se revêt de ses plus beaux habits, harnache sa cascade de décorations et part à pied, vers les

ni votre faute, ni la mienne, j'aurais du moins la satisfaction de me dire que je ne vous aurais jamais coûté aucun sacrifice et que je ne vous en

onze heures, pour les Tuileries. Trois quarts d'heure après il revient, se fait ouvrir la porte de l'appartement d'Ida, pénètre jusqu'à sa chambre, et, trouvant encore du feu dans la cheminée, dit à la dame : « Ma foi, chère, j'ai voulu aller à pied aux Tuileries. Je me suis fait tremper comme un caniche et je ne suis plus présentable. Je reste ici, vous avez du feu, je travaillerai. » Ida insiste pour le renvoyer, prétextant qu'il l'empêcherait de dormir. Dumas résista, Ida se mit en colère, fit la moue, mais Dumas avait chaussé dans sa tête de travailler au coin de cette cheminée dont le foyer pétillant souriait à son humidité. Il n'écouta rien, mit au feu trois bûches de plus, approcha une table, prit du papier, une plume, et fit courir sa prose suivant la fantaisie de son humeur. Ida pestait, mais se taisait, le feu grésillait, la plume courait, lorsque tout à coup la porte d'un cabinet de toilette céda sous une violente pression et Roger de Beauvoir, mal drapé dans une simple chemise, entra en scène. Dumas, d'abord étonné, prend un air digne et courroucé. — « Que faites-vous ici ? Vous apportez le trouble dans mon ménage, vous déshonorez le toit d'un ami!... » Enfin il improvisa une majestueuse tirade de mari offensé. Roger écoute avec calme, puis répond : « Pardieu ! vous arrivez ici comme une bombe, vous vous installez bien à votre aise au coin du feu, vous annoncez l'intention de passer la nuit contre cette cheminée, tandis que je gèle dans un cabinet qui est comme une glacière!... Ce n'est pas supportable, je n'ai pu y tenir, et me voilà. » — Dumas, mari toujours offensé et majestueux, reprend : « Très bien, Monsieur, nous nous expliquerons demain matin, en attendant faites-moi le plaisir de déserter ma demeure. » — « Je ne demande pas mieux ! » s'écrie Roger, qui s'était rapproché du feu et y présentait ses pieds grelottants. Dumas, tout en parcourant la chambre à grands pas, entrevoit à travers l'ouverture des rideaux de la fenêtre des torrents de pluie que le ciel versait sur la terre; c'était un déluge. — « Je ne puis cependant pas vous renvoyer par cette

coûterai jamais aucun[1]. » Ce qu'on sait de sa vie, de 1833 à 1883, permet de la déclarer fidèle à sa promesse. Aussi se résigna-t-elle, semble-t-il, à l'échec des tentatives de Hugo auprès de la Comé-

pluie-là, dit-il à Roger qui se chauffait toujours, on ne mettrait pas un chien à la porte ! » Puis il recommence à arpenter la chambre de toute la dimension du compas de ses grandes jambes. Roger, après avoir réchauffé le pied droit réchauffait le pied gauche. — « Décidément, s'écria Dumas, je ne puis pas vous renvoyer par cet affreux temps... asseyez-vous, monsieur de Beauvoir, passez la nuit dans mon fauteuil ; nous nous expliquerons demain matin. » Roger s'installe dans le fauteuil, Dumas éteint les bougies et se couche aux côtés d'Ida qui ne soufflait mot ; mais une heure après le feu mourant n'envoyait plus de chaleur à Roger qui recommence à grelotter. Dumas l'entend frissonner, se retourner et tisonner quelques derniers charbons. — « L'animal va s'enrhumer, c'est certain, » murmure-t-il entre ses dents. « Monsieur de Beauvoir, je ne veux pas que vous vous enrhumiez, venez vous coucher, nous nous expliquerons demain matin. » M. de Beauvoir ne se le fait pas dire deux fois, il s'introduit sous la chaude couverture près d'Ida et de Dumas, et mes trois bohémiens s'endorment du sommeil de *l'innocence*. L'innocence ronfla en trio jusqu'à neuf heures du matin. Dumas, le premier réveillé, regarde Ida et Beauvoir, une pensée traverse son esprit, il tire du sommeil le couple adultère et, d'une physionomie plus douce, il s'adresse ainsi à Roger : « Des vieux amis se brouilleront-ils pour une femme, même légitime ? Ce serait stupide. » Puis, saisissant la main de Roger il la pose sur la partie peccante d'Ida et termine par ces mots sublimes : « Roger, réconcilions-nous comme les anciens Romains, sur la place publique. » Et la réconciliation fut opérée. » Comte Horace de Viel-Castel, *Mémoires sur le règne de Napoléon III (1851-1864)*; publiés d'après le manuscrit original, avec une préface par L. Leouzon Le Duc ; Paris, 1883, in-8, tome II, pp. 291-295.

1. M. Wellington Wack, *Le roman de Juliette et de Victor Hugo...*; p. 122.

die. Il allait y donner, le 28 avril 1835, *Angelo*, et il songeait certainement à confier un rôle dans le drame à sa maîtresse. Et, comme au lendemain de *Lucrèce Borgia*, il annonçait, à l'occasion de *Marie Tudor*, par des notes de journaux, l'engagement de Juliette pour *Angelo*. Il écrivait à son éditeur Renduel :

> Voici quelques lignes que vous m'avez promis de faire passer au *Courrier Français*. Je compte sur votre bonne amitié.
>
> V. H.

Et fidèlement, au *Courrier Français*, Renduel dépêchait ce petit communiqué :

> Mme Juliette, cette jeune artiste pleine de beauté et de talent, que le public a si souvent applaudie à la Porte-Saint-Martin, est sur le point de quitter ce théâtre. Plusieurs administrations dramatiques lui font en ce moment des offres d'engagement. Il est probable que c'est à la Comédie-Française que Mme Juliette donnera la préférence. Son talent, si digne et si intelligent, l'appelle à notre premier théâtre.

A cette invite aussi alléchante et aussi habile, « notre premier théâtre » n'eut pas l'occasion de se laisser prendre, car le rédacteur du journal renvoyait le petit papier à Renduel avec ce mot :

> Mon cher ami,
>
> Il m'est impossible de mettre la note que vous m'avez envoyée dans le *Courrier*. Quand je vous verrai, je vous

expliquerai les nombreux motifs de cette *impossibilité*. L'un d'eux est la crainte de choquer un de mes collaborateurs qui porte, dans ses articles, *Théâtres*, un jugement tout différent sur la personne. Chez nous, tous les collaborateurs sont amis et s'entendent entre eux ; ils sont, je puis le dire, consciencieux : ainsi, il ne serait pas bien de se mettre en contradiction aussi ouverte.

Dans toute autre circonstance, je suis votre tout dévoué.

MOUSSETTE [1].

Renduel, cependant, allait fournir à Hugo le moyen d'acquitter publiquement envers Juliette sa dette d'amoureuse reconnaissance. Ce fut après la fin des représentations de la pièce, que les parodies ne parvinrent pas à rendre populaire [2], alors que parut la brochure de la pièce. En l'honneur de ses interprètes, il y déployait ce feu d'artifice de métaphores dont on a cru utile de dresser le dictionnaire [3] et répandait la pluie de ces éloges,

1. Adolphe Jullien, *Le romantisme et l'éditeur Renduel...*; p. 129.

2. *Marie Crie-fort, parodie en quatre endroits et cinq quarts d'heure, explication tirée de la pièce de Marie Tudor, de M. Victor Hugo, d'après Voltaire et d'autres historiens;* Paris, 1833, in-8; Chaulieu et Bataille, *Marie, tu dors encore,* drame presque historique; Paris, 1873 [année de la reprise de la pièce], in-18; Anonyme [N. Roberge], *Marie Tudor racontée par Mme Pochet à ses voisines, Mmes Chalamelle, la Lyonnaise, Mmes Ricin et Verdet, assaisonnée de commentaires et réflexions de ces dames, conversation escamotée par un sténographe;* Paris, 1833, in-8.

3. G. Duval, *Dictionnaire des métaphores de Victor Hugo;* avec une préface de François Coppée; Paris, 1888, in-8.

dont Baudelaire a dit qu'il avait « inondé les êtres les plus vulgaires[1]. » Au lendemain de sa pièce, il avait déjà écrit à sa maîtresse : « Vous n'avez joué le rôle de Jane qu'une fois, mon amie, mais la trace que vous y avez laissée pour moi est aussi profonde que si vous l'aviez joué cent fois[2]. » Mais en tête de la brochure, il imprimait : « Mlle Juliette, quoique atteinte à la première représentation d'une indisposition si grave qu'elle n'a pu continuer de jouer le rôle de Jane les jours suivants, a montré dans ce rôle un talent plein d'avenir, un talent souple, gracieux, vrai, tout à la fois pathétique et charmant, intelligent et naïf. » Hélas! ce talent auquel faisait appel le poète était révolu pour Juliette! Mais quoi, pour le lecteur et pour la postérité ignorants, ne l'avait-il pas sacrée grande artiste, comme il avait fait une pitoyable victime de cet affreux coquin[3] et de ce vulgaire pédéraste de Claude Gueux[4]? Ce faisant, ne demeurait-il pas

1. Lettre aut. sig. de Baudelaire à Champfleury; samedi, 14 janvier 1854 à 2 p. 1/4, in-4. — *Catalogue des autographes composant la collection de Champfleury;* Paris, 1891, in-4, pièce p. 15, p. 4.

2. Léon Séché, *Juliette Drouet...*; *Revue de Paris,* 15 février 1903, p. 732.

3. Cf. les curieux documents publiés par M. Julien Bregeault, *Le véritable Claude Gueux,* dans la *Revue de Paris,* 15 juillet 1901, p. 414 et suiv.

4. « Il paraît qu'un attachement monstrueux avait soumis Albin Legrand au joug de Claude Gueux.... Plus tard ses infâmes affections se seraient reportées sur l'infortuné Dela-

dans ses habitudes de déformation poétique, dans
le domaine de ses antithèses ? Il avait chez lui une
boussole. Par la puissance de sa volonté et son goût
de l'amplification, elle devenait la boussole avec
laquelle Christophe Colomb avait découvert l'Amérique[1]. Dans son salon de la place Royale, à l'entendre, Marion Delorme avait dansé la pavane avec
Ninon de Lenclos, et toutes deux y avaient présidé
« le conseil de l'Ordre de l'Alumette, dont tous les
chevaliers étalaient fièrement un ruban gris de lin,
avec cette devise composée par le muguet Des-
barreaux :

Nous ne brûlons que pour brûler les autres[2]. »

Des colonnes torses soutenaient un dais au-
dessus d'une cheminée d'Hauteville-House : ces
colonnes venaient du lit de Mme de Maintenon[3].
Des nègres sculptés, grandeur nature, élevaient,
dans un de ses salons, un baldaquin superbe :

roche, détenu par un simple débit à Clairvaux, et, du moment
où elles rencontraient un obstacle, elles ont dû enfanter un
crime. Delaroche périt victime d'une jalousie aussi effrénée
que la passion où elle puisait sa source impure. » *Gazette
des tribunaux,* 24 décembre 1832.

1. Richard Lesclide, *Propos de table de Victor Hugo...;*
p. 927.

2. Eugène Woestyn, *Une soirée chez Victor Hugo; Revue
de Paris,* tome IX, 1846, p. 158.

3. Gustave Larroumet, membre de l'Institut, *La maison de
Victor Hugo; impressions de Guernesey;* Paris, 1895, in-18,
pp. 40, 41.

nègres et baldaquin descendaient, en droite ligne,
par lui, du *Bucentaure,* du haut duquel les doges
de Venise jetaient l'anneau nuptial à la mer[1].
Les tapisseries d'un autre de ses salons venaient
de Fontainebleau : c'étaient celles-là même qui
ornaient les murs de la chambre de Christine, où
avait été assassiné Monaldeschi. « Aux histoires
de ce genre, dit M. Larroumet, lorsqu'on les
entend chez les collectionneurs, il n'y a aucune
objection à faire[2]. » De même ne s'était-il pas fait
vicomte et donné les armes des Hugo de Lorraine,
lesquelles sont « d'azur au chef d'argent, chargé
de deux merlettes de sable! » Il négligeait pour
elles celles que son père reçut, en Espagne, de
Joseph Bonaparte, et qui étaient « écartelé au premier d'azur. à l'épée en pal d'argent garnie d'or,
accompagnée en chef de deux étoiles d'argent: au
deuxième de gueules au pont de trois arches d'argent maçonné de sable, soutenu d'une eau d'argent et brochant sur une forêt de même; au troisième de gueules sur la couronne murale d'argent;
au quatrième d'azur au cheval effrayé d'or. » En
en parlant, il disait volontiers : « Ces détails n'ont
de valeur que pour l'histoire[3]. » Ainsi il en avait

1. Paul Chenay, *Victor Hugo à Guernesey...*; p. 32.
2. Gustave Larroumet, *La maison de Victor Hugo...*;
pp. 40, 41.
3. Lettre aut. sig. de Victor Hugo à Albert Caise; Guer-

usé avec le talent de Juliette. Son système en avait
fait ce qu'on peut lire en tête de *Marie Tudor.*
« Il est charlatan et cyclope, » disait de lui Philarète Chasles[1]. Il avait vu Juliette de cet œil de
cyclope-là.

nesey, juin 1866, 1 p. 1/2, in-12. — *Catalogue d'une intéres-*
sante collection de lettres autographes; Paris, février 1909,
in-8, pièce n° 78. — Au même Albert Caise, d'Hauteville-
House, le 20 mars 1867, Victor Hugo écrivait : « Personnel-
lement, je n'attache aucune importance aux questions généa-
logiques. » Victor Hugo, *Correspondance...*; p. 305.
    1. Philarète Chasles, *Mémoires...*; tome II, p. 14.

LA MAISON OÙ MOURUT SAINTE-BEUVE, RUE DU MONT-PARNASSE, N° 11.

VII

RÉDEMPTION AMOUREUSE A LA MANIÈRE ROMANTIQUE

L'expérience de *Marie Tudor* avait donc été, à l'égard de Juliette, concluante. Elle démontrait l'impossibilité de l'utiliser dans de grands rôles dramatiques et la condamnait à demeurer dans ces emplois de second ordre dont parlait Hugo. Il le

11

comprit, pour sa part, si bien, que, plus tard, ayant fait jouer Juliette dans les *Burgraves*, il lui donna un rôle comportant un seul mot. Vers la fin de sa vie, l'illusion avait repris le dessus. A M. Jules Claretie qui, dans un feuilleton théâtral, avait rappelé le souvenir de la Juliette d'antan, il écrivait : « Je vous remercie pour la vaillante femme qui, à la gloire du théâtre, a noblement préféré l'obscurité du dévouement[1]. » Sous cette cendre chaude encore couvaient des flammes mal éteintes! La gloire du théâtre! Il y croyait encore! Il imaginait le talent de Juliette à travers ce qu'en écrivaient ses amis, à travers les guirlandes d'éloges qui s'adressaient, par-dessus la femme, à lui, le poète. Mais quoi! de savoir son jugement ainsi faussé faut-il demeurer surpris, alors qu'aujourd'hui, plus près de nous, un hagiographe a cru à ces éloges intéressés et à ces louanges de la galanterie? N'est-ce pas M. Louis Guimbaud qui écrit : « La vérité est qu'il paraît hors de doute que Juliette ait eu du talent et même beaucoup de talent; mais la vérité est aussi qu'il est difficile, à la distance où nous sommes, d'imaginer et de définir la nature et les caractéristiques de ce talent[2]. » Juliette fut, peut-

---

1. Jules Claretie, *La vie à Paris; 1883;* Paris; s. d. [1884], in-18, p. 240.

2. Louis Guimbaud, *Victor Hugo et Juliette Drouet; La Contemporaine,* 10 mars 1902, p. 261.

être, la seule à en juger sainement et à en décider avec sagesse. Elle le prouva en se résignant à cette « obscurité du dévouement » où elle trouvait, pour le présent, l'amour.

Il est, en effet, peu niable qu'à cette époque Juliette fût passionnément amoureuse de Hugo. Une fois encore on retrouve quelque chose d'elle dans la Zubiri des *Choses vues*. On y voit cette fantasque créature lâcher son prince Cafrarti pour un peintre sans le sol. Ici on voit Juliette lâcher son prince russe pour un poète peu fortuné. Ce fut, évidemment, à l'instigation de Hugo que la rupture eut lieu. A peine est-il besoin de souligner le mouvement de délicatesse auquel il obéissait. Sans récriminer, Juliette s'y soumit. Elle renonça donc aux magnificences et aux libéralités de son entreteneur. Mais elle avait compté sans ses créanciers, race sans pitié aux belles créatures assez bénévoles pour se laisser prendre aux rets du véritable amour. Sous la forme des recors, ils se présentèrent au bel et somptueux appartement de la rue de l'Echiquier. Pour échapper au scandale de la vente de ses meubles, Juliette quitta Paris et se réfugia chez une tante en Bretagne. Ce ne fut que par cette fuite que Hugo connut la vérité. Il n'en était pas encore à l'époque des droits d'auteur fabuleux et légendaires qui ruinèrent quelques éditeurs; ses ressources étaient larges, sans doute, mais non au

point de lui laisser commettre de brillantes folies.
Il réunit quelque argent et intéressa Pradier en faveur de la petite Claire. Pradier s'exécuta, reconnut
l'enfant et lui assura l'éducation. Les deux amants
de Juliette, réconciliés sur ce terrain, se lièrent
d'amitié. On voit, le 21 décembre 1848, Hugo assister avec Cavaignac, Alphonse Karr, — un troisième amant ! — et quelques autres à un dîner,
paraît-il, qui « n'avait rien de politique[1], » mais
où la politique fit tous les frais de la conversation[2].

Ainsi sauvée du lamentable naufrage de la basse
prostitution théâtrale, Juliette Drouet s'installa à
proximité de la place Royale, rue du Pas-de-la-
Mule, entre la place des Vosges et le boulevard
Beaumarchais. L'amourette prenait la voie de la
liaison. Aussi le beau-père de Hugo commença-t-il
à s'inquiéter. Le 27 juin 1833, il écrivait à sa sœur :

J'ai hésité à vous prier à me tenir au courant d'une
chose qui me revient souvent en tête, à cause d'Adèle.

1. Edmond Biré, *Victor Hugo après 1830...*; tome II, pp. 149,
150.
2. C'est à la même époque que Pradier écrit à Victor Hugo
pour lui demander son appui afin d'obtenir du gouvernement
de 1848 une des statues des généraux tués pendant les journées de juin. « Vous êtes, lui dit-il, le seul qui me restez,
cher Victor, vous me pardonnerez donc, j'espère, mon importunité. » Le passé de Juliette, on le voit, n'avait créé aucun
différend entre les deux hommes. La lettre ci-dessus a figuré
au *Catalogue d'autographes Noël Charavay*, n° 412, décembre
1910, pièce n° 68949, offerte à 10 fr.

Vous savez, cette dame, la belle dame de la Porte-Saint-Martin, qui, dans ses projets de réforme, a quitté son grand appartement pour un plus modeste, la princesse Negroni, enfin, cela donne-t-il toujours des inquiétudes à Adèle? Où en est la conversion de la princesse? Je voudrais bien que la liaison qui continuait lors de mon départ se terminât, et que ce fût à la satisfaction de ma fille. Il est bien entendu que tout ce que vous m'écririez sur ce chapitre serait de vous à moi seulement [1].

Pierre Foucher, qui ne s'entendait pas toujours avec son gendre [2], fut rassuré par les nouvelles qui lui parvinrent. Dommage que les détails donnés par la lettre de sa sœur nous soient inconnus! « Mille remerciements de vos détails sur la princesse Negroni, lui écrivait-il le 9 juillet suivant. Je suis bien aise qu'Adèle soit tranquille et qu'elle ne démente pas sa conduite [3]. » En effet, dès les premiers mois de la liaison, on voit Mme Hugo se résigner à l'iné-

1. Alfred Asseline, *Victor Hugo intime...*; p. 42, 43.
2. Le 1er février 1822, Victor Hugo écrivait déjà à sa fiancée : « Permets-moi, mon Adèle, de t'ouvrir mon cœur tout entier. Ton père n'est pas toujours avec moi ce qu'il devrait être ; il n'est ni cordial, ni affectueux avec moi qui voudrais tant l'aimer puisqu'il est ton père. A ma confiance illimitée il répond par une froideur décourageante. Sa conduite envers moi prouve qu'il connaît peu mon caractère ; il saurait qu'auprès de moi une marche franche réussira toujours mieux qu'une marche calculée. C'est ce qu'un instinct de bonté a révélé à ta mère ; elle est pour moi simple et ouverte ; aussi peut-elle compter sur mon profond et sincère attachement. » Victor Hugo, *Lettres à la Fiancée...*; p. 184.
3. Alfred Asseline, *Victor Hugo intime...*; p. 43.

vitable. A-t-elle conscience que, dans cette déser-
tion du foyer conjugal par son mari, elle a sa part
de responsabilité? Comment ne pas le croire devant
cette acceptation des absences de Victor Hugo, de
ses voyages avec Juliette, de l'éclatante publicité
donnée à la maîtresse à travers les volumes de
poésies que publie l'amant? « Mme Hugo fut une
victime, je n'en doute pas, » écrit bénévolement
M. Wellington Wack, lequel ajoute, en correctif :
« Mais elle était indifférente ou feignait de l'être[1]. »
N'était-ce pas plutôt sa part d'expiation qu'elle
acceptait? Mais quelle que fut la raison, elle ne
pouvait, à aucun titre, permettre au beau-frère de
Hugo de dire, qu'avec les années Juliette attendait
patiemment « que la maladie de cœur de Mme
Hugo eût accompli son œuvre implacable, pour
réaliser enfin, dans un avenir prochain, le rêve de
sa vie[2]. » A aucun moment on ne peut trouver
Juliette coupable d'un pareil sentiment. Au contraire, ayant à merveille compris le délicat de sa
vie en marge du foyer du poète, on la verra écrire,
le 20 septembre 1851, par exemple : « Je t'adore
jusque dans ta digne et noble famille[3], » et dire,

1. M. Wellington Wack, *Le roman de Juliette et de Victor
Hugo...*; pp. 114, 115.
2. Paul Chenay, *Victor Hugo à Guernesey...*; p. 156.
3. M. Wellington Wack, *Le roman de Juliette et de Victor
Hugo...*; p. 205.

Madame,

Vous avez été grande et charmante ; vous m'avez ému, moi le vieux combattant, et à un certain moment, pendant que le public attendri et enchanté par vous, applaudissait, j'ai pleuré. Cette larme que vous avez fait couler, elle est à vous, et je me mets à vos pieds.

V. H.

Lettre de Victor Hugo à Mme Sarah Bernhardt à propos de la reprise d'*Hernani* en novembre 1877.

le 27 décembre 1851, de Mme Hugo, « ta courageuse et digne femme[1]. »

Ce ne sont point là les expressions d'une rivale aux féroces sentiments dénoncés par l'acariâtre beau-frère. De même il lui a prêté des sentiments intéressés, à celle-là, qu'au plus fort de la passion on voit raccommoder elle-même ses chemises[2] et se contenter d'un modeste petit appartement ! Si, à cette époque, un reproche peut lui être fait, c'est d'avoir souventes fois retardé le dîner des amis de Hugo. « Vous souvient-il, disait Théophile Gautier à l'éditeur Renduel, qu'autrefois, chez Victor, le rôti était toujours brûlé ? » Et Renduel de confirmer : « Oui, on l'attendait, tandis qu'il s'oubliait chez Juliette[3]. » De ces années de passion qui précédèrent l'exil du poète, des attestations vivantes sont demeurées : la correspondance des amants. Elle était quotidienne, quelquefois bi-quotidienne, fréquente et exacte au point que six mille lettres de Juliette existent : deux mille entre les mains de son neveu, quatre mille entre les mains des exécuteurs testamentaires de Victor Hugo.

1. Léon Séché, *Juliette Drouet...*; *Revue de Paris*, 15 février 1903, p. 745.

2. Lettre de Juliette Drouet à Victor Hugo; Paris, 3 janvier 1835. — Léon Séché, *Juliette Drouet...*; *Revue de Paris*, 15 février 1903, p. 734.

3. Adolphe Jullien, *Le romantisme et l'éditeur Renduel...*; p. 116.

D'autres épaves de cette correspondance sont connues. On sait le hasard qui en fit découvrir quelques-unes, à Guernesey, par M. Wellington Wack. Elles peuvent donner le ton général de cet énorme amas de missives. Victor Hugo y est « mon pauvre petit sabot[1], » « mon cher petit cacochyme[2], » le « cher petit homme adoré[3], » le « Toto, mon cher petit O[4], » c'est « mon tant doux bien-aimé[5] » dont on baise le « cher petit corps[6], » à qui on souhaite : « Bonjour toi, bonjour vous, bonjour en bloc et en détail, à droite et à gauche, par-devant et par derrière, en haut et en bas, bonjour et rebonjour. Je vous adore et vous[7]? » Celui à qui, au lendemain d'une nuit d'amour, on adresse l'épithalame enflammé : « Que tu es bon, mon ravissant bien-aimé et combien je te remercie d'être venu me voir ce soir! Tu m'as rendue bien heu-

1. Lettre du 3 mars 1851. — M. Wellington Wack, *Le roman de Juliette et de Victor Hugo...*; p. 140.

2. Lettre du 30 mars 1851. — M. Wellington Wack, *Le roman de Juliette et de Victor Hugo...*; p. 140.

3. Lettre du 30 mars 1851. — M. Wellington Wack, *Le roman de Juliette et de Victor Hugo...*; p. 148.

4. Lettre du 29 juillet 1851. — M. Wellington Wack, *Le roman de Juliette et de Victor Hugo...*; p. 165.

5. Lettre du 1er août 1851. — M. Wellington Wack, *Le roman de Juliette et de Victor Hugo...*; p. 177.

6. Lettre du 7 octobre 1851. — M. Wellington Wack, *Le roman de Juliette et de Victor Hugo...*; p. 209.

7. Lettre du 2 mars 1851. — M. Wellington Wack, *Le roman de Juliette et de Victor Hugo...*; p. 134.

reuse, mon Victor adoré, et je me semble rajeunie de seize ans, tant le bonheur influe sur toute ma pauvre organisation! Cher petit homme, sois heureux de tout le bien que tu m'as fait ce soir[1]! » C'est, enfin, à travers toute cette correspondance, une exaltation juvénile et amoureuse toujours renouvelée et toujours trépidante, rebondissant des petits et menus détails quotidiens au lyrisme de la passion, toujours brûlant d'une **flamme** jamais déclinante. Au hasard, voici un fragment significatif de ce genre épistolier, dont l'exemple unique est peut-être bien la correspondance de Mirabeau, captif, avec sa maîtresse :

17 janvier,
dimanche soir, 10 heures et demie.

O pense à moi, mon doux bien-aimé, afin que je le sente et que ta douce joie au milieu de ta ravissante famille, de tes bons amis et de tes admirateurs ne se change pas pour moi en amertume et en chagrin! Pense à moi dont tu es la vie et l'âme! Pense à mon amour si profond, si dévoué, et regrette-moi! Je vais me coucher en priant Dieu pour toi et pour tous les tiens. Hélas! j'espère que mes prières ne seront pas stériles, car je demande ton bonheur et le leur au prix de ma vie. Si tu savais comme j'ai besoin de te savoir heureux, mon adoré, autant presque que de me savoir aimée par toi. Je t'aime, je t'aime, je t'aime plus que tout au monde! Jouis de ton succès ce soir, mon Victor, jouis de ta beauté, de ton génie et de ta charmante

---

1. Lettre du 2 mars 1851. — M. Wellington Wack, *Le roman de Juliette et de Victor Hugo...* ; p. 137.

famille. J'en serai fière et heureuse moi-même, pourvu qu'au milieu de tout cela tu ne m'oublies pas[1].

Chose étrange! A la lecture de cette correspondance, c'est l'intruse qui devient sympathique; la prétendue victime, la femme légitime, recule dans l'ombre de son effacement consenti. Personne ne songe à la plaindre de cette abdication que ni l'amant ni la maîtresse demandent. Quand elle apparaît dans ces lettres, c'est pour être dite « charmante, aimable, courageuse, » toujours pour être louée, jamais pour être enviée. A un dernier fragment bornons nos exemples :

1er mars 1851,
jeudi soir, 8 heures et demie.

J'ai le cœur plein de toi, mon doux adoré, je ne pourrais pas me coucher sans t'avoir dit toutes les folles tendresses qui me passent par l'esprit. Ton sourire dilate mon amour comme les rayons du soleil font s'épanouir les fleurs. Dans ce moment mon âme ressemble à un bouquet dont la pensée est le parfum. C'est bête comme tout, ce que je te dis là, mais cela ne m'arrête pas. J'ai le délire de l'amour comme d'autres ont le délire de la fièvre. Seulement, cette divagation, loin de m'être douloureuse, m'est on ne peut plus agréable, et je cherche à la prolonger le plus longtemps que je peux[2]....

Quant à la correspondance de l'amant, M. Léon

1. M. Wellington Wack, *Le roman de Juliette et de Victor Hugo...*; pp. 123, 124.
2. M. Wellington Wack, *Le roman de Juliette et de Victor Hugo...*; pp. 131, 132.

Séché en a donné quelques fragments typiques.
Même lyrisme, même enthousiasme voluptueux,
mais avec une forme littéraire autrement puissante
et enveloppante. Précieux témoignage ! C'est ainsi
que nous savons que pour « ma Juju[1], » que « pour
ma Juliette » a été écrit l'immortel poème d'*Olympio*[2]. C'est là qu'on a à puiser les détails de l'intimité des deux amants, l'atmosphère même de leur
vie qui, passionnée et unie, se déroule pendant
dix-huit ans, de la première de *Lucrèce Borgia*
au coup d'Etat de décembre. Les seules lacunes y
sont créées par les voyages de Hugo et de Juliette,
voyages « nombreux, car elle ne l'a guère
quitté[3]. » Le premier en date est conté par M. Paul
Chenay, avec des détails à ce point bizarres, que
son récit en paraît quelque peu suspect. A l'en
croire, une nuit, Célestin Nanteuil, le charmant
graveur romantique,[4] avait été réveillé par Hugo,
accompagné de Juliette. « J'ai d'intimes relations
avec Madame, dit le poète ; chez moi, on me croit
parti pour un voyage avec vous et cette dame qui

1. Léon Séché, *Juliette Drouet...*; *Revue de Paris*, 15 février 1903 ; p. 740.

2. Léon Séché, *Juliette Drouet...*; *Revue de Paris*, 15 février 1903, p. 741.

3. Richard Lesclide, *Propos de table de Victor Hugo...*;
p. 133.

4. Sur cet artiste voyez l'ouvrage définitif de M. Aristide Marie, *Un imagier romantique, aquafortiste et lithographe, suivi
d'une étude biographique et d'un catalogue ;* Paris, 1910, in-8.

doit passer pour votre amie, et j'ai compté sur votre bonne amitié pour donner un corps à cette fable. » Nanteuil, peu fortuné, fit la grimace. Hugo le rassura. Il prenait les frais du voyage à sa charge. Une voiture attendait dans la rue : pour trente francs par jour le cocher véhiculerait le trio à travers les campagnes. On se mit donc en route. « Dans toutes les villes où passaient nos trois héros, ils occupaient à l'hôtel une pièce unique, pour donner consistance à la fable, sans contrarier les expansions amoureuses des amants. Lorsque Hugo recevait quelque directeur de théâtre, afin de bien marquer qu'il n'était que le compagnon de son ami, dans son exode amoureuse, Célestin était prié de se coucher auprès de Juliette, mais après avoir été préalablement enfermé dans un sac. Pour sauver sa dignité, le grand homme mentait avec effronterie en montrant, comme deux époux amoureux, les deux victimes de sa féroce jalousie. » Le pauvre Nanteuil n'était pas au bout de ses déconvenues. En rentrant à Paris, Hugo saute avec Juliette dans un fiacre et dit au graveur : « J'ai fait tous les frais du voyage depuis un mois, arrange-toi avec la voiture que je te laisse à payer. » Coût : un billet de mille francs. A qui M. Paul Chenay a-t-il cru imposer ces balivernes [1] ?

1. Paul Chenay, *Victor Hugo à Guernesey...*; pp. 161, 162, 163.

Et comment croire que Nanteuil ait pu pardonner ce méchant tour à Hugo? Comment admettre que, dix ans plus tard, le poète ait osé lui dépêcher Théophile Gautier pour lui demander, à la veille des *Burgraves*, « trois cents Spartiates déterminés à vaincre ou à mourir[1]? » Comment.... Mais c'est nous qui allions prendre au sérieux la fable de M. Paul Chenay.

Sur un autre voyage de Hugo avec Juliette, nous avons des détails plus probants. Il eut lieu pendant l'été de 1836, alors que la famille du poète s'était installée, dans le petit village de Fourqueux, en bordure de la forêt de Marly, dans une des maisons basses de l'unique, montueuse et tortueuse rue du village[2]. C'est là que la petite Léopoldine fit sa première communion, ce qui valut, au curé de l'endroit, l'envoi des œuvres complètes du père, reliées en vingt volumes[3]. Tandis que Mme Hugo préparait sa fille à la cérémonie, Victor Hugo arrangeait son départ avec Juliette. « Notre poète, écrivait de Fourqueux, le 14 juin, le beau-père Foucher, notre poète part aujourd'hui ou demain de Paris pour un voyage qui doit durer un mois.

1. Adolphe Jullien, *Le romantisme et l'éditeur Renduel...*; p. 267.

2. Cf. Henri Steckel, *Victor Hugo à Fourqueux; Le Figaro*, 19 juin 1909.

3. Adolphe Jullien, *Le romantisme et l'éditeur Renduel...*; pp. 103, 103.

Il s'arrêtera d'abord à Chartres, et de là ira, dit-il, visiter les côtes de Bretagne et de la basse Normandie[1]. » De ville en ville, le poète adressait de longues lettres à sa famille. Il y mêlait même des vers contre les auberges qui avaient, certainement, dû refuser leur confortable aux aises de la princesse Negroni. Ainsi, d'Yvetot il dépêchait, rimées en petits vers, ses imprécations et ses satires :

Que le passant te raille !
Qu'en voyant la muraille
Le voyageur s'en aille
Sur son cheval rétif !

Que, sans entrer, le coche
A la porte s'accroche !
Que le diable à la broche
Mette ton roi chétif !

Que toujours un blé maigre,
Qu'un raisin à vinaigre,
Emplisse tes paniers !
Yvetot la Normande,

Où l'on est à l'amende
Chez tous les taverniers !
Logis peuplés de singes,
Où l'on voit d'affreux linges

Pendre aux trous des greniers !
Où le poing d'un bélitre
Croit casser une vitre,
Et crève un vieux papier !

1. Alfred Asseline, *Victor Hugo intime...*; p. 82.

> *Où l'on a pour salade*
> *Ce qu'un lapin malade*
> *Laisse dans son clapier!*
> *Ville bâtie en briques,*
>
> *Tristes amas de fabriques,*
> *Qui sentent le ranci!*
> *Qui n'a que des bourriques*
> *Et du cidre en barriques*
>
> *Sur ton pavé moisi!*
> *Groupe d'informes bouges,*
> *Où les maisons sont rouges,*
> *Et les filles aussi!*

« Comment trouvez-vous cette boutade? demandait Foucher au père Asseline. Il n'y a que Victor pour cela. Nous en avons bien ri et fait rire nos voisins[1]. » Peu après, Hugo eut l'occasion d'en venir rire avec eux. Il revenait à Fourqueux le 21 juillet, jour de sa fête, présidait le dîner et s'éclipsait aussitôt. Il prenait la route de Paris où l'attendait, pour un nouveau départ, Juliette. « Victor Hugo nous a quittés hier, » écrivait le beau-père à sa sœur[2]. Cette fois encore, les deux amants était repartis en Bretagne. De concert ils visitèrent Fougères, la ville natale de Juliette. De ces vieilles pierres, quels souvenirs ne devaient pas se lever pour elle, dans le nimbe de leur nostalgique mélancolie! Il y avait près de trente ans qu'elle

---

1. Alfred Asseline, *Victor Hugo intime...*; pp. 87, 88.
2. Alfred Asseline, *Victor Hugo intime...*; p. 87.

« UN MONSIEUR QUI AIME LES CLASSIQUES »

Dessin de Victor Hugo.

avait quitté, orpheline et malheureuse, la pauvre ville bretonne, et elle y revenait maintenant, heureuse d'un immense amour, évadée des naufrages de la vie galante, sacrée pour une éternité de tendresse et de pacifique bonheur. Alors, seulement, elle dut comprendre la mansuétude et la magnificence de son destin et bénir la main qui l'avait écartée des misères promises à son misérable berceau de pauvresse! C'est de Fougères que Victor Hugo rapporta cette extraordinaire et vivante impression qui, dans sa lettre à Louis Boulanger, brosse si vigoureusement un tableau grouillant et coloré de la cité bretonne. Document à recueillir ici, car il touche Juliette en ses origines et en ce que ces origines ont pu influer sur certaines parties de l'œuvre de Hugo. C'est de Saint-Malo qu'il écrit :

J'ai revu aujourd'hui la mer, mon cher Louis ; ma pensée me ramène là tous les ans. Elle m'est apparue à l'extrême horizon, faisant sur les collines une ligne mince et verte comme la cassure d'un carreau de vitre. C'était entre Dol et Saint-Malo. Maintenant, je suis à Saint-Malo ; j'ai couru en arrivant me jeter à la mer ; je m'y suis baigné, et je reviens vite vous écrire, tout trempé de la salive du vieil Océan.

Il faudra absolument qu'un jour j'aille vous arracher à votre belle et puissante œuvre, et que nous en venions tous deux voir toutes les grandes choses que je vois tout seul et que je verrai doubles avec vous. Vous savez comme nous étions heureux autrefois dans nos promenades du soir à travers la plaine de Montrouge! Que serait-ce avec cette plaine de flots sous les yeux?

Une ville qu'il faut aussi que vous voyiez, et que vous voyiez avec moi, c'est Fougères. Pardon de cette brusque transition; mais je ne veux plus vous parler de la mer, je radoterais, et cette lettre aurait cent pages. Eh bien! donc, je reviens de Fougères, comme La Fontaine revenait de Baruch, et je demanderais volontiers à chacun : Avez-vous vu Fougères?

Toute cette Bretagne, au reste, vaut la peine d'être vue. Quelquefois dans une petite bourgade, comme Lassay, par exemple, vous trouvez tout à coup trois admirables châteaux dans le même tas. Pauvre Bretagne! qui a tout gardé, ses monuments et ses habitants, sa poésie et sa saleté, sa vieille couleur et sa vieille crasse par-dessus. Lavez ces édifices, ils sont superbes; quant aux Bretons, je vous défie de les laver. Souvent, dans un de ces beaux paysages de bruyères, sous des ormes qui se renversent lascivement, sous de grands chênes qui portent leurs immenses feuillages à bras tendus, dans un champ de genêts en fleurs du milieu duquel s'envole à votre passage un énorme corbeau verni qui reluit au soleil, vous voyez une charmante chaumière qui fume gaiement à travers le lierre et les rosiers; vous admirez, vous entrez. Hélas! mon pauvre Louis, cette chaumière dorée est un affreux bouge breton, où les cochons couchent pêle-mêle avec les Bretons. Il faut avouer que les cochons sont bien sales.

Je reviens à Fougères. Je veux absolument que vous voyiez Fougères. Figurez-vous une cuiller; grâce encore pour ce commencement absurde. La cuiller, c'est le château, le manche, c'est la ville. Sur le château, rongé de verdure, mettez sept tours, toutes diverses de hauteur, de forme et d'époque; sur le manche de la cuiller, entassez une complication inextricable de tours, de tourelles, de vieux murs féodaux chargés de vieilles chaumières, de pignons dentelés, de toits aigus, de croisées de pierre, de balcons à jour, de mâchicoulis, de jardins en terrasse ; attachez ce château à cette ville et posez le tout en pente et de travers dans une des plus vastes et des plus profondes vallées qu'il y ait. Coupez le tout avec les eaux vives et étroites de la Vilaine, sur laquelle japent nuit et jour quatre ou cinq moulins à eau. Faites fumer les toits, chanter les filles, crier les enfants, éclater ces enclumes, vous avez Fougères ; qu'en dites-vous ?

C'est comme cela que vous la verrez quelque jour avec moi du haut de la plate-forme de l'église ; et puis vous la peindrez, mon Louis, et la copie sera plus belle que l'original.

Eh bien ! il y a dix villes comme cela en Bretagne : Vitré, Sainte-Suzanne, Mayenne, Dinan, Lamballe, etc., et quand vous dites aux stupides bourgeois qui sont les punaises de ces magnifiques logis, quand vous leur dites que leur ville est belle, charmante, admirable, ils ouvrent d'énormes yeux bêtes et vous prennent pour un fou. Le fait est que les Bretons ne comprennent rien à la Bretagne. Quelle perle et quels pourceaux !

J'ai voulu vous écrire, parce que je vous aime, mon Louis, parce que vous êtes une des belles et généreuses rencontres de ma vie, et que j'espère bien que cette rencontre durera jusqu'au bout de notre chemin à tous les deux. De temps en temps, je quitte Paris, mais je ne quitte ni ma famille ni mes amis. Mon cœur est toujours avec vous, vous le savez bien, Louis, n'est-ce-pas ? Mais dans l'œuvre que j'accomplis, et dont vous verrez prochainement, j'espère, quelque nouvel échantillon, je sens parfois le besoin de laisser là Paris et sa criaillerie, plus éternelle que le beau mugissement de mon Océan ; car je suis souvent las de votre ville et de voir tout ce qu'il peut écumer de sottise humaine sur la proue d'une idée.

Je vous aime du fond du cœur et je vous serre la main[1].

1. Le 7 août 1836, Pierre Foucher écrivait à sa sœur : « Le

Cette belle lettre, qu'on croirait avoir servi de modèle à quelques-uns des meilleurs morceaux de Zola, a eu le don de choquer M. Biré. En bon Nantais, il a défendu les Bretons d'être aussi sales que le prétendait Victor Hugo. Et puis, en homme habitué à flairer partout des dessous peu honnêtes, il s'est imaginé que les habitants de Fougères avaient dû faire mauvais accueil à leur compatriote. De là, inévitablement, rancune de Hugo : « Il faut croire que cette dernière [Juliette] n'était pas en odeur de sainteté auprès de ses compatriotes et qu'elle avait quelque vengeance à en tirer car le poète ne les ménage guère. Evidemment, ils avaient manqué de respect à la princesse... Negroni, ce qui leur vaut d'être traités par l'auteur de *Lucrèce Borgia* comme de simples critiques[1]. »

Vert-Vert a publié deux lettres de lui [Victor] à Boulanger pendant son voyage. Il y maltraite encore mes pauvres Bretons. » Alfred Asseline, *Victor Hugo intime...*; p. 89. Une de ces lettres était celle ci-dessus. Anténor Joly les publia, en effet, dans le *Vert-Vert* qu'il dirigeait. Elles furent reproduites ensuite dans la *Revue du XIXe siècle*, 1836, tome I, p. 114 et suiv. C'est là que le vicomte Spoelbergh de Lovenjoul les déterra pour les envoyer à Victor Hugo, qui les avait complètement oubliées. Depuis elles ont été reproduites par M. Frédéric Montargis, *Les vacances de Victor Hugo; Nouvelle revue*, tome XXXVI, septembre-octobre 1885, p. 31 et suiv. — Par la suite ces deux lettres ont figuré au *Catalogue d'une précieuse collection de lettres autographes et de pièces historiques ;* Paris, 1886, in-8, n° 114, et ont été vendues 50 francs.

1. Edmond Biré, *Victor Hugo après 1830...*; tome I, p. 189.

Donc, suivant le raisonnement de M. Biré, pour l'amour de Juliette, la Bretague eût dû sembler propre à Hugo, et, pour les beaux yeux de sa maîtresse, en paisibles agneaux pâturant dans les bruyères, il eût dû métamorphoser les cochons grouillant dans les maisons. Au nom de toutes ces bonnes raisons, le pays entier eût dû ravir le poète, car

Jusqu'au chien du logis, il s'efforce de plaire.

Au reste, les voyages de Juliette avec son amant ajouteraient, au roman de leur liaison, un piquant chapitre, si on pouvait en enregistrer tous les détails et les anecdotes non suspectes. Quelques-uns ne sont pas dénués de pittoresque, et nous savons, par le secrétaire de Victor Hugo, qu'au cours des traversées de la Manche, que Juliette supportait fort mal, elle se couchait dans un coin « où elle agonisait jusqu'à l'heure de l'arrivée. » De temps en temps, le poète allait lui demander de ses nouvelles : « Comment allez-vous, Madame? » — « Monsieur, je suis morte. » — « Allons, c'est bien; nous n'avons plus qu'une heure de traversée[1]. » Au cours de l'une d'elles, les intentions galantes de Victor Hugo furent mal ré-

_____

1. Richard Lesclide, *Propos de table de Victor Hugo...*; p. 145.

compensées. Il s'intéressa à deux dames anglaises, dont la plus jeune semblait violemment lutter contre les atteintes du mal de mer. L'auteur de *Marie Tudor* fut aux petits soins pour la malade, lui apporta des citrons, rangea ses coussins, la consola, parvint à la distraire par sa conversation, ce qui lui valut, à l'arrivée, le remerciement de la plus âgée des voyageuses : « Monsieur, je vous remercie de tous les soins que vous avez eus pour ma femme de chambre. »

De la cabine où elle agonisait, Mme Drouet pouffa et s'écria : « C'est bien fait. » Elle était guérie[1]. De ces menus traits pourrait s'agrémenter la biographie des voyages du couple. Qui les voudrait glaner ajouterait un amusant appendice à l'histoire des errances vagabondes du poète. Mais ces mêmes détails ne feraient qu'ajouter de légères touches à la psychologie des personnages. Dans les quelques pages consacrées à leur intimité, on a pu dégager, comment, en l'associant à sa vie, le poète opéra la rédemption de la « femme tombée. » Tirée de l'atelier de Pradier aux douteuses fréquentations, dégagée du théâtre aux louches aventures, peu à peu elle avait pris conscience de son rôle auprès de l'écrivain. Lentement elle s'était créée la

---

1. Richard Lesclide, *Propos de table de Victor Hugo...*, pp. 146, 147.

Projet pour le catafalque de Victor Hugo
sous l'arc de triomphe de l'Etoile.

place qu'elle devait occuper près de lui jusqu'à la fin de sa vie. Elle comprenait ce qu'avait de difficile et de délicat le rôle qu'elle assumait. Son mérite est de l'avoir mené jusqu'au bout sans faiblir, avec un doigté de femme, une souplesse d'amoureuse. Ainsi, par elle-même, elle achevait sa rédemption au nom de l'amour, de cette manière romantique dont nos temps modernes peuvent sourire, — sans la pouvoir imiter.

VIII

FLAGRANT DÉLIT D'ADULTÈRE

Victor Hugo n'a pas toujours été fidèle à sa maîtresse. — Le
scandale de 1845. — Le matelas et le... vase brisé du
buen-retiro du passage Saint-Roch. — La femme du
peintre Biard. — Confession nocturne de Hugo à sa femme.
— Singulière mansuétude de l'épouse outragée. — Elle
sauve la femme adultère. — Raisons pour lesquelles le mari
cocu se désiste de sa plainte. — Le scandale et les journaux.
— Lettres de Lamartine, Béranger et Sainte-Beuve sur
l'adultère. — La politique s'empare du scandale. — Article
du *National*. — Pseudo-départ du poète. — Il commence
les *Misérables*. — Son dossier à la Préfecture de Police. —
Il est jeté au feu par son cousin. — Ce que devient la
femme adultère. — Elle demeure en relations avec Victor
Hugo. — Lettre inédite adressée à l'éditeur Lacroix. —
Sa mort. — A Guernesey on ne respecte pas Victor Hugo
à cause « d'histoires voluptueuses. » — Sa femme et sa
maîtresse peuvent-elles pas ne pas lui pardonner?

Par une petite phrase incidente, et en passant,
un des historiographes du *Livre d'Amour* a cru
pouvoir douter de la fidélité de Juliette à son
amant. C'est, en effet, M. Lemaître qui a écrit
qu'elle fut du maître « l'amie, — fidèle est un

peu trop s'aventurer[1].... » C'est là évidemment un reproche gratuit, car, à partir de 1833, impossible de trouver, dans la vie de Juliette, un autre amant que Hugo. Il n'en est pas de même de son côté, et il a marqué sa liaison par quelques courtes infidélités, dont la plus notoire créa le scandale de juillet 1845. Le 13 avril de cette même année, Louis-Philippe avait fait, du romancier de *Notre-Dame de Paris*, un pair de France[2]. Nomination laconiquement enregistrée par ce ruffian de Charles Maurice : « M. Victor Hugo est nommé pair de France. — Le roi s'amuse[3]. » A écouter la plus remarquable vipère de cette époque, le comte de Viel-Castel, l'écrivain n'aurait obtenu le titre envié qu'en « s'engageant vis-à-vis de la reine à ne plus laisser jouer ses drames immoraux, à ne plus laisser faire de nouvelles éditions de *Notre-Dame de Paris* et à ne plus écrire de romans[4]. » A admettre sous bénéfice d'inventaire. Sans conditions ou non, le titre donnait à Hugo un avantage appréciable, dont il put, trois mois plus tard, comprendre tout le prix : il devenait inviolable de sa

1. E. Lemaitre, *Le livre d'amour : Sainte-Beuve et Victor Hugo...*; p. 10.

2. L'ordonnance royale parut au *Moniteur* du 17 avril 1845.

3. Charles Maurice, *Histoire anecdotique du théâtre...*; tome II, p. 260.

4. Comte Horace de Viel-Castel, *Mémoires sur le règne de Napoléon III...*; tome I, p. 171.

personne, inviolabilité si respectée chez les pairs de France, qu'en 1847, presque surpris en flagrant délit d'assassinat de sa femme, le duc de Choiseul-Praslin ne faillit pas être saisi au corps sur-le-champ.

C'est au début de juillet 1845, que se place l'aventure de Hugo. Il entretenait à cette époque des relations avec Mme Biard, née Léonie d'Aunet, femme du peintre Auguste Biard[1]. Elle avait alors vingt-cinq ans et devait être une agréable personne, même à en juger sur certaines photographies qu'elle fit faire d'elle sur le tard[2]. A en croire M. Paul Chenay, Juliette aurait, avant le scandale, eu vent de la trahison et aurait fort crêpé les

1. Ce Biard était fort jaloux de sa femme. A la date du 24 octobre 1842, on voit Mme Hamelin, la muscadine du Directoire, déjà sur le retour, écrire à un de ses correspondants familiers : « La belle Biard n'est plus ma voisine, mais la vôtre. Ne faites pas de bêtises par là. Tout est grave pour elle par la frénétique jalousie de son mari. » André Gayot. *Une ancienne muscadine; Fortunée Hamelin; lettres inédites; 1839-1851*; préface de M. Emile Faguet, de l'Académie Française; Paris, s. d. [1911], in-8, p. 132. — Biard, en outre, a en croire Chopin était « très laid » et c'était « un peintre d'histoire, pas trop fameux. » *Souvenirs inédits de Chopin*, dans *Le Temps*, mercredi 28 janvier 1903.

2. Arsène Houssaye, qui, avec les inexactitudes qui lui étaient familières, a raconté cet adultère, — Victor Hugo étant Apollo, et Mme Biard, Mme Aphrodita, — a dit de cette maîtresse du poète, qu'elle avait « la grâce onduleuse et serpentante. » Arsène Houssaye, *Les Confessions; souvenirs d'un demi-siècle; 1830-1880*; Paris, 1885, in-8, tome I, p. 262.

beaux cheveux de la dame à un rendez-vous, où, une au moins, n'était pas attendue. C'était Mme Hugo qui disait que « les deux poules jonchèrent de débris le champ de bataille que le coq avait préalablement déserté[1]. » Peu après, au lieu d'une poule, c'était un commissaire qui se présentait passage Saint-Roch[2]. C'était là le lieu des ébats secrets du nouveau pair. La chambre, a-t-on dit, était sordide et d'un décor peu oriental. « Le mobilier était des plus simples; il se composait d'un matelas et d'un... vase brisé[3]. » Certes, nous savions Hugo économe, mais non ladre à ce point. On sait d'ailleurs de quels pittoresques et précis détails les badauds, qui n'ont rien vu, entourent généralement ces sortes de graveleuses anecdotes. Ennemi du poète, sur le tard, et touché par la grâce politique et les fonds secrets du second Empire, Eugène de Mirecourt dans sa phillipique contre les *Misérables*, n'eût certes pas manqué de rappeler ces savoureux détails. Or, à propos

1. Paul Chenay, *Victor Hugo à Guernesey...*; p. 131.
2. « Au nom de la loi on enfonce la porte; on franchit l'antichambre et on trouve Apollo et Aphrodita à peu près vêtus de l'air du temps comme les dieux et les déesses. La femme niche sa vertu dans son lit, l'homme se coiffe solennellement du tricorne de pair de France, ce qui le rendait inviolable. » Arsène Houssaye, *Les Confessions...*; tome I, p. 264.
3. Communication du docteur Nephelès. — *Intermédiaire des chercheurs et des curieux*, 10 juillet 1883, col. 407.

du rapprochemant fait par Hugo, dans son roman, entre Louis XV et Cartouche, au chapitre du conventionnel mourant assisté de Mgr Myriel Bienvenu, Mirecourt s'est contenté de glisser, d'un air benoît : « Mon Dieu ! je sais ce que vous allez me dire : « Louis XV, le parc aux cerfs, la Pompadour, la Du Barry, les femmes, la volupté, le cynisme, les passions, l'inconstance.... » Oui, c'est triste, et le scandale donné à cette hauteur est grave. Assurément les populations sont moins émues lorsqu'un commissaire de police le trouve, sous la forme d'adultère caractérisé, dans une maison borgne derrière Saint-Roch. Le coupable était un simple pair de France, un grand poète, un homme qui devait aussi respecter les bonnes mœurs ; mais, enfin, ce n'était pas Louis XV. Que voulez-vous, Monsieur, les rois sont des hommes : on les trouve rarement aussi purs et aussi chastes que vous l'êtes vous-même[1]. » Glissons donc avec l'honnête et probe Mirecourt. Mais, comme l'écrivait, le 20 juillet 1845, Chopin à sa sœur : « Il faut avouer que l'histoire est amusante[2]. » Pour le mari cocu elle fut stupéfiante : il s'attendait à trouver sa femme

1. Eugène de Mirecourt, *Les vrais misérables* ; Paris, 1862, in-8, tome I, p. 61. — Cet ouvrage de Mirecourt a été refuté par Charles Bataille, *Le cas de M. Mirecourt* ; Paris, 1862, in-32.

2. *Souvenirs inédits de Chopin*, dans *Le Temps*, 28 janvier 1903.

avec un acteur des boulevards, et il la découvrait avec l'auteur des *Burgraves*[1]. Le commissaire n'en revenait point. Il croyait à un imposteur et voulait coffrer le coupable. « Hugo fut obligé de montrer à celui qui voulait l'arrêter sa médaille de pair de France[2]. »

Néanmoins, dit Viel-Castel, il passait deux jours à la préfecture de police[3]. Détail manifestement erroné, car pour maintenir un pair de France en arrestation il fallait une ordonnance royale. Louis-Philippe n'eut pas le ridicule d'en signer une de ce genre pour Victor Hugo. D'ailleurs, comment croire que le beau-frère du poète eût passé le détail sous silence dans le récit si minutieux qu'il a fait de l'aventure ? Il en tenait, évidemment, tous les détails de Mme Hugo elle-même, et c'est d'après elle qu'il a enregistré l'épisode :

Victor Hugo avait l'habitude de rentrer très tard dans la nuit. Sa jeune femme ne pouvait se résoudre à se mettre

1. *Intermédiaire des chercheurs et des curieux*, 10 juillet 1883, col. 408. — Arsène Houssaye, — mais l'autorité, ici, est bien mince, — assure même que le mari se montra ravi de la découverte. C'est peu croyable. « Du moment que c'est mon ami Apollo, aurait-il dit, je n'ai qu'à les féliciter tous les deux. Celle qui est couchée, comme celui qui est debout. » Arsène Houssaye, *Les Confessions...* ; tome I, pp. 264, 265.

2. *Souvenirs inédits de Chopin*, dans *Le Temps*, 28 janvier 1903.

3. Comte Horace de Viel-Castel, *Mémoires sur le règne de Napoléon III...* ; tome I, p. 171.

au lit avant de l'avoir vu ou entendu rentrer[1]. Ce soir-là,
lasse de l'attendre et prise d'inquiétude, elle allait s'habil-
ler pour courir aux nouvelles lorsqu'elle entendit ouvrir
la porte de l'appartement. C'était lui; vivement elle se
coucha : il était quatre heures du matin. A peine était-elle
au lit que, contrairement à son habitude dans de pareilles
circonstances, Victor Hugo entra chez sa femme et, avant
de dire un seul mot, se mit à genoux devant elle. Etonnée
de cette attitude, Mme Hugo, prévoyant un grand malheur, fut prise d'une crise nerveuse, qui permit à son
mari de se ressaisir et de la prévenir qu'il avait à lui faire
une confidence ou plutôt une confession de la plus haute
gravité. Ce préambule n'était pas pour calmer la crise
convulsive qui terrassait la pauvre femme : « Faites-moi
la grâce de m'écouter, et d'avance, pardonnez-moi, car je
suis coupable envers vous, » lui dit-il. Et, sans lui laisser
le temps de répondre, il lui raconta la scène épouvantable
qui s'était passée et les suites terribles que menaçait de
lui donner le mari outragé qui ne parlait de rien moins
que de faire enfermer sa femme à Saint-Lazare. Le poète,
à genoux, priait, suppliait; il demandait grâce à la victime
en faveur des coupables. Quoique blessée, la nature généreuse de Mme Hugo s'enthousiasma dans un admirable
élan, elle promit plus qu'il ne lui demandait et fit plus
qu'elle n'avait promis, car elle sauva les deux complices[2].

Cette admirable clémence de Mme Hugo a, en
effet, en de pareille circonstances, de quoi surprendre. Sans doute, en 1835, dix ans auparavant,

1. Cette phrase de M. Paul Chenay peut faire croire qu'il
place l'aventure avec Mme Biard au début du mariage de Victor Hugo. Le poète était marié depuis vingt ans à cette
époque, et, depuis douze ans, l'amant de Juliette.
2. Paul Chenay, *Victor Hugo à Guernesey...*; pp. 129, 130.

dans la pièce XXXIX des *Chants du crépuscule,*
son mari avait déjà dit d'elle :

> *Celle qui, lorsqu'au mal, pensif, je m'abandonne,*
> *Seule peut me punir et seule me pardonne ;*
> *Qui de mes propres torts me console et m'absout....*

Mais ici l'outrage n'était-il point doublement
grave puisque, pardonné pour Juliette, le mari
avait recommencé avec une autre et s'était laissé
glisser sur la pente du scandale? Expliquer cette
attitude de Mme Hugo par sa « nature généreuse »
n'est certes pas suffisant dans l'occurrence. Et
n'est-ce pas ici le lieu de rappeler que, trois
mois auparavant, en avril, dans les *Guêpes,*
Alphonse Karr avait publiquement signalé l'existence du *Livre d'amour,* dénoncé l'auteur et fait
deviner l'héroïne ? Comprit-elle, qu'elle aussi,
avait quelque chose à se faire pardonner?

Son intervention dans l'affaire n'est, en tout cas,
point contestable.« Mme Hugo (très magnanime) a
pris Mme Billiard (*sic*) sous sa protection, » man-
dait Chopin à sa sœur[1]. Plus détaillé est le récit du
beau-frère de Hugo que nous reprenons après cette
parenthèse :

Aussitôt le jour venu, elle, l'offensée, le cœur saignant,
courut chez l'époux outragé et en obtint de lui permettre

____

1. *Souvenirs inédits de Chopin*, dans *Le Temps*, **28** janvier
1903.

Mme Victor Hugo
photographiée à Guernesey

d'emmener elle-même la jeune femme coupable dans un couvent où elle espérait pouvoir la faire entrer immédiatement comme pensionnaire, la cacher ainsi à la malignité publique et la soustraire au pire châtiment, à celui que tous redoutaient le plus : le scandale public; elle espérait ainsi obtenir l'apaisement, en attendant l'oubli. Elle réussit, mais la colère des pensionnaires au couvent ne çonnut plus de bornes, lorsqu'elles apprirent que la jeune femme était l'héroïne de l'aventure dont tout le monde s'occupait déjà depuis la veille. Mme Hugo insista courageusement et réussit dans sa généreuse entreprise[1].

Ainsi M. Paul Chenay attribue tout le mérite de l'étouffement du scandale à Mme Hugo. Quelques auteurs qui ne sont point, il est vrai, ses beaux-frères, y font également participer la belle-fille de Louis-Philippe, le roi lui-même et le chancelier Pasquier, président de la Cour des Pairs. Viel-Castel dit même que Biard ne se désista de sa plainte que sur la commande que lui fit la Cour de quelques tableaux[2], et, a-t-on ajouté, sur le versement de 50.000 francs, payés, disait Sainte-Beuve, par la

1. Paul Chenay, *Victor Hugo à Guernesey...*; pp. 130, 131.
2. Comte Horace de Viel-Castel, *Mémoires sur le règne de Napoléon III...*; tome I, p. 171. — « Quelques tableaux » est, sans doute, exagéré. A ma connaissance la Cour n'a commandé qu'un tableau à Biard, en 1848, *Entrevue du roi et de la reine d'Angleterre*, payé 6.000 francs. A ce prix son renoncement au scandale est médiocrement tarifié. — *Compte de la liquidation de la liste civile et du domaine privé du roi Louis-Philippe, rendu par M. Vavin, liquidateur général, le 30 décembre 1851*; Paris, 1852, in-4, pp. 170, 171.

cassette royale[1]. Ce qui demeure certain c'est que la Cour des Pairs ne fut point appelée à se prononcer sur le délit reproché à un de ses membres. « L'intervention de la duchesse d'Orléans et celle de Louis-Philippe furent nécessaires pour empêcher les choses d'aller à cette extrémité[2]. » Mais le coupable n'échappa point à une « verte semonce » du chancelier[3].

L'affaire, naturellement, avait été ébruitée. Dès le lendemain, sans nommer les personnages, un journal imprimait :

On parle beaucoup à Paris d'un scandale déplorable.... Un de nos écrivains les plus célèbres aurait été surpris, hier, en conversation criminelle, par le mari qui se serait fait assister du commissaire de police. L'épouse infidèle aurait été incarcérée, et l'amant si malheureusement heureux n'aurait dû le triste avantage de conserver sa liberté qu'au titre politique qui rend sa personne inviolable. Ne pouvant douter de l'exactitude de ces faits, nous faisons des vœux pour que les suites en soient le moins graves possibles[4].

Personne ne s'était trompé sur le personnage en question. Lamartine, en écrivant, le 7 juillet, au comte de Circourt, envisageait l'aventure philoso-

---

1. *Intermédiaire des chercheurs et des curieux*, 10 juillet 1883, col. 408.
2. Edmond Biré, *Victor Hugo après 1830...*; tome II, p. 85.
3. *Intermédiaire des chercheurs et des curieux*, 10 juillet 1883, col. 408.
4. *La Patrie*, 6 juillet 1845.

phiquement. « Ces choses-là s'oublient vite, disait-il; la France est élastique; on se relève même d'un canapé[1]. » C'était sagement en juger. Cependant, deux jours plus tard, le 9 juillet, dans une lettre à M. Dargaud, Lamartine s'en attristait : « L'aventure amoureuse de mon pauvre ami Victor Hugo me désole. On dit qu'il s'éloigne de France pour qu'on ne demande pas l'autorisation de le poursuivre à la Chambre des Pairs; mais ce qui doit être navrant pour lui, c'est de sentir cette pauvre femme en prison pendant qu'il est libre[2]. » Et Béranger lui-même se faisait l'écho du scandale. Le même jour que Lamartine, il écrivait à un de ses amis : « On craint ici que V. H. ne fasse un sot début à la Chambre des Pairs. Il est question de la colère d'un mari, peintre de renom, qui intente à sa moitié et à Olympio un procès en adultère, appuyé d'un procès-verbal de flagrant délit et d'une correspondance fort détaillée. » Mais bon juge de la situation, il prévoyait que le mari allait être circonvenu et que le procès n'aurait pas

1. *Correspondance de Lamartine*, publiée par Mme Valentine de Lamartine; Paris, 1865, in-8; tome VI, p. 168. — Sur le comte de Circourt, cf. Colonel Huber-Saladin, *Le Comte de Circourt, son temps, ses écrits; Mme de Circourt, son salon, ses correspondances; notice biographique offerte à leurs amis;* Paris, 1881, in-8.

2. *Correspondance de Lamartine...*; tome VI, p. 170. — Edmond Biré, *Victor Hugo après 1830...*; tome II, p. 86.

lieu[1]. Quant à Sainte-Beuve, il faisait le bon apôtre
éploré. « On ne parle que de cela, disait-il en
annonçant le scandale à Mme Juste Ollivier. Vous
n'en dites rien. Jugez, chère Madame, de mon
chagrin et mon trouble en tout ceci, avec tout ce
que vous savez[2]. » Le « tout ce que vous savez, »
c'était la volée de bois vert des *Guêpes* qui lui
grillait encore la peau. Enfin, arriva l'inévitable
en ces sortes d'affaires.

Les ennemis politiques de Victor Hugo s'empa-
rèrent de l'aventure et en daubèrent. Le *National*
en faisait presque une affaire d'Etat :

La scandaleuse aventure dont plusieurs journaux ont
entretenu le public ces jours derniers soulève une grave
question de droit constitutionnel. Un illustre personnage,
qui cumule les lauriers du Parnasse et le manteau d'her-
mine de la pairie, a été surpris en conversation criminelle
avec la femme d'un peintre. Le mari, qui était à la piste
de l'intrigue, se présente tout à coup dans l'asile qu'ils
avaient choisi aux environs de Saint-Roch, accompagné
d'un commissaire de police. Ce fonctionnaire se mit en
mesure d'arrêter les coupables pris en flagrant délit. La
justice ne se pique point de galanterie : elle s'empara de la
femme sans façon et sans explication. Mais le pair se mit
à parlementer et invoqua l'inviolabilité dont il est couvert
par la Constitution. Le commissaire hésita et finit par lais-

1. Lettre aut. sig. de Béranger à M. Gilhard; Paris, 9 juillet 1845; 4 p. in-4. — *Catalogue d'autographes Noël Charavay*,
n° 342, février 1905, pièce n° 53439, offerte à 35 fr.

2. Cité par Léon Séché, *Etudes d'histoire romantique : Sainte-
Beuve...*; tome II, p. 54.

ser sortir le galant vicomte[1]. Les mêmes journaux qui ont révélé cette aventure et annoncé un procès en adultère devant la Cour des Pairs nous apprennent aujourd'hui que les choses se sont arrangées[2].

Les polémiques menaçant de s'envenimer, il fallut trouver un moyen pour les enrayer et laisser au temps la tâche de rouler le scandale aux plis de l'oubli. Ostensiblement Victor Hugo se résignait à partir quelque temps en voyage. Au lendemain de l'article du *National*, la *Quotidienne* publiait cette note :

D'après la promesse qu'il en avait faite à Louis-Philippe, à la sollicitation personnelle duquel M*** a retiré sa plainte, M. Hugo a pris hier ses passeports et est parti pour effectuer un voyage de trois mois en Espagne[3].

La nouvelle trompa tout le monde. Personne qui ne crut le poète en diligence sur la route de Séville. « Hugo, écrivait Chopin le 20 juillet à sa sœur, a

1. En appelant Victor Hugo *vicomte*, le *National* continuait une plaisanterie inaugurée au lendemain de la publication de l'ordonnance royale élevant le Poète à la pairie, et où il était appelé vicomte. Le 17 avril, commentant cette ordonnance, le *National* écrivait : « Nous ne le savions pas : il était vicomte ! Nous avions eu un frisson de poésie, nous avons été saisis de l'enthousiasme du Blason. Ce large front où l'orient et l'occident s'étaient rencontrés, nous avions pensé qu'il n'aspirait qu'à la couronne du poète, c'est une couronne de vicomte qui le surcharge. Victor Hugo est mort, saluez M. le vicomte Victor Hugo, pair lyrique de France ! »
2. *Le National*, 10 juillet 1845.
3. *La Quotidienne*, 11 juillet 1845.

filé pour quelques mois en voyage, et Juliette, cette actrice de la Porte Saint-Martin, célèbre il y a une dizaine d'années, qui est entretenue depuis longtemps par Hugo, malgré Mme Victor Hugo, ses enfants et sa poésie sur la moralité de la famille, cette Juliette, dis-je, est partie avec lui[1]. » Il n'en était rien. En effet, plus haut, nous avons vu Sainte-Beuve, renseigné par Mme Hugo, écrire à Pavie, le 19 septembre : « Je sais qu'il n'a pas quitté Paris et qu'il travaille renfermé à je ne sais quelle œuvre dont il espère que l'éclat recouvrira l'autre[2]. » Hugo venait, en effet, de s'attaquer au formidable manuscrit de l'épopée des misères humaines et d'écrire le début des *Misérables*.

Cinq ans plus tard, en février 1848, une circonstance fortuite vint rappeler au souvenir de Hugo le scandale du flagrant délit. Mme Hugo avait fait entrer dans les bureaux de la Préfecture de Police son cousin Alfred Asseline. Il était là quand la révolution de février, en faisant entrer les bandes de Caussidière dans l'hôtel de la rue de Jérusalem, obligea le préfet Delessert à quitter son poste[3].

---

1. *Souvenirs inédits de Chopin,* dans *Le Temps,* 28 janvier 1903.

2. Edmond Biré, *Victor Hugo après 1830...*; tome II, p. 87.

3. Chose curieuse, ce fut entre les mains du préfet Delessert, mort à Passy, en 1858, que tomba le superbe exemplaire de Ronsard intitulé : *Les œuvres de Pierre de Ronsard, gentilhomme Vandosmois, prince des poètes françois, reveues et aug-*

Dans la nuit qui précéda son départ, on se préoccupa de brûler tous les dossiers compromettants du gouvernement déchu. Tout en aidant à cet auto-dafé des petits papiers de la « mouche, » Alfred Asseline tomba sur un mince petit cahier, portant sur sa couverture deux lignes à l'encre rouge :

VICTOR HUGO

à classer.

Et il le glissa dans sa poche. Rentré chez lui il l'ouvrit et n'y trouva que deux pièces : « La première était la copie d'un procès-verbal du commissaire de police du quartier de la place Vendôme, constatant le flagrant délit de conversation criminelle, dans un petit buen-retiro, loué sous le nom de..., dans le passage Saint-Roch. » La seconde

mentées ; à Paris, chez Nicolas Brion, 1609, in-fol., donné par Sainte-Beuve au Poète, avec cette dédicace : « Au plus grand inventeur lyrique que la poésie française ait eu depuis Ronsard, le très humble commentateur de Ronsard, SAINTE-BEUVE. » Sur les marges de cet exemplaire Alfred de Vigny, Ulric Guttinguer, Alexandre Dumas et quelques autres poètes encore, avaient écrit des poésies en hommage au maître. Lorsque Victor Hugo exilé fit vendre le mobilier et la bibliothèque de son appartement de la rue de la Tour-d'Auvergne, cet exemplaire fut cédé pour 750 fr. à M. Charles Giraud. De ses mains il passa, le 14 avril 1855, pour 900 fr., dans celles de Maxime du Camp, qui le recéda au préfet Delessert, dont la collection fut vendue le 27 avril 1895. Les libraires Leclerc et Cornuau se le firent alors adjuger pour 1000 fr. — Cf. E. Lemaître, *Le Livre d'amour; Sainte-Beuve et Victor Hugo...*; pp. 16, 17.

pièce était un ordre de la main de M. Delessert, le préfet, lui-même :

P. M. [Police municipale].

M***[1] m'attendra demain au château à l'issue du conseil; l'heure du conseil est dix heures.

Asseline raconta la trouvaille à Victor Hugo. Il la prit gaiement : « Je crois savoir, dit-il, qui était cet agent, chargé de surveiller les pairs de France. » Et son cousin jeta le petit dossier au feu. « Cela ne fit pas beaucoup de fumée[2]. » On a vu que cela avait fait davantage de bruit. Quant à Mme Biard, elle avait été se réfugier rue Neuve-de-Berry, au couvent des Augustines. Les six mois qu'elle y passa, ne le furent point de trop désagréable manière. Des religieuses de l'endroit, à en croire Mme Hamelin, elle disait un « bien inouï. » Ces dames venaient passer la soirée avec la recluse « et choisissaient sous sa dictée les vers de Victor Hugo qu'on pouvait enseigner aux filles de quinze ans. » D'où Mme Hamelin concluait : « Elles sont jésuites[3]. » Au reste, c'était grâce à Mme Hame-

1. « Ici, dit Alfred Asseline, le pseudonyme qui désignait un Javert très décoré, attaché à la contre-police du Roi. » — Alfred Asseline, *Victor Hugo intime...*; p. 128.

2. Alfred Asseline, *Victor Hugo intime...*; pp. 126, 127, 128, 129.

3. Lettre à la date du 18 juillet 1846. — André Gayot, *Une ancienne muscadine; Fortunée Hamelin...*; p. 260.

lin que la charmante coupable devait de connaître les douceurs de cette captivité conventuelle. Au lendemain du constat d'adultère elle avait été enfermée à Saint-Lazare. « Je voulais arracher à Biard une main-levée pour commuer Saint-Lazare en Sacré-Cœur, » écrivait Mme Hamelin. « Il bondissait de rage, ses cornes se dressaient sur sa tête; je lui dis gaiement : « Mon voisin, il n'y a que les rois et les cocus qui aient le droit de faire grâce. Prenez le beau côté de la chose. » Ma foi, il éclata de rire et envoya le pouvoir à maître Fayol, son avocat[1]. » Ce porta bonheur aux Augustines. Mme Biard mit ce couvent à la mode. « Il ne suffit plus aux femmes malheureuses, amoureuses ou battues », pouffe ce mauvais garnement de Mme Hamelin[2]. Viel-Castel, cependant, conte que Mme Biard fut condamnée à un an de prison pour adultère, et qu'à sa sortie de la geôle, elle fut recueillie dans l'hôtel même de Victor Hugo[3]. On peut demeurer sceptique, et il est fort possible que le délicat, honnête, pur et irréprochable Viel-Castel se soit gaussé ici, — comme souvent, d'ailleurs, — de ses lecteurs.

1. Lettre à la date du 6 septembre 1845. — André Gayot, *Une ancienne muscadine; Fortunée Hamelin*...; pp. 247, 243.
2. Lettre à la date du 20 novembre 1846. — André Gayot, *Une ancienne muscadine; Fortunée Hamelin*...; p. 261.
3. Comte Horace de Viel-Castel, *Mémoires sur le règne de Napoléon III*...; tome I; p. 168.

Mais il ne faut pas trop se hâter de crier à l'invraisemblance. On voit Mme Biard demeurer fort longtemps en relations avec Victor Hugo, jusque vers la fin de l'Empire, donnant dans la littérature et les journaux de mode, sous le nom de Léonie d'Aunet, ce qui a, sans doute, autorisé Edmond de Manne à écrire, dans son *Dictionnaire des anonymes*, qu'on « attribue généralement la majeure partie de ses livres à l'auteur de *Notre-Dame de Paris*[1]. » On peut douter que Victor Hugo ait eu tant de loisirs à si mal occuper. De fait, la chose paraît bien peu croyable, d'autant plus que la médiocrité des productions littéraires de la dame dispense de la recherche de cette douteuse et contestable paternité. Cependant il ne se désintéressa pas de sa conquête de 1845, et la lettre que voici montre qu'il la recommandait auprès de ses éditeurs, notamment Lacroix, qui publia les *Misérables :*

Enghien-les-Bains, 9 septembre 1863.

Monsieur,

J'ai tenté plusieurs fois de vous rencontrer à Paris et le hasard ne m'ayant pas favorisée, je viens vous prier de

---

1. « Cette dame, femme d'un peintre lyonnais, avec lequel elle a parcouru des pays lointains et observé des mœurs curieuses, brille peu, dit-on, par le talent d'écrire. On attribue généralement la majeure partie de ses livres à l'auteur de

m'attendre demain jeudi de cinq à six heures ou de m'assigner un rendez-vous dans la journée de vendredi. Pas plus tard, car je suis obligée de revenir à la campagne vendredi pour dîner.

Je désirerais vous remettre moi-même la lettre ci-jointe, je vous l'envoie afin qu'elle vous fasse pressentir le genre d'affaire dont je veux vous entretenir. La saison est précisément celle où il faut s'occuper des journaux de modes, la fin de l'année étant pour tous l'époque des réabonnements. Recevez, Monsieur, l'assurance de ma considération distinguée.

LÉONIE D'AUNET.

66, rue Neuve-des-Petits-Champs[1].

Lettre à laquelle Boichot, le secrétaire de Lacroix, lui répondait le lendemain :

10 septembre 63.

  Madame,

Je vous accuse réception de votre honorée d'hier et je vous informe que M. Lacroix est parti pour Bruxelles. Il va revenir dans une dizaine et ne manquera pas de vous écrire et de fixer le rendez-vous que vous lui demandez. En attendant je lui remets votre lettre et le petit mot de M. V. Hugo.

  Recevez, etc.

A. B[2].

D'autres bribes des papiers de Lacroix nous

Notre-Dame-de-Paris. » — Edm. de Manne, *Dictionnaire des ouvrages anonymes et pseudonymes;* p. 381, cité par Georges d'Heylli, *Dictionnaire des pseudonymes;* Paris, MDCCLXXXVII, in-18; p. 18.

1. Lettre autographe, 2 p. in-8, en notre possession.
2. Minute autographe, 1 p. in-8, en notre possession.

en eussent certainement appris davantage sur les dernières années de la vie de cette maîtresse oubliée de Victor Hugo. Mais, dispersés aujourd'hui, ce n'est plus que du hasard qu'il faut attendre leurs posthumes révélations. Léonie d'Aunet mourut relativement jeune, à l'âge de cinquante-neuf ans, en 1879. Elle pouvait emporter avec elle dans l'éternelle nuit, l'image de son amant de naguère déjà haussé à l'immortalité de sa gloire.

Quant à lui, ayant toujours Juliette dans son ombre, se souvenait-il encore de l'équipée de ses quarante-trois ans allègres? Se souvenait-il encore des menues peccadilles que l'épouse et la maîtresse, rivalisant de mansuétude, lui avaient pardonnées depuis? Car, même en exil, à Guernesey, « quelques vieillards se rappellent l'avoir vu passer dans les rues de Saint-Pierre-Port, les mains derrière le dos, « l'air d'un fou, » mais ils en parlent sans respect, à cause d'histoires voluptueuses dont Hugo était, paraît-il, le triste héros[1]. » Mais n'était-il point de la race de ces grands et charmants coupables, toujours pardonnés à cause des trésors d'amour libéralement répandus autour d'eux, de ce geste auguste qu'il a coulé dans le bronze d'un de ses vers immortels?

<hr>

1. Albert Lantoine, *La maison de l'exil; La Plume, numéro du Centenaire; Victor Hugo par les collaborateurs de La Plume;* n° 309, 1ᵉʳ mars 1902, p. 304.

IX

« LA COURTOISIE ET LA POLITESSE SONT ROMANTIQUES... »

Le respect de l'amour chez Hugo. — Le sens de la délicatesse. — « *A vos pieds*.... » — Un quatrain à Mme Doche. — Relations de Victor Hugo et d'Alice Ozy. — Le passé amoureux d'une jolie comédienne. — Quatrain de Théophile Gautier et autre quatrain de Victor Hugo. — L'héroïne de *D'après nature*. — La fin de la belle Alice. — La bonne troublante de Guernesey. — Petite jalousie de Mme Victor Hugo. — Eve chassée du paradis de l'exil. — Un autre roman d'amour inconnu de Victor Hugo. — La jeune et mystérieuse Claire. — Deux lettres d'amour. — Les jolies solliciteuses de la vieillesse. — L'aimable protocole. — La blanche princesse polonaise. — Le cœur de l'homme est un rosier qui peut porter plusieurs roses.

L'aventure de l'adultère contée, peut-être est-il bon de jeter maintenant, en guise de conclusion, un coup d'œil sur la vie sentimentale et amoureuse du poète en marge du mariage et en marge de sa liaison avec Juliette. Sa femme et sa maîtresse, certes, il les a beaucoup et tendrement aimées, à des titres divers, mais il n'a point uniquement aimé qu'elles. Dénombrer ces passantes aux routes de son cœur est une tâche malaisée, qui peut convenir aux curieux de la chronique scandaleuse, mais qui est un peu superflue à qui prétend écrire de la psychologie de l'homme. Toutefois, certains exemples aideront aux nuances du tableau, et d'autant mieux que partout Victor Hugo se révèle pareil, apportant dans l'amour ce respect de l'amour, cette politesse de grand ton qui a permis de dire de lui qu'il « était un gentleman parfaitement poli[1]. » Règle de sa conduite littéraire, il a de même voulu cette règle pour sa conduite privée. Impossible de lui découvrir la tare de la grossièreté. Il a le sens admirable de la délicatesse, de l'urbanité, distantes avec ses ennemis, charmantes et affectueuses avec ses amis — et amies. N'est-ce point lui qui a écrit que « la courtoisie et la politesse sont romantiques[2] ? » Cela à vingt-deux ans ! L'âge mûr venu, il n'a point changé. Sa courtoisie a grand air; sa politesse a belle figure. C'est la grâce française alliée à je ne sais quoi de chevaleresque qui est du

1. Paul Stapfer, *Victor Hugo à Guernesey...*; p. **37**.
2. Lettre aut. sig. au rédacteur de la *Quotidienne;* Paris, 10 août 1821; 2 p. 1/2, in-8. — *Catalogue d'autographes Noël Charavay;* n° 342, février 1905, pièce n° 53482, offerte à 35 francs.

temps des romans héroïques. Pour la déployer à l'égard des femmes il trouve des ressources infinies, et puis n'est-il point poète et n'a-t-il pas le génie? D'Espagne, où il voyagea, il a rapporté l'humble et gracieuse formule, *à vos pieds,* par laquelle il aime clôturer ses lettres, *a los pies de sa dona*[1]. Dans les circonstances les plus sévères, elle reparaît chez lui. « Je mets à vos pieds ma douleur, » écrit-il le 11 février 1874 à Mme Michelet, après la mort de son mari[2]. Mais il a, de même, le sens du plaisant, et le calembour épigrammatique et galant lui est familier. A Mme Doche, l'actrice, qui, à une soirée chez Mme Zimmermann, renversée au fond d'une causeuse, prêtait une attention soutenue à son pied chaussé de satin blanc, il adresse ce quatrain impromptu :

> *Mon illusion se dissipe,*
> *Car je vois que vous me trompiez;*
> *Vous devriez être tulipe*
> *Ayant des oignons à vos pieds*[3].

Sur ce terrain, il domine despotiquement. Il est

1. Edmond Biré, *Victor Hugo après 1830...*; tome I, pp. 36, 37.
2. *Catalogue d'autographes Noël Charavay;* n° 393, mai 1909, pièce n° 64640, offerte à 20 francs.
3. *La Chronique médicale*, 1910, p. 514.

prodigue de vers de ce genre et il en écrit pour peu qu'on les lui demande. C'est l'origine du curieux quatrain fait à la requête d'Alice Ozy. Cette demoiselle Ozy, qui, bien plus simplement, s'appelait Julie-Justine Pilloy, était fille d'un sieur, lequel, en son vivant, fut bijoutier dedans la rue Saint-Denis. D'abord brodeuse, elle lâcha le métier pour le comédien Brindeau, lequel, à dix-neuf ans, la fit débuter à la salle Chantereine. Elle prit le goût de la planche, et, en 1840, passa aux Variétés, où l'occasion lui fut donnée d'avoir des bontés pour Mgr le duc d'Aumale. Ce lui mit l'étrier au pied et facilita ses rapports intimes avec E. de Perregaux, fils du banquier de Louis-Philippe. Toutefois l'argent ne lui faisait point faire fi de l'amour. Comme elle était belle, les poètes se faisaient un aimable devoir de le lui dire et écrire. Ainsi, Théophile Gautier, à la première visite qu'il lui fit, lui demanda de la voir nue, tout simplement. Ce lui parut, de fait, fort simple, et ayant consenti, elle se vit récompensée par un beau quatrain :

Pentilique, Paros, marbres neigeux de Grèce,
Dont Praxitèle a fait la chair de ses Vénus,
Vos blancheurs suffiraient à des corps de déesses...
Noircissez, car Alice a montré ses seins nus[1].

1. Louis Loviot, *Alice Ozy;* Paris, 1910, in-8, p. 24.

UN DES PERSONNAGES DE RUY-BLAS VU PAR LE POÈTE.

Dessin de Victor Hugo.

Faut-il, dès lors, s'étonner qu'elle « se donna aux poètes pour l'amour de l'art et aux banquiers pour leur argent[1] ? » Mais les banquiers ne le prirent point avec cette noble philosophie artistique, et Perregaux vola à d'autres amours, notamment celui de Marie Duplessis, la Dame aux Camélias, sur laquelle feu M. Alexandre Dumas fils bêla si platement. Perregaux, au reste, s'y ruina avec magnificence[2]. C'était, peut-être, qu'en cette saison, les camélias étaient hors de prix. Alice Ozy, elle, alla à Londres jouer quelque peu. Elle y rencontra, sans doute, cet intrépide Perregaux qui venait, clandestinement, d'y épouser Marie Duplessis. Les hommages d'un prince de Saxe-Weimar la consolèrent momentanément du triomphe de sa rivale. Et puis, elle avait toujours les poètes. L'un d'eux, Théodore de Banville, rimait même, en ce moment, en son honneur, quelques couplets désobligeants :

> *Les demoiselles chez Ozy*
> *Menées,*
> *Ne doivent plus songer aux hy-*
> *Menées.*

Il y avait encore Charles Hugo, le fils du poète.

---

1. Louis Loviot, *Alice Ozy...*; p. 12.
2. Georges Soreau, *La vie de la Dame aux Camélias;* avec

Alice était devenue sa maîtresse et avait fait connaissance avec le père. Ayant acheté un lit en bois de rose, elle imagina de le faire chanter par le Poète, et, sans plus, se hâta de le lui demander de fort jolie manière :

Monsieur,

Je suis tellement charmée à la pensée que je pourrai avoir des vers de vous que je n'hésite pas à faire une demande plus qu'indiscrète. Quoique vos moments soient bien précieux, accordez-moi un instant pour voir l'objet en question. Je vous en serai éternellement reconnaissante. Si, cependant, le sujet ne vous semblait pas digne d'une goutte d'encre, je ne m'en plaindrai plus, puisque j'aurais eu la faveur de votre visite.

Daignez agréer, Monsieur, mes civilités empressées.

Alice Ozy.

T. S. V. P.

En relisant ma lettre j'ai cru lire une lettre comme j'en reçois souvent. En vérité, ce n'est pas à un *homme* que je dois écrire ainsi! Je déclare, pour le cas où cette épître tomberait en des mains étrangères, que je n'ai pas écrit ainsi à un *homme* mais à un *demi-dieu.* Cette digression était nécessaire à ma dignité.

A. O.[1].

Un poème sur un lit! Serait-il épique ou galant? Petit ou grand? Par retour du courrier elle eut l'agrément d'en juger :

des portraits inédits et des autographes de Marie Duplessis et Alexandre Dumas fils ; Paris, 1898, in-18, p. 61 et suiv.

1. Louis Loviot, *Alice Ozy...* ; p. 38.

Platon disait, à l'heure où le couchant pâlit :
— Dieux du ciel! montrez-moi Vénus sortant de l'onde!
Moi, je dis, le cœur plein d'une ardeur plus profonde :
— Madame, montrez-moi Vénus entrant au lit!

Un quatrain! Encore! Déjà Gautier.... Ce la vexa. Elle riposta :

Grand merci, Monsieur! Les vers sont charmants, un peu légers peut-être si je me comparais à Vénus, mais je n'ai aucune prétention à la succession.

Il ne demeura point sur cette défaite et répliqua par un nouveau quatrain :

Un rêveur blesse quelquefois ce qu'il admire!
Mais, si j'osai songer à des cieux inconnus,
Pour la première fois aujourd'hui j'entends dire
Que le vœu de Platon avait blessé Vénus!

Et il complétait l'envoi par une petite lettre :

Vous le voyez, Madame, je voudrais bien vous trouver injuste; mais je suis forcé de vous trouver charmante. J'ai eu tort et vous avez raison. J'ai eu tort de ne me souvenir que de votre beauté. Vous avez eu raison de ne vous souvenir que de ma hardiesse. Je m'en punirai de la façon la plus cruelle et je sais bien comment.

Veuillez donc, Madame, excuser dans votre gracieux esprit ces licences immémoriales des poètes qui tutoient en vers les rois et les femmes, et permettez-moi de mettre, en prose, mes plus humbles respects à vos pieds.

Dimanche, midi [août 1847[1]].

___

1. Les quatre documents ci-dessus figurent dans Victor Hugo, *Correspondance...*; pp. 78, 79.

Je prie qu'on remarque cette date. Deux ans plus tard, Hugo écrit ce *D'après nature* qui a été reproduit plus haut et qui a été si bénévolement taxé d'immoral. C'est qu'alors Alice avait passé dans les bras du peintre Chassériau, en attendant de glisser en ceux du ténor de l'Opéra Gueymard. *D'après nature* fut publié Hugo mort, mais Ozy était vivante encore. Elle se reconnut sur-le-champ dans l'anecdote et ce ne fut guère pour lui plaire. « C'est une mauvaise action ! » écrivait-elle à un ami, et quant au poète, ce n'était qu'une « sublime canaille[1]. » Il est vrai qu'elle n'était plus la Vénus de 1847.... Huit ans plus tard, en 1855, elle s'était retirée du théâtre, mais non de la carrière amoureuse. De Gueymard, le ténor, elle était allée à Paul de Saint-Victor, le critique[2], et de là au duc de Morny. Mais elle vieillissait, la Vénus ! En 1867, à l'hôtel Drouot, elle vendait ses tableaux et objets d'art et se retirait du monde. Le 4 mars 1893, la mort la prit, et, sous le symbole catholique de la Vierge pardonnante, cette Zubiri repentie s'en allait dormir au Père-Lachaise.

Mais lui, Hugo, avait vu l'âge venir aussi. « Je m'aperçois que je vous aime, » disait-il à George Sand. Mais il corrigeait l'aveu par un mélancoli-

---

1. Louis Loviot, *Alice Ozy...*; pp. 99, 100.
2. Cf. *Journal des Goncourt...*; tome I, pp. 298, 299.

que sourire : « Heureusement que je suis vieux[1] !»
Vieux? Hé non! certes! Il rendait encore jalouse
Mme Hugo. Ainsi, à Guernesey, il eut certain jour
une bonne bien singulière, répondant pour lors au
nom d'Eva, après avoir eu celui de Camelia aux
environs de la rue Breda et de Jeannette « dans le
village où elle gardait les dindons. » Cette Eva fit
sensation à Hauteville-House dès sa première apparition. Elle distribuait les assiettes avec un air éva-
poré et marchait avec un balancement de hanches
tout à fait gracieux. Hugo la regarda avec plaisir,
ce qui fit lancer un « hum! hum! » significatif
par un des invités de ce jour, le proscrit Kesler.
Et Hugo de dire : « Expliquez ce « hum! hum! »
ami Kesler, ayez le courage de votre opinion! »
Cette opinion se traduisit par deux vers anglais,
attribués, un peu complaisamment, peut-être, à
Milton, « où il était question du poète-serpent, de
la bonne Eve, du paradis-alcove, et de la nuit-
voile. » Hugo déplia sa serviette et se tourna
vers son cousin Asseline :

> *A ce distique un peu mordant,*
> *Reconnais le poète à dent.*

Mais ce troubla au point la jeune Eva qu'elle en
laissa tomber trois assiettes. Il est vrai qu'elle

1. Victor Hugo à George Sand; Hauteville-House, 18 mai
[1862]. — *Correspondance...*; p. 251.

« dévorait Victor Hugo de ses yeux enflammés qui étaient fort beaux, et Hugo supportait cette artillerie avec sa sénérité olympienne. » Mais les assiettes!... Mme Hugo fit semblant de craindre pour sa vaisselle et mit cette Eve à la porte du paradis[1]. Juliette n'en eut-elle pas fait autant? Elle aussi eut à intervenir quelquefois dans ce genre d'affaires. Ainsi, après l'exil, elle montait à Paris bonne garde autour du poète et surtout autour des lettres « pas mal tournées » que lui adressaient des admiratrices. « Le poète les lit avec plaisir, quand Mme Drouet ne les met pas dans sa poche[2]. » Elle les ouvrait en fronçant le sourcil, et, quelquefois, avec une façon hautaine, elle les lui communiquait, disant : « Tenez, Monsieur, c'est de Mme une telle, vous savez que vous n'avez rien à lui refuser[3]. » Rien?... Pourtant elle n'était pas, a-t-on dit, jalouse, et « juste ce qu'il en fallait[4]. » A preuve. Maintenant, veut-on lire une des lettres de cet habituel courrier? C'est la moins banale et la moins coutumière qu'il faut choisir, et c'est un exemple entouré de quelque mystère qui va être

1. Alfred Asseline, *Victor Hugo intime...*; pp. 216-220.
2. Richard Lesclide, *Propos de table de Victor Hugo...*; p. 312.
3. Richard Lesclide, *Propos de table de Victor Hugo...*; pp. 95, 96.
4. Louis Guimbaud, *Victor Hugo et Juliette Drouet; La Contemporaine*, 10 mars 1902, p. 273.

cité ici. Dans le recueil de M. Wellington Wack
figure une missive intitulée : *Claire à Victor
Hugo*. L'éditeur s'est imaginé que cette Claire ne
devait être autre que la fille eue par Juliette Drouet
de ses relations avec Pradier, en 1826. Or, Claire,
on l'a vue, était décédée en 1846, dans la fleur de son
printemps, et la lettre que voici est datée de 1850.
Le neveu de Juliette Drouet, M. Koch, conservateur de la maison Victor Hugo, s'est demandé si la
lettre était bien de la fille de la princesse Negroni.
Question oiseuse pour le moins, car il n'est que de
la lire pour se convaincre qu'il s'agit ici d'une
de ces jeunes admiratrices qui illuminèrent les
années sombres et malheureuses du Poète de
l'éclat renouvelé de leurs sourires tendres et charmants. Cette Claire inconnue écrit donc :

19 octobre 1850.

Il me semble, mon cher poète, que vous m'oubliez un
peu ; je dis il me semble ou je n'en suis pas bien sûre, et
même j'espère qu'il n'en n'est rien ; dans tous les cas, moi
je pense souvent à vous, je désire ardemment vous revoir
et je fais tout ce que je peux pour que ce soit le plus tôt
possible. C'est seulement ainsi que je puis vous prouver
que je pense à vous. Serez-vous libre samedi prochain? Si
vous l'étiez, comme je l'espère, nous pourrions nous voir
comme la dernière fois. Vous trouverez peut-être que c'est
bien vite, moi, j'ai trouvé que c'était bien long ! C'est que
je vous aime tant, je vous admire tant ! Chaque mot, chaque
ligne, chaque vers que je lis de vous (et j'en lis toute la
journée pour ainsi dire) augmente mon adoration pour le

poète. Jugez donc de ce que c'est ! Au lieu que, quand vous ne me voyez pas, quelles raisons avez-vous de penser à moi? Aucune, malheureusement, si ce n'est que je vous aime beaucoup; voilà mon seul mérite; vous me trouvez jolie, vous me l'avez dit; mais il y a tant de femmes aussi jolies, plus jolies que moi; mais, voyez-vous, mon poète, il n'y en a pas qui sache vous admirer comme moi, cela j'en suis certaine. Enfin, j'espère que vous voudrez bien venir encore samedi; vous me l'avez promis, du reste; il y a encore une promesse qu'il faut que je vous rappelle, ce sont les vers : ils me sont bien dus et j'y compte. Pourrez-vous venir un peu plus tôt que la dernière fois, entre deux heures moins un quart et deux heures? Si vous trouvez plus sûr de ne pas entrer dans l'église, ne descendez pas de voiture. Je vous guetterai et j'irai vous rejoindre. Si par hasard vous ne pouviez pas venir samedi, envoyez-moi la lettre *blanche* (j'aimerais mieux qu'elle ne le soit pas), le plus tôt possible, parce que je prendrais et je vous pro-poserais de suite un autre jour. J'ai peur quelquefois de faire mal de vous voir ainsi à l'insu de ma famille, mais probablement on ne me permettrait pas de vous voir, et moi, je le veux. C'est donc à vous, mon poète, que je me confie. Je vais à vous comme à mon poète bien-aimé à qui je crois comme en Dieu, quoiqu'on en dise; si vous m'ai-mez un peu seulement, vous n'abuserez pas de l'entière confiance d'une enfant de dix-sept ans[1] dont le seul tort est de trop vous aimer à ce qu'on dit, car, vous le savez bien, je trouve qu'on ne peut jamais trop vous aimer et que, dans tous les cas, ce ne peut être un tort. Adieu, mon poète, à samedi.   Votre

CLAIRE[2].

1. L'âge de la correspondante de Victor Hugo suffit, à lui seul, pour indiquer qu'il ne peut être question ici de Claire Pradier. Mais n'est-ce point trop insister sur un fait patent?

2. M. Wellington Wack, *Le roman de Juliette et de Victor Hugo...*; pp. 246, 250.

Et c'est la fille de Juliette qui, ainsi, eût écrit
à l'amant de sa mère! Il faut, certes, être d'une
pauvreté bien rare en déductions psychologiques
pour oser le supposer! Au reste, si quelque doute
subsistait, voici qui achèverait de le dissiper. C'est
une nouvelle lettre de la jeune amoureuse. Elle
situe l'idylle du poète de quarante-neuf ans avec
l'inconnue de dix-huit et précise le sens de leurs
relations clandestines :

22 novembre 1851, samedi.

Si je vous disais, mon bien-aimé poète, que depuis
mercredi je n'ai pensé qu'à vous, vous ne me croirez peut-
être pas. Et bien! c'est pourtant l'exacte vérité; je n'ai
pensé qu'à vous, absolument qu'à vous! Si je voulais me
distraire de cette pensée, je crois que je ne pourrais pas;
je dis : je crois, car je n'ai pas essayé et je n'essaierai
jamais; je suis si heureuse quand je pense à vous! Lire
vos vers et penser à vous, c'est mon seul bonheur. Et
voyez, vous m'occupez tellement, que non seulement je
pense à vous le jour et encore je rêve de vous toutes les
nuits, j'en suis bien contente. J'espère bien que de votre
côté vous pensez aussi un peu à moi, un peu ou même
beaucoup et même trop. Tout s'est bien passé mercredi; on
n'est pas venu me chercher et je suis rentrée à temps. Je
pense déjà à recommencer, dans une quinzaine de jours,
j'espère.... Et d'ici là je vous verrais, ce qui me rend déjà
bien heureuse. Vous me disiez, mon poète, que quand vous
étiez avec moi, vous perdiez la mémoire. Eh bien! c'est
absolument la même chose pour moi; je ne pense plus
qu'à vous regarder et vous écouter; j'oublie ce que je voulais vous demander, vous dire; je ne vous dis même pas
combien je vous admire, combien je vous aime, combien je

pense à vous... mais vous le savez bien, n'est-ce pas? Et
puis, quand je ne suis plus avec vous, la mémoire me
revient : je vois tout ce que j'ai oublié, je me dis que j'ai été
bien sotte, que je n'ai pas profité du temps que j'avais à
passer avec vous; mais il n'est plus temps, et une autre fois
ce sera la même chose. Par exemple, mercredi, j'ai oublié,
entre une foule d'autres choses, deux assez importantes et
je vais réparer cet oubli. D'abord vous m'avez demandé si
j'avais mon portrait et je n'ai pensé nullement que mon
oncle avait fait faire notre photographie à tous; c'est laid,
mais, il faut en convenir, c'est ressemblant. J'ai déjà volé à
mon oncle la mieux réussie de celle qui lui restent, et je
vous la porterai quand j'irai vous voir, trop heureuse si
cela peut vous faire le moindre plaisir. J'avais d'abord
pensé à vous en faire la surprise, mais vraiment ça n'en
vaut pas la peine. Voilà mon premier oubli. Ensuite vous
m'avez dit que vous m'enverriez des billets pour la Chambre
et je ne crois pas vous avoir indiqué de jour plus particulièrement. Si c'était une séance très intéressante, je trou-
verais toujours quelqu'un pour m'y conduire; mais si, au
contraire, elle doit être calme, il faut que ce soit un jour
où mon oncle soit libre pour m'y conduire, et il n'est libre
que le mercredi et le jeudi. Et moi qui vais à la Chambre
uniquement pour vous voir, je tiens peu aux beaux discours, etc. Ainsi, si vous pouviez m'envoyer des billets
mercredi ou jeudi prochain (plutôt mercredi, si c'est
possible), nous irions et je serais bien heureuse de vous
voir. Vous voyez, mon cher poète, que j'ai été bien étour-
die. Ce n'est pas ma faute, c'est la vôtre. Je vous envoie un
peu de mes cheveux et je vous prie d'aimer et de penser un
peu à votre

CLAIRE[1].

Pauvres et petits souvenirs puérils d'un amour

1. M. Wellington Wack, *Le roman de Juliette et de Victor
Hugo...*; pp. **251**, **255**.

adolescent!. Quel ennui le poète trompait-il alors?
Celui d'Adèle? Celui de Juliette? Dommage que,
sur ce point, son témoignage nous manque! En

L'homme qui regarde la lanterne magique.
(*Dessin de Victor Hugo.*)

tout état de cause, la date des deux lettres ci-dessus
démontre qu'il n'avait pas encore abdiqué entre
les mains de la princesse Negroni le spectre de son
amoureuse royauté. Au reste, l'abdiqua-t-il jamais?
L'impérieuse domination du charme ne l'exerça-t-

il point jusqu'aux années les plus reculées de sa
vie? Il touchait à ses quatre-vingts ans quand il
était assiégé encore par toutes les belles solliciteuses, celles dont Juliette devait penser qu'il
« n'avait rien à leur refuser. » Mais quoi, leur
demandait-il beaucoup? Aux femmes qu'il conviait
à sa table, il demandait seulement d'être décol-
letées. « Il aime ça. » Quand elles entraient au
salon « il s'offre le régal céladonique de leur baiser
la main, pêle-mêle, le long du bras jusqu'aux plis
du coude. C'est le protocole[1]. » Protocole aimable,
et comment s'y refuser? il avait le génie du
charme et quelle grâce pour offrir l'hospitalité!
« On n'ignore pas, a écrit le biographe de Juliette,
que le poète du *Sacre de la femme* fut toujours
le grand ami de ce sexe envahissant; son hospitalité, d'ordinaire si large, devenait encore plus
libérale lorsqu'elle s'exerçait en faveur des belles
visiteuses, et il pratiquait véritablement à leur
endroit la théorie de la porte ouverte. » Mais,
« malheureusement, la vertu de ces dames était
quelquefois moins bon teint que le bleu de
leurs bas, et plusieurs d'entre elles auraient
consenti à recevoir du grand homme d'autres
encouragements que des encouragements litté-

1. Emile Bergerat, *Souvenirs d'un enfant de Paris; La phase
critique de la critique; 1872-1880;* Paris, 1912, in-18, tome
II, p. 69.

raires [1]. » Etait-ce le cas de cette princesse polonaise, une dame Marie Kloch de Kornitz, « ou peu s'en faut, » qui, un jour, tout de blanc vêtue, bottines de satin blanc, gants blancs, voiles blancs, dentelles blanches, s'en vint voir le maître? Elle lui expliqua que le pape Pie IX l'avait vouée au blanc. — « Eh quoi? Mademoiselle, lui dit Hugo, vous ne rougissez jamais? » — Incontinent, elle lui prouva le contraire, ce qui fut charmant, mais elle compléta la chose en tirant d'un petit sac certain drame qu'elle se mit à lire. « Le drame ne m'a pas extrèmement frappé, dit le secrétaire du Poète. C'est peut-être que je regardais lire. » Mais le maître en parut charmé et, pour récompenser la princesse, il lui baisa la main jusqu'au coude [2]. Etait-ce tout ce qu'elle demandait?

Ces notes ont montré l'empire de Victor Hugo sur les femmes, la fascination qu'il exerçait sur ces faibles âmes sans discipline et combien il lui fut aisé de les vaincre. Mais ce n'était pas seulement le poète qu'elles aimaient le plus en lui, cette incarnation vivante du lyrisme, ce serviteur de l'Amour riche de tant de splendeurs verbales, mais l'homme, celui dont le charme domptait et

1. Louis Guimbaud, *Victor Hugo et Juliette Drouet; La Contemporaine*, 10 mars 1902, pp. 273, 274.
2. Richard Lesclide, *Propos de table de Victor Hugo...*; pp. 101, 102.

attirait, de qui émanait le rayonnement d'une tendresse nuancée de courtoise politesse mise au service des besoins d'un cœur bondissant, ce cœur dont il a dit lui-même que c'est un rosier qui peut porter plusieurs roses....

Et il laissa, avec une souriante majesté, cueillir les siennes.

X

L'AMOUR EN EXIL

Chronologiquement, maintenant, doit être reprise la vie de Juliette Drouet dans l'ombre de Victor Hugo. Avec la fin du règne de Louis-Philippe, leurs derniers beaux jours d'amour pacifique s'achevaient. De la cité Rodier, où elle habitait alors, partaient encore quotidiennement vers la « caverne » du 37 de la rue La Tour-d'Auvergne[1] ces longues lettres amoureuses et enveloppantes où brûlait la flamme d'un amour vivace. Bientôt la politique allait, à l'amour, créer de plus hauts soucis et lui laisser moins de loisir pour charmer le songe de la vie, dans le petit appartement où se claquemurait la Juliette repentante de la passion rédemptrice. Ce fut 1848 et ce fut 1851. Les préoccupations civiques, tout entières, absorbaient Victor Hugo. Ce n'est point ici le lieu d'en disputer. On connaît son rôle dans les journées de décembre, son inutile ardeur, sa vaine puissance devant le triomphe de la force populaire appelant à grands cris le sauveur de la société croulante. Vaincu, Hugo se décida à quitter la France, et, le 12 décembre 1851, échappé à Paris soumis aux violences du coup d'Etat, il arriva avec un faux passeport à Bruxelles[2]. « Chère amie, écrivait-il aussitôt à sa femme, un mot à la hâte. Je suis ici. Ce n'est pas sans peine. Ecris-moi à cette adresse : *M. Lanvin, Bruxelles, poste res-*

---

1. Dans une lettre du 26 juin..., Victor Hugo invite Roger de Beauvoir à monter jusqu'à sa « caverne » située rue de La Tour-d'Auvergne, n° 37. — *Catalogue d'autographes Noël Charavay*, n° 393, mai 1909, pièce n° 64641, offerte à 10 fr.

2. Les divers détails qui suivent, relatifs aux séjours de Victor Hugo en Belgique, sont empruntés à mon étude : *La genèse d'un livre des « Misérables, »* publiée dans le recueil : *Victor Hugo, Waterloo, Napoléon;* Paris, s. d. [1912], in-18, p. 51 et suiv.

LE PENDU. — JOHN BROWN.
Dessin de Victor Hugo.

tante[1]. » Il descendit à l'hôtel de la Porte-Verte où il occupa la chambre n° 9[2]. Le logis était médiocre et d'une rare modicité de prix. « Je mène une vie de religieux, note le proscrit. J'ai un lit grand comme la main. Deux chaises de paille. Une chambre sans feu. Ma dépense en bloc est de 3 francs cinq sous par jour, tout compris[3]. » Et il se mit aussitôt au travail. Les vers fulgurants des *Châtiments* lui traversaient déjà, en éclairs, la pensée. Dès ses premières heures, l'exil fut laborieux et, dans l'airain fumant de sa colère vive, le poète coulait, sans tarder, les strophes qui le devaient venger de la réussite du césarisme à Paris. Il avait plusieurs amis à Bruxelles, notamment le ministre de l'Intérieur, Charles Rogier, qui lui avait, quelque vingt ans auparavant, rendu visite à Paris, alors qu'il habitait rue Jean-Goujon. Rogier l'accueillit avec cordialité et l'entretint de la situation que lui créait la proscription. Les deux hommes se

1. Lettre à Mme Hugo; Bruxelles, 12 décembre 1851. — Victor Hugo, *Correspondance...*; p. 104.

2. Ce détail est donné par Victor Hugo lui-même dans une lettre à sa femme du 14 décembre 1851. Cf. *Correspondance...*; pp. 106, 107. — Je ne sais où M. Edmond Biré, *Victor Hugo après 1852...*, p. 1, a cru pouvoir prendre que le poète était descendu rue d'Assaut, à l'hôtel du Limbourg. Peut-être y alla-t-il par la suite, mais il est difficile d'être affirmatif sur ce point.

3. Lettre à Mme Victor Hugo; Bruxelles, 14 décembre 1851 — Victor Hugo, *Correspondance...*; pp. 106, 107.

15

quittèrent enchantés, Rogier proposant ses services au visiteur. « Il m'a offert des chemises[1]. » De fait, parti à la hâte de France, le poète avait grand besoin de songer à ces méprisables et utiles détails. Il n'avait emporté avec lui que des hardes d'occasion, et, deux mois plus tard, il pouvait avouer à sa femme : « J'use mes vieux souliers, j'use mes vieux habits, c'est tout simple[2]. » Il était alors celui qui, « petit, la barbe inculte, en chapeau de feutre mou et veston râpé, un foulard autour du cou, » rôdait par la ville et les rues, « l'air d'un artisan[3]. » Mais : « C'est tout simple!... » Il acceptait donc l'exil assez allègrement, persuadé que le Droit triomphant de la Force lui allait bientôt rouvrir les portes de la patrie. Dans l'attente de la raisonnable et improbable victoire, il lui avait fallu s'occuper d'un logement, sinon plus confortable, tous au moins plus pratique, que celui de l'hôtel de la Porte-Verte. Au reste, un décret du 9 janvier 1852, de Louis-Napoléon, expulsait « le sieur Hugo (Victor) » du territoire français. La proscription commençait.

Vivre la vie simple, aimable et pacifique de la

1. Lettre à Mme Victor Hugo ; Bruxelles, 14 décembre 1851. — Victor Hugo, *Correspondance...*; pp. 107, 108.

2. Lettre à Mme Victor Hugo ; Bruxelles, 22 février 1852. — Victor Hugo, *Correspondance...*; p. 138.

3. Camille Lemonnier, *Une vie d'écrivain; Mes souvenirs;* IV, *La Chronique* (de Bruxelles), 31 janvier 1912.

Belgique pouvait consoler, un peu, de vivre hors de France. N'était-ce pas là, qu'en 1815, chassée de la patrie par le coup de tonnerre de Waterloo, s'était venue réfugier la Convention Nationale exilée? Les longues années qu'y devaient demeurer ces vaincus de la grande bataille révolutionnaire avaient familiarisé le peuple belge avec les retours de la fortune politique. D'un cœur confiant et sans haine, avec une courtoisie un peu froide, réservée, mais sympathique, il avait accueilli les épaves du naufrage impérial et jacobin. De sa terre hospitalisée, il n'avait pas chassé ces bannis malheureux, et à ces régicides qui levaient bien haut des mains où perlait encore le sang humide du 21 janvier 1793, ce petit royaume au grand cœur avait offert l'asile. Grande leçon et puissant exemple! Ils devaient demeurer fidèles à la mémoire des hommes de parti. Abattus, ils devaient se souvenir qu'au delà de ces frontières, la hache des vengeances politiques ne se lèverait point sur leur tête condamnée, et, qu'abatteurs de trônes, ils trouveraient dans l'ombre d'un trône la paix et le silence où mûrissent les revanches que la clémence du Hasard refuse rarement à ceux qui l'espèrent de lui, — et de leur idéal.

Le 5 janvier 1852, Victor Hugo décida de s'établir au n° 10 de la place de l'Hôtel-de-Ville. Au premier étage d'un noble et vieil immeuble, au rez-de-chaussée occupé par un bureau de tabac, il loua une chambre qu'il meubla sommairement. Ce bureau de tabac devait être, un jour, un double asile : asile du proscrit, asile d'une exilée. Il fut, en effet, repris par une dame Sebert, qui faisait, paraît-il, « avec une égale ardeur, de la politique Blanqui et de la médecine Raspail. » Expulsée de France après le coup d'Etat, elle avait cru pouvoir y rentrer, mais ce ne fut que pour se faire condamner pour crime de société secrète. Revenue à Bruxelles, elle se fit marchande de tabac, et, crânement, appela son échoppe : *Au Petit Gavroche*[1]. Si le confortable du logis était mince, que magnifique et unique, au contraire, le spectacle qu'avait le poète devant les yeux! C'était cet énorme et flamboyant joyau de la Grand'Place, ses antiques logis des corporations aux noms qui disent une heureuse prospérité et une splendeur de belle race, l'hôtel de ville en pierres percées et sculptées à jour, la tour joyeuse et comme allègre de s'élancer d'un si beau jet vers la rose nuée du ciel bra-

1. Amédée Saint-Ferréol, représentant du peuple à l'Assemblée Législative, *Les proscrits français en Belgique ou la Belgique contemporaine vue à travers l'exil;* Paris, 1871, in-18, tome II, p. 261. — « Saint-Ferréol, dit M. Camille Lemonnier, un petit homme fluet, fureteur et mystérieux, laissa un livre d'observations amusantes sur ce Bruxelles de l'exil dont il était devenu le chat rôdeur. » — Camille Lemonnier, *Une vie d'écrivain...*; *La Chronique* (de Bruxelles), 30 janvier 1912.

bançon, la place tout entière, enfin, vivante et bour-
donnante, enfermant dans son cercle doré et orné
l'histoire même de la ville. Aux façades bronzées

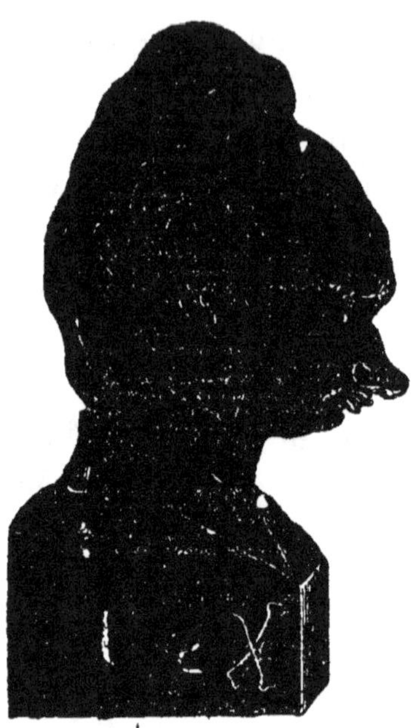

Buste-charge de Victor-Hugo.
(D'après Gavarni.)

par les âges, ses yeux pouvaient lire, d'un or pâlis-
sant, les noms charmants et désuets de ces logis
de belle allure : la *Balance*, avec ses deux nègres;
la *Maison des peintres*, avec son saint Boniface
enluminé ; la *Chaloupe*, le *Pot d'Etain*, la
Fortune, la *Chambrette de l'Ammam*, au nom
naïvement biblique, la *Maison des ducs de Bra-*

bant, avec les vingt colonnes de son opulente façade, magie des yeux et féerie de l'histoire.

Pour venir gîter en ce nouveau domicile, Victor Hugo avait conservé le pseudonyme adopté dès son arrivée à Bruxelles. « J'ai prévenu mon hôte, écrivait-t-il à sa femme, le jour de son installation, que si l'on demandait M. Lanvin, c'était moi, et que si l'on demandait Victor Hugo, c'était moi. Ainsi je vis là sous mes deux espèces[1]. » En même temps, il avait établi son budget. Cela se soldait par environ 100 francs par mois. ainsi décomposés :

Loyer	1	»
Déjeuner (une tasse de chocolat).	0	50
Diner	1	25
Feu	0	25
	3	»

Le reste était affecté au blanchissage et menus frais[2]. Le plus râpé de nos poètes ne s'en contenterait point. S'accommoderait-il davantage de la rigoureuse discipline du labeur que s'imposa, dès ce jour, le Poète?

Levé le matin à huit heures, il travaillait jusqu'à midi. C'est l'*Histoire d'un crime*, commencée à Bruxelles le 13 décembre 1851, et achevée Grand' Place, le 5 mai 1852, jour anniversaire de la mort

---

1. Lettre à Mme Victor Hugo; Bruxelles, 5 janvier 1852. — Victor Hugo, *Correspondance...*; p. 114.

2. Lettre à Mme Victor Hugo; Bruxelles, 27 janvier 1852. — Victor Hugo, *Correspondance...*; p. 128.

de l'Empereur, qu'il écrivait alors. Les pages de la matinée achevées, il s'accordait jusqu'à trois heures pour déjeuner, lire et recevoir. Puis le travail reprenait jusqu'à cinq heures, heure du dîner. Les proscrits se réunissaient habituellement au *Café des Mille Colonnes*, au *Messager de Louvain*, rue de la Fourche, au *Pot d'or*, rue Villa-Hermosa, à la *Renaissance*, aux galeries Saint-Hubert[1]. Hugo, tout d'abord, choisit le *Grand Café*, mais, vite reconnu, entouré, félicité, questionné, accablé d'admirations indiscrètes, peu soucieuses des exigences de ses digestions, il y dut promptement renoncer. « Je vais être obligé, à cause de cela, de changer de café pour déjeuner. J'y fais foule et cela me gène[2]. » Il quitta donc le *Grand Café* pour l'*Aigle*. De le voir choisir une auberge avec une pareille enseigne, lui, l'ennemi du Bonaparte régnant, on ne fut pas sans s'étonner. « Bah! expliquait le colonel Charras, l'aigle est l'emblème de tous les grands hommes, et, à ce titre, il appartient à M. Hugo autant qu'à Napoléon[3]. » Au dîner succédaient des flâneries et des visites. Alexandre Dumas, le picaresque auteur des *Trois mousquetaires*, qui, de sa propre auto-

1. Amédée Saint-Ferréol, *Les proscrits français en Belgique...*; tome I, p. 74.
2. Lettre à Mme Victor Hugo; Bruxelles, 19 janvier 1852. — Victor Hugo, *Correspondance...*; p. 126.
3. Edmond Biré, *Victor Hugo après 1852...*; p. 7.

rité, s'était exilé à Bruxelles, y donnait en ce moment de brillantes, mirifiques et éblouissantes petites fêtes privées. A un M. Meeus, il avait loué l'hôtel du n° 73, boulevard de Waterloo[1]. Il en eut vite fait un palais baroque et resplendissant, où la proscription était particulièrement représentée par Challemel-Lacour, Emile Deschanel et Hugo, quelquefois. Deschanel, surtout, à qui le coup d'Etat avait enlevé sa chaire du lycée Louis-le-Grand, y brillait par cet esprit alerte, neuf et charmant qui devait, peu après, assurer le succès des conférences dont il inaugura l'ère dans une étroite petite salle des galeries Saint-Hubert[2]. Mais, quelle que pût être pour lui la distraction de ces soirées, Hugo ne leur accordait que d'avares heures. A dix heures, il regagnait son logis solitaire, et, jusqu'à minuit, le passant attardé pouvait voir, penché sous la chandelle, dans sa grande chambre vide, cette ombre laborieuse acharnée à sa tâche. A minuit, sa journée prenait fin. « Je fais mon lit et je me couche[3]. » Ce fut en cette année 1852, le 21 juin, que le Poète commença *Napoléon le Petit*, lequel fut achevé en moins

1. Edmond Biré, *Victor Hugo après 1852...*; pp. 5, 6.
2. Amédée Saint-Ferréol, *Les proscrits français en Belgique...*; tome I, p. 193.
3. Lettre à Mme Victor Hugo ; Bruxelles, 14 février 1852. — Victor Hugo, *Correspondance...*; p. 135.

d'un mois, le 14 juillet 1852. Mais alors Victor Hugo avait quitté le n° 10 pour le n° 27 de la Grand' Place. Ce fut donc là qu'il écrivit ce vigoureux pamphlet lyrique où la meute de ses colères menait la curée du nouveau régime. Ce que fut le retentissant succès de ce livre, on le peut signaler ici. en passant. « Le premier exemplaire de *Napoléon le Petit*, dit un des proscrits, Saint-Ferréol, envoyé dans les flancs d'un magnifique cabillaud, fut payé 80 francs par un célèbre banquier bien connu pour vouloir tous les genres de primeurs[1]. Ce cabillaud n'est pas sorti de toutes pièces de l'imagination de Saint-Ferréol. Par les Goncourt nous savons que, dans une lettre d'août 1852, Hugo promettait à Jules Janin de lui envoyer *Napoléon le Petit* dans un panier de poisson ou dans un cassant de fonte[2]. A cette époque, et voilà comment la petite histoire d'un livre nous ramène à celle des amours de l'auteur, à cette époque Juliette avait rejoint Hugo à Bruxelles. La date exacte de cette arrivée est inconnue, mais elle est bien certaine : ce fut Juliette qui, à Bruxelles, recopia de sa main le manuscrit de *Napoléon le Petit*[3]. Le Poète l'en

1. Amédée Saint-Ferréol, *Les proscrits français en Belgique...*; tome I, p. 227.
2. *Journal des Goncourt...*; tome I, p. 26.
3. Gustave Rivet, *Victor Hugo chez lui...*; p. 90.

récompensa en lui donnant le flacon d'encre qui avait servi à la rédaction de l'œuvre. Sur l'étiquette de la fiole, il griffonna :

La bouteille d'où sortit
Napoléon le Petit.

Des mains de Juliette, le flacon passa, par la suite, à un proscrit de marque : le docteur Melchior Yvan, descendant de Yvan qui fut des médicastres de l'Empereur, — l'Autre, celui de 1805 et 1815. Cet Yvan, que Hugo appelait « mon bon et cher collègue[1], » usa de l'amnistie pour regagner la France, de compagnie avec la fiole. Il passa au service du prince Napoléon, lequel, un jour, vit la curiosité chez lui. De force, il s'en empara, et, ainsi, la bouteille d'encre de *Napoléon le Petit* acquit droit de cité dans la ville où la police faisait, avec diligence, la chasse au volume[2].

1. Lettre à Luthereau, à Bruxelles; Jersey, 15 août 1852. — Victor Hugo, *Correspondance...*; p. 171.
2. Richard Lesclide, *Propos de table de Victor Hugo...*; pp. 251-254. — Pons, un des secrétaires de Sainte-Beuve, a conté cette anecdote sur Yvan : « Ch. R..., rédacteur d'un important journal, avait pour femme une romancière de mérite, sorte de clair-de-lune de Mme Sand, mais plus jolie qu'elle. Un de ses amis, — c'est toujours un ami ! — le docteur Melchior Yvan, que tout le Paris du boulevard a connu, s'en éprit et la lui enleva. Cela mit entre eux un peu de froid. Non, certes, que le mari le prit mal; il disait, au contraire, à qui voulait l'entendre : « Qu'a donc Melchior contre moi? Il ne me salue plus! Est-ce parce qu'il m'a soufflé ma femme?

Ce premier séjour de Juliette Drouet à Bruxelles ne fut pas de longue durée. Je ne sais si elle accompagna Victor Hugo lors de son départ, le 31 juillet 1852, mais il y a apparence. Nulle part, à ce propos. on ne trouve mention d'elle. La prochaine publication de *Napoléon le Petit* devait rendre, en Belgique, à la fois délicate et difficile la situation de Victor Hugo. Il prit le parti d'éviter les complications certaines de la franchise violente de son langage contre l'Empire, et, le 31 juillet 1852, accompagné de son fils Charles, qui, peu de mois auparavant, l'avait rejoint en exil, il quitta Bruxelles. Arrivé le lendemain à Anvers, il s'y embarqua à bord du paquebot *Le Ravensbourne*, à destination de Londres. Malgré la pluie battante,

S'il savait combien je lui en suis reconnaissant! » N'allez pas traiter le propos de cynique. Il avait grandement raison, ce mari! J'ai pu voir moi-même combien sa résignation couvrait de prudence. A quelque dix ans de là, ayant été envoyé chez Mme Ch. R... par Sainte-Beuve, qui était son compère (ils avaient tenu ensemble le fils Buloz sur les fonts), j'eus grand'peine à la reconnaître. La muse, dont j'avais jadis admiré l'éclat et les charmes, fort appétissants, ma foi! dans leur opulente maturité, n'était plus qu'une ruine. Figurez-vous un gros nez en bec de corbin et deux mèches de cheveux grisâtres cachant mal le ravin des tempes, avec un menton en galoche; l'oiseau de paradis était métamorphosé en chouette. Ma commission faite, Yvan voulut me reconduire. Il était encore vert et passait pour courir le cotillon. Tout le long du chemin il s'efforça de m'insinuer qu'il n'y avait plus entre lui et son ex-maîtresse que des rapports d'amitié et de confraternité littéraire. Cela m'était bien égal; mais il parais-

sur le quai plein d'une odeur d'îles et de voyages, face à cette Tête-de-Flandre qui, au delà du flot bondissant, jaillit, parée de verdures ployées au vent marin, toute la proscription s'était rangée. Il y avait là Dumas, en éclatant gilet blanc, Charras, Etienne Arago, Deschanel, des amis belges, des poètes, comme André Van Hasselt, dont d'harmonieuses strophes devaient chanter cet adieu au voyageur parti vers l'inconnu de l'exil.

Victor Hugo, arrivé à Londres, n'y demeura que quelques heures. Le 5 avril il débarquait à Jersey, et, provisoirement, prenait gîte à l'auberge de la *Pomme d'Or*. Sept jours plus tard, il s'établissait à Marine-Terrace, sur la plage de George Town[1], pour ce séjour de près de quatre ans[2], pendant lesquels, comme d'un Sinaï enveloppé des mugissements des ouragans, fulguraient les éclairs de ses philippiques et les radieux blasphèmes de ses visionnaires condamnations[3].

sait tenir fort à me convaincre. Son insistance avait à la fois quelque chose de comique et de triste.... » — A.-J. Pons, *Sainte-Beuve et ses inconnues...*; pp. 83, 84, 85.

1. L'adresse exacte était : St. Lukes, 3, Marine Terrace. — Lettre de Victor Hugo à Luthereau, à Bruxelles; Jersey, 15 août 1852. — Victor Hugo, *Correspondance...*; p. 171.

2. Une coquille typographique m'a fait dire dans mon étude *La genèse d'un livre des « Misérables, »* dans *Victor Hugo, Waterloo, Napoléon...*, p. 71, que ce séjour de Hugo à Jersey fut de 10 ans. Il y arriva le 5 août 1852 et en partit le 31 octobre 1855.

3. Cf. sur l'histoire de Jersey, Lerouge, *Histoire détaillée*

Le Char de l'Etat.

(*Dessin à la plume par Victor Hugo.* — Musée Victor Hugo.)

A propos du jour de l'arrivée du Poète, un journal de l'endroit annonçait : « Avant-hier débarqua dans l'île M. Victor Hugo, une de nos muses les plus distinguées[1]. » Compliment qui indique la mentalité des insulaires. Parmi eux le séjour du Poète devait être morne. L'habitation, elle-même, qu'il s'était choisi, avait on ne sait quoi de lugubre, « vilain cube de pierre blanche, aux petites fenêtres à guillotine, ne s'ouvrant qu'à moitié[2]. » Le loyer en était peu considérable : 1.500 francs par an[3]. Mme Hugo et ses fils y rejoignirent le proscrit, et la vie de famille s'organisa. Les journées étaient consacrées au travail ; le soir, des distractions variées trompaient le long ennui des heures. Marine-Terrace donnait dans le spiritisme. On y faisait tourner des tables ; on y évoquait les esprits. L'étrangeté des phénomènes observés déconcertait Victor Hugo[4]. Toutefois, il blâmait l'exagération des expériences, les estimant très dangereuses pour les esprits faibles[5]. Au reste, tout cela ne dura point

des isles de *Jersey* et *Guernesey*, traduite de l'anglois ; Paris, 1757, in-12 ; Th. Le Cerf, *L'archipel des îles normandes : Jersey, Guernesey, Auregny, Serk et dépendances ; institutions communales, judiciaires, féodales, de ces îles ;* Paris, 1863 ; in-8.

1. Cité par Alfred Barbou, *La vie de Victor Hugo...* ; p. 253.

2. Paul Gruyer, *Victor Hugo photographe ;* Paris, 1905, in-4, p. 71.

3. Alfred Barbou, *La vie de Victor Hugo...* ; p. 251.

4. Edmond Biré, *Victor Hugo après 1852...* ; pp. 76, 77.

5. Richard Lesclide, *Propos de table de Victor Hugo...* ; p. 332.

longtemps. Un événement politique allait, dere-
chef, décider de la vie errante du proscrit.

Le 18 août 1855, la reine Victoria vint, à Paris,
visiter l'Exposition Universelle. A propos de cette
visite, le journal des proscrits qui se publiait à Jersey, *L'Homme,* imprima une lettre ouverte à la
reine d'Angleterre, conçue en ces termes :

Madame,

Pour prix de l'hospitalité que nous tenons des lois de
votre pays, permettez-nous de vous adresser quelques
utiles réflexions sur votre voyage. Il ne faut pas compter
sur la clémence du peuple. Rappelez-vous le sort de
Charles Ier. Vous avez, Madame, visité Paris; vous avez
déjeuné à Saint-Cloud, dîné aux Tuileries, soupé à Trianon
et lunché partout; vous avez dansé à l'Hôtel de ville,
redansé à Versailles, pleuré aux Invalides[1] et ri à Saint-
Germain. Vous avez passé en revue l'élite de la société,
l'armée, la magistrature, l'église, la banque et les dames
de la Halle, toute la fleur des pois de l'Empire, la politique,
l'éloquence, la vertu, la valeur, la bonne foi et la police.
Et tout ce beau monde était habillé, décoré et savonné de
son mieux pour fêter l'amie de la maison. Vous avez
admiré les produits de l'industrie et tout ce qui mérite
d'être contemplé, exposé et marqué. Vous avez été baisée
au genou par trente chefs arabes, au-dessous de la jarretière, dit le *Times :* Honni soit! et à la main, par l'empereur : *God save the Queen!* Vous avez mis Canrobert
au bain[2], bu le champagne et embrassé Jérôme. Vous avez
eu besoin d'échapper un peu à tous ces grands hommes et

1. Pendant son séjour à Paris, la reine Victoria avait visité
le tombeau de l'Empereur aux Invalides.
2. Amédée Saint-Ferréol, *Les proscrits français en Bel-*

à toutes ces belles choses, et, un matin, vous avez, exténuée. abîmée d'admiration et de délices, non plus en reine, mais en femme, en fille d'Eve, comme une franche commère de Windsor, pris un cab à l'heure avec votre homme et vos enfants[1], et vous êtes allée vous reposer au Jardin des Plantes avec les arbustes et les bêtes du bon Dieu. Vous avez goûté, savouré toutes les voluptés, toutes les poésies, tous les rayons, tous les parfums et toutes les forces de la France. Vous n'auriez pas eu trop d'un sens en plus ! Vous avez tout sacrifié, dignité de reine, scrupules de femme, orgueil d'aristocrate, sentiment d'Anglaise, le rang, la race, le sexe, tout, jusqu'à la pudeur, pour l'amour de cet allié. Aujourd'hui que vous êtes tout à fait rafraîchie et calmée, rentrée *at home*, et que vous avez repris votre sang-froid, votre thé, votre beurre et votre raison, allons, Madame, que signifie cette visite? Qu'êtes-vous allez faire chez cet homme? Assurément vous n'êtes pas allée voir le Ruffian d'Haymarket, vous, honnête femme, autant que reine peut l'être?

Félix Pyat, Rougée, G. Jourdain.

A la parution de cette lettre, l'île se souleva. Des affiches de protestation clamèrent leur indignation aux murs de Jersey[2], les bureaux du journal faillirent être saccagés[3], des meetings furent organisés,

---

gique...; tome II, p. 75, écrit : « La reine Victoria avait mis Louis-Napoléon au bain. » Il s'agit de l'Ordre du Bain.

1. La reine, dans son voyage, était accompagnée du prince Albert, du prince de Galles et de la princesse royale. Ils quittèrent Paris le 27 août.

2. Alfred Barbou, *La vie de Victor Hugo*...; p. 274.

3. Amédée Saint-Ferréol, *Les proscrits français en Belgique*...; tome II, p. 75.

et, le 15 octobre, l'administrateur, le rédacteur en chef et le vendeur du journal *L'Homme* se virent notifier leur expulsion de Jersey. Hugo, aussitôt, avec vingt-six proscrits, protesta contre cette mesure. Quelques jours plus tard, ils étaient expulsés à leur tour, et, le 31 octobre, pour n'y plus revenir, ils quittèrent l'île[1]. La troisième étape de l'exil, la dernière, commençait.

Guernesey était moins lugubre que Jersey ; la capitale, Saint-Pierre-Port, avait le charme archaïque des vieilles petites villes maritimes normandes; l'île avait on ne sait quoi d'âpre, de charmant, de fleuri et de sauvage. Hugo, tout d'abord, se logea au n° 20, rue Hauteville[2]. Logis de passage et de hasard qui ne pouvait être utilisé qu'à titre provisoire. Six mois plus tard, il faisait l'acquisition d'une maison plus importante, en vertu de l'acte que voici :

Le 16 mai 1856, M. Victor-Marie Hugo, fils du lieutenant-colonel comte Joseph-Léopold-Sigisbert Hugo, natif de Besançon, département du Doubs, a acheté de M. William Ozanne, fils James, de Saint-Pierre-Port, et de dame Rosalie Torode, sa femme, une maison et jardin, situés à

1. « Quelques mois après, Gersey (*sic*), où une minorité ignorante et ultra-royaliste avait entraîné la population, soulevée à la suite d'un meeting d'*indignation*, rappelait les proscrits : ils ne revinrent pas. » — Amédée Saint-Ferréol, *Les proscrits français en Belgique...*; tome II, p. 75.

2. Edmond Biré, *Victor Hugo après 1852...*; p. 86.

Hauteville, sur le fief Le Roi, désignée sous le nom d'Hauteville-House, pour le prix et somme de 51 quartiers, 4 deniers et 3 quints de froment de rente, équivalant à la somme de 1.020 louis guernesiais, ou 24.480 francs, sur laquelle il a de suite été payé 24 quartiers, équivalant à 580 louis guernesiais ou 13.920 francs [1].

Hauteville-House était une maison solide et vaste, bâtie vers 1800 par un corsaire anglais [2]. Un tel passé devait séduire le Poète. Le logis devint vite familier et cher. Il en fit cette demeure légendaire et extraordinaire, bourrée de curiosités, emplie d'antiques splendeurs, qui devait, si longtemps, et aujourd'hui encore, alimenter la chronique. Bronzes, marbres, faïences, bois sculptés, tableaux, tapisseries, c'était un musée baroque et superbe, étonnant et unique, où l'art religieux s'adaptait au génie païen, ou le gothique s'harmonisait avec la renaissance ; tohu-bohu inoui des fantaisies de l'écrivain, des admirations de l'artiste, des goûts de l'énorme, de l'épique et du fabuleux du Poète. « Hauteville-House est un poème, » dit le beau-frère de Hugo [3]. Il y vivait une vie simple et laborieuse toujours. Levé de

1. *Gazette anecdotique, littéraire, artistique et bibliographique*, publiée par G. d'Heylli ; n° 19, 15 octobre 1883, p. 209.

2. Lettre de Victor Hugo à Octave Lacroix ; Hauteville-House, 30 juin 1862. — Victor Hugo, *Correspondance...* ; p. 251.

3. Paul Chenay, *Victor Hugo à Guernesey...* ; p. 26.

grand matin, ayant avalé deux œufs crus et pris
une tasse de café, il montait dans son cabinet de
travail, au haut de la maison, belvédère vitré d'où
il dominait l'immensité marine. Et, jusqu'à onze
heures, il travaillait[1]. Puis venaient le déjeuner,
le courrier, les promenades, les visites, et cela
surtout. Quiconque passait dans l'île venait son-
ner à la porte du proscrit ; comme ce Durand qui
disait à qui lui venait ouvrir : « Je viens pour voir
Victor Hugo, si digne de ce nom[2]. » A la vie mé-
nagère présidait Mme Hugo, assistée de sa sœur,
Julie Chenay, « simple et bonne petite femme,
modèle, serviable et pieuse[3], » cette Julie qui
« avait été élevée à Rouen » et dont parle Sainte-
Beuve dans la pièce XXXV du *Livre d'amour*. Le
dîner, autour de la table familiale, rassemblait les
fils du Poète et les amis. Dîners simples et familiers où Victor Hugo s'en tenait, au dire de François Coppée, à d'énormes morceaux de viande
rotie arrosée de grands verres de vin pur[4], nour-
riture campagnarde et des hommes sains et forts.
Cependant, le repas terminé, à dix heures, Hugo
disparaissait. « Seule Mlle Juliette n'ignorait pas

1. Paul Stapfer, *Victor Hugo à Guernesey...* ; p. 36.
2. Richard Lesclide, *Propos de table de Victor Hugo...* ;
p. 258.
3. Paul Stapfer, *Victor Hugo à Guernesey...* ; p. 18.
4. M. Wellington Wack, *Le roman de Juliette et de Victor
Hugo...* ; p. 18.

où et à quoi il passait son temps[1] ». Ces dîners, on le voit, nous ramènent à la maîtresse. Son ennemi personnel, Chenay, raconte que, « plusieurs fois par semaine, le grand homme dînait chez Mme Drouet, et ses fils l'y accompagnaient. » Puis, des détails : « Il retrouvait là toute la colonie augmentée des nombreux admirateurs qui se faisaient présenter au poète, trônant dans ce milieu choisi et trié par elle sur le volet. Inutile d'ajouter que le maître y était l'objet d'un culte fanatique et le point de mire de toutes les attentions et de toutes les prévenances. La sollicitude affectée de la maîtresse de maison donnait le ton à ses invités qui faisaient assaut de flatteries[2]. » Et làdessus, le beau-frère irascible de s'indigner des « plantureux dîners », des « ripailles » de la « table exquise » de l'amphytrionne[3]. Mais... mais... doit-on, outre mesure, à les admettre, s'en étonner ? N'est-ce pas Chenay, le vertueux, l'austère Chenay, lui-même, qui nous apprend que Mme Hugo n'avait qu'une « vieille et cupide servante bretonne » laquelle excellait à préparer du « poisson équivoque » et de la « viande douteuse accommodée au poivre rouge et au vinaigre[4] ? » Mais,

1. Ferdinand Loise, *L'Homme dans Hugo...* ; pp. 6, 7.
2. Paul Chenay, *Victor Hugo à Guernesey...* ; p. 124.
3. Paul Chenay, *Victor Hugo à Guernesey...* ; pp. 69, 124.
4. Paul Chenay, *Victor Hugo à Guernesey...* ; p. 125.

dans ces conditions, mon Dieu, la préférence de
Hugo pour les « ripailles » de Juliette ne me
paraît pas fort condamnable. D'autre part, son goût
pour la société qu'il y rencontrait me semble, lui
aussi, très excusable. Quand il demeurait chez lui
après dîner, tandis qu'il parlait, — et quelles con-
versations que les siennes ! — béatement, « le
menton appuyé sur sa noble poitrine, les mains
croisées sur son abdomen et les paupières closes, »
Mme Hugo s'endormait. Il s'interrompait alors : « Tu
dors, Adèle ? » — Et, elle, de se secouer pour répondre : « Cher grand ami, comment pouvez-vous
croire que je dors pendant que vous parlez[1] ? »
Chez Juliette dormait-on à l'écouter? Au reste,
nous dit un témoin, c'est une « légende calom-
nieuse » que celle qui fait faire à Hugo bombance
chez la maîtresse tandis que ses invités et ses amis
mangent mal chez lui[2]. Mais, peut-être, le beau-
frère avait-il quelque maladie d'estomac? Depuis
Rabelais chacun sait que tenaces sont les rancunes
de messer Gaster.

Juliette, qu'on voit peu apparaître dans la vie
de Jersey, avait, tout naturellement, suivi l'amant
à Guernesey. Installée tout d'abord, pendant la re-
construction et l'aménagement d'Hauteville-House,

1. Paul Stapfer, *Victor Hugo à Guernesey...* ; pp. 76, 77.
2. Paul Stapfer, *Victor Hugo à Guernesey...* ; p. 63.

dans la maison de Hugo[1], elle avait bientôt quitté ce logis pour une villa : *Les Amis*. Nom bien choisi et qui eut pu convenir, de même, à celle d'Asseline, pour laquelle Hugo avait composé un distique :

> *Cette maison est aux amis,*
> *Entrez-y tous, même bien mis.*

Ce fut charbonné sur le mur du cottage, mais quelque gamin facétieux, passant par là, y mit sa signature : « Abraham Mourant, 1862[2]. » Mais la villa de Juliette pouvait se passer de l'enseigne explicative. De l'amant, elle eut de plus précieux présents. En 1861, il lui acheta, de M. Demaille, la maison du n° 20 de la rue d'Hauteville, la maison où, à son arrivée à Guernesey, il avait, comme on sait, logé. Et il imagina, construisit, tailla, sculpta, grava, dessina et illumina les panneaux qui la devaient orner. Prodigieuses et fantastiques compositions qu'on peut admirer aujourd'hui au Musée Victor Hugo[3]. Ainsi, dans l'asile offert et orné par lui, elle vécut. Elle l'en remercia certain jour en lui offrant une Vierge ancienne tenant l'enfant dans ses bras. Il la plaça à Haute-

1. Paul Chenay, *Victor Hugo à Guernesey...*; p. 49.
2. Alfred Asseline, *Victor Hugo intime...*; pp. 222, 223, 229.
3. Gustave Simon, *Visite à la maison de Victor Hugo*; Paris, 1901, in-8, p. 67.

ville-House au-dessus de la cheminée monumentale et lui dédia un quatrain peu orthodoxe :

> *Le peuple est petit, mais il sera grand,*
> *Dans tes bras sacrés, ô mère féconde,*
> *O liberté sainte, au pas conquérant,*
> *Tu portes l'enfant qui porte le monde*[1].

De la maison de Juliette il avait donc fait un centre de réunions amicales. Il y invitait à dîner avec facilité. C'était, disait-il, chez « une charmante dame de ses amies[2]. » On y allait volontiers, même les fils du Poète, les jeunes gens de l'île, de passage ou de demeure. Outre qu'on y approchait du maître et que, dans sa familiarité charmante, le génie s'offrait à la curiosité, on y avait la compagnie d'une femme jolie encore, cette intimité féminine dont on ne trouvait pas dans l'île la ressource pour consoler le désœuvrement des heures inoccupées. « Pour de jeunes Parisiens qui n'avaient jamais fait vœu de chasteté, dit Asseline, une privation surtout était sensible : Guernesey manquait de beau sexe[3]. » Juliette en donnait bien l'illusion, mais était-ce assez? Question. Passe encore pour le fils du Poète, François-Victor qui, à Guernesey, s'était

1. Gustave Rivet, *Victor Hugo chez lui...* ; p. 120.
2. Paul Chenay, *Victor Hugo à Guernesey...* ; p. 51.
3. Alfred Asseline, *Victor Hugo intime...* ; p. 212.

fiancé avec cette délicate Emily de Putron, qui
mourut peu de temps après et sur la tombe de
laquelle Victor Hugo prononça un si émouvant
discours, mais les autres? Il est vrai qu'ils se
pouvaient distraire en tentant d'aller surprendre
les demoiselles de Guernesey au bain. Quelques-
unes se baignaient, à l'abri des rochers, dans un
costume charmant, nul et primitif, car à Guernesey, de l'établissement de bains mieux valait ne
point parler ; « ni costumes, ni caleçons, ni peignoirs, ni serviettes, ni baquet d'eau chaude. »
C'est pourquoi « on se baignait absolument nu
(les hommes du moins), et on se séchait avec son
mouchoir de poche[1]. » Ces spectacles, naguère,
avaient charmé le poète. Il en avait noté en
août 1837, à Ostende, la sensation de neuve beauté
dans une lettre à sa femme :

Vers midi, écrivait-il, comme il faisait beau, on se baignait quand j'étais sur la levée. Les hommes et les femmes
se baignaient pêle-mêle, les hommes en caleçon, les femmes
en peignoir. Ce peignoir est une simple chemise d'étoffe
de laine fort légère qui descend jusqu'à la cheville, mais
qui, mouillée, est fort collante, et que la vague relève
souvent. Il y avait une jeune femme qui était fort belle
ainsi, trop belle peut-être. Par moments, c'était comme
une de ces statues antiques de bronze avec une tunique à
petits plis. Ainsi entourée d'écume, cette belle créature
était tout à fait mythologique[2].

1. Paul Stapfer, *Victor Hugo à Guernesey...*; p. 80.
2. Lettre à Mme Victor Hugo; Furnes, 31 août [1837]. -

Mais à Guernesey, Hugo avait, pour ses bains, pris les habitudes du pays. Quelquefois, sur une plage écartée, il se déshabillait après avoir couru quelque peu pour « être en sueur, » puis il plon-

Caricature par Victor Hugo,
faisant partie d'une suite de croquis destinés à amuser
ses petits-enfants.

geait, nageait, et se séchait sur le roc au soleil. Chez lui, tout en haut de son belvédère, il prenait

Victor Hugo, *En voyage; France et Belgique;* Paris, s. d., n-18, p. 119.

des *tubs* en plein ciel et plein vent. « Les personnes qui passaient dans Hauteville-Street, à ce moment-là, et qui levaient leurs yeux vers la cage de verre, pouvaient voir la blanche apparition[1]. » Ah! quelle belle occasion a perdu là M. Biré de s'indigner!

Juliette, on le conçoit, ayant moins de génie, avait, de même, moins de mépris pour les convenances courantes. Sa réserve était extrême et sa discrétion touchait à l'effacement. Dans l'intimité elle tutoyait Victor Hugo, en lui écrivant elle lui disait « vous », mais, devant le monde, elle l'appelait « Monsieur. » On a pu assurer « qu'il ne lui arriva jamais de se tromper[2]. » Elle exerçait avec modération son influence sur le Poète, souvent à l'égard des fils et quand quelque faveur ou quelque pardon était à arracher à la sévérité du père[3]. A merveille elle comprenait la délicatesse de sa situation en face de l'épouse. « Elle sortait peu de chez elle et je l'ai rarement rencontrée avec Victor Hugo, » dit un témoin de l'exil[4].

Et Asseline, un parent de Mme Hugo, assure de même : « Je ne crois pas qu'aucune personne ait

---

1. Paul Stapfer, *Victor Hugo à Guernesey...*; pp. 19, 39.
2. Léon Séché, *Juliette Drouet...*; *Revue de Paris*, 15 février 1903, p. 735.
3. Richard Lesclide, *Propos de table de Victor Hugo...*; p. 133.
4. Paul Stapfer, *Victor Hugo à Guernesey...*; p. 16.

jamais eu plus de tact[1]. » Tout cela, ces témoignages directs, qu'authentiquent les connaissances qu'on a de la vie d'exil, s'accorde assez mal avec l'insinuation de Chenay, lequel écrit que « cette dame se laissait complaisamment donner le titre de baronne qui, en un sens, allait assez bien au parti qu'elle savait tirer de son visage de vieille comédienne ayant conservé quelque beauté[2]. » Mais, aussi, nous savons que le livre de Chenay est « visiblement inspiré par la jalouse affection de famille pour Mme Victor Hugo, dont cette généreuse épouse eut, elle-même, blâmé les excès[3] » et que des témoignages, comme celui du beau-frère, doivent être jugés à la mesure de la valeur morale de leur auteur. Mon Dieu, feu Chenay ne pesait pas lourd dans cette équitable balance.

Cette réserve, de Guernesey, elle la conservait pendant ses voyages avec Victor Hugo. Ainsi, lors de son séjour à Waterloo, en mai 1862, elle l'y rejoignit, et ce ne fut que pour vivre à l'écart, à l'*Hôtel des Colonnes*[4]. Mme Hugo lui en avait, peut-on croire, quelque reconnaissance. Quand, en

1. Alfred Asseline, *Victor Hugo intime...*; p. 286.
2. Paul Chenay, *Victor Hugo à Guernesey...*; p. 48.
3. Paul Stapfer, *Victor Hugo à Guernesey...*; p. 56.
4. Comte Louis Cavens, *Songe d'un jour de printemps; l'Hymne à Waterloo*; S. l. [Bruxelles], s. d. [avril 1911], in-8, pp. 18, 19. — Le même auteur assure que quand les fils de

1862, l'éditeur Lacroix offrit un banquet à Bruxelles en l'honneur du Poète, il y eut quelque embarras pour faire une invitation à Juliette. Sur la prière de Mme Hugo cette invitation fut faite, et la maîtresse prit place à la gauche du mari, tandis que la droite était occupée par l'épouse. Au dessert, Mme Hugo porta même la santé de Juliette et ne dit qu'une phrase. « Et c'était exquis, » racontait Lacroix. « Elle y mit exactement ce qu'elle y devait mettre, sa pudeur, sa dignité fière, sa tendresse et sa mansuétude, et la clémence qu'elle accordait aux faiblesses du génie[1]. » Clémence faite peut-être de quelque remords et de combien de regrets ? Mais à cette date, au bénéfice de Juliette elle n'avait plus longtemps à exercer. Ce fut en 1868, au cours d'un voyage à Bruxelles, que mourut Mme Hugo. Le jour même le Poète écrivait à Mme Chenay, sa belle-sœur.

> Bruxelles, 27 août, 7 heures du matin [1868].

Ma pauvre Julie, ta sœur est morte. Cette chère bien-aimée nous a quittés.

Victor Hugo venaient le visiter à Waterloo, ils dînaient dans la même pièce que Mme Drouet « mais à une table spéciale ; aucun rapport n'existait en ce cas entre eux. » Chose possible à admettre, mais assez étrange, quand on sait qu'à Guernesey les fils Hugo dînaient au su de tous chez Juliette.

1. Adolphe Brisson, *L'envers de la gloire ; enquêtes et documents inédits ;* Paris, s. d., in-16, pp. 28, 29.

Le 24 elle était admirablement bien, elle faisait avec nous, gaiement, le tour de Bruxelles en calèche. Avant-hier, 25, elle a eu une attaque; hier, 26, le docteur Allix, averti par le télégraphe, est arrivé. Consultation des médecins; le soir un peu d'espoir; ce matin, à six heures et demie, elle était morte. Je t'écris navré. Dieu recevra cette âme douce et grande dans sa lumière. Elle a maintenant des ailes. Nous, nous pleurons. Je suis accablé. Je t'embrasse tendrement, chère petite sœur. Nous t'embrassons tous. Hélas! tu vas pleurer aussi [1]!

La douleur de l'époux, à ce moment, fut sincère et profonde. Ce n'est pas sans déchirement et sans l'angoisse serrant l'âme, qu'on se sépare de tout ce qui fut votre vie, votre jeunesse, le radieux souvenir de la première gloire, pendant près d'un demi-siècle. L'amour mort, quelque chose crie en ces heures qui est plus fort que l'amour et fait explosion dans le cœur avec quelle poignante amertume! Et puis, ce cadavre qui s'en va en France, dans la patrie, ce cercueil que les dures lois de la proscription interdisent de suivre et de voir descendre à l'humide caveau où la nature va reprendre la périssable dépouille!...

Alors il retourna à Guernesey, s'enfonça pour quelque temps encore dans les brumes et les vents de l'exil. Fidèle, dévouée, tenace, il y retrouvait la tendresse de l'amante vieillie maintenant, mais

1. Victor Hugo, *Correspondance...*; p. 321.

associée, comme l'épouse disparue, aux jeunes visions triomphantes de l'autrefois. Vieillie, oui, et certes! Trente-cinq ans avaient passé sur la première de *Lucrèce Borgia*, trente-cinq ans, poids lourd des années sur les épaules d'une femme! Mais, tel que lui, qui vieillissait avec majesté, elle vieillissait avec charme. Chenay trace d'elle, à ce moment, un portrait dont on peut rectifier certaines touches. « Ce n'était déjà plus la belle Juliette, dit-il, et elle n'était pas sans s'en apercevoir : les cheveux blancs avaient depuis longtemps remplacé les boucles d'or d'autrefois qui faisaient les délices de ses admirateurs et sa taille épaissie et alourdie n'était plus celle de la svelte et gracieuse comédienne fêtée et adulée aux jours déjà lointains où elle se montrait dans la princesse Negroni[1]. » Asseline, lui, corrige l'ensemble par quelques détails : « Mme Juliette Drouet avait la dignité et le charme qui composaient une souveraineté : le front couronné de magnifiques tresses de cheveux blancs, elle pouvait toujours se dire la Muse, celle qui sent sa place marquée dans l'immortalité[2]. » Et ces cheveux blancs eux-mêmes, le beau-frère ne se fait pas faute de les railler. Ils lui donnaient, écrit-il, « une apparence de respectabilité auprès des fournisseurs intéres-

1. Paul Chenay, *Victor Hugo à Guernesey...*; p. 156.
2. Alfred Asseline, *Victor Hugo intime...*; p. 286.

sés[1]. » Beau motif, en vérité ! Aussi bien il importait peu à Victor Hugo ! Le 20 septembre 1864 n'avait-il point déjà écrit pour Juliette :

Quand deux cœurs en s'aimant ont doucement vieilli,
O quel bonheur profond, intime, recueilli !
Amour ! hymen d'en haut ! ô pur lien des âmes !
Il garde ses rayons même en perdant ses flammes.
Ces deux cœurs qu'il a pris jadis n'en font plus qu'un !
Il fait, des souvenirs de leur passé commun,
L'impossibilité de vivre l'un sans l'autre ;
Juliette, n'est-ce pas, cette vie est la nôtre ?
Il a la paix du soir avec l'éclat du jour,
Et devient l'amitié tout en restant l'amour !

Vers amples et profonds qui situent la psychologie amoureuse du Poète à l'instant des feux déclinants de la vie ! Désormais, au foyer vide, l'amie amoureuse viendra remplacer la disparue. Elle reconstitue la famille où, avec le temps, « par son affection, son dévouement, sa discrétion et sa délicatesse, » elle prendra la place qui lui est due[2]. Et puis, comme toujours, et ce que ne fut jamais l'épouse, elle sera la collaboratrice obscure mais sûre, dont la tendresse « fondue en vénération, » comme le dit Asseline[3], se pliera aux ingrats labeurs que lui demandera le génie. Ce sera elle qui reco-

1. Paul Chenay, *Victor Hugo à Guernesey...* ; p. 48.
2. Richard Lesclide, *Propos de table de Victor Hugo...* ; p. 133.
3. Alfred Asseline, *Victor Hugo intime...* ; p. 286.

piera tous les manuscrits du maître[1] : *Napoléon le Petit*, hier, *Les Misérables*, aujourd'hui, *La Légende des siècles*, demain. Labeur récompensé d'évocatoires présents, tel celui qui demeure de ces années dans une salle de musée :

Je donne à Mme Drouet cette table sur laquelle j'ai écrit la *Légende des siècles*.

V. H.[2]

16 août 1859, Guernesey.

Elle assurera les soins de la correspondance, écrira au nom du Poète[3], invitera pour lui[4], accomplira ces menus labeurs sans plaisir de l'homme de lettres. Association intime et quotidienne qui scellera cette union, la fera forte à affronter les temps et à gagner la vieillesse sans défaillance, sans l'injure des ruptures trop tard venues. Naturellement, l'hypocrisie bourgeoise s'offusquera de ce grand exemple des tendresses haussées au-dessus des règles coutumières de certaines bonnes mœurs.

1. Jules Claretie, *La vie à Paris; 1883*; Paris, s. d. [1884]; in-18, p. 239.
2. Gustave Simon, *Visite à la maison de Victor Hugo...*; p. 82.
3. Lettre aut. sig. Juliette Drouet à Mme Charrassin; Guernesey, 13 septembre 1861; 2 p. in-8. — *Revue des autographes, des curiosités de l'histoire et de la biographie;* p. 204, novembre 1897, pièce nº 90, offerte à 6 fr.
4. Lettre aut. sig. Juliette Drouet à...; 29 décembre...; 1 p. 1/2, in-8. — *Catalogue d'autographes Noël Charavay;* p. 367, mars 1907, pièce nº 59107, offerte à 5 fr.

A Guernesey. tout d'abord, sans aller, comme Viel-Castel, à affirmer que, clandestinement, Hugo faisait des enfants à Juliette[1], le *cant* puritain « s'indignait tout bas, — ou tout haut — de la vieille liaison avec Mme Drouet, malgré l'âge respectable de Juliette et l'extrême réserve de son existence toute retirée[2]. » C'est que, peut-être, sur le *cant*, les vertueuses indignations de Chenay avaient déteint. Mais, fort heureusement, Hugo se souciait « médiocrement des insulaires au milieu desquels il vivait[3]. » N'était-il pas de ceux à qui appartient le droit de se mettre, avec superbe, hors la loi ?

Apostrophant Guernesey, un des hagiographes du Poète s'écriait, dans les dernières années de l'Empire : « Cet îlot sera grand dans l'histoire[4] ! » Certes, mais grand aussi dans l'histoire des amours de Victor Hugo. Quinze ans il y trouva la maîtresse résignée à subir la captivité des mers et de l'exil, prête à consoler les illusions perdues du proscrit et à se soumettre à ce que son esprit pourrait avoir

1. « Après le 2 décembre, V. Hugo, réfugié en pays étranger, fait venir près de lui sa maîtresse Juliette (l'ancienne actrice de la Porte-Saint-Martin) dont il a plusieurs enfants.... » — *Mémoires du comte Horace de Viel-Castel...*; tome II, p. 235.
2. Paul Stapfer, *Victor Hugo à Guernesey...*; p. 16.
3. Paul Stapfer, *Victor Hugo à Guernesey...*; pp. 14, 15.
4. Marie Proth, *Aux jeunes; Comment on lutte; Quelques pages de la vie littéraire de Auguste Vacquerie*; Paris, 1861, in-8, p. 17.

de révoltes et son cœur de rebellions. Ces années sacrèrent l'illigitimité de leur union, par le pardon de l'épouse et le dévouement de la maîtresse. Rare exemple! Il permet de constater le peu de droit qu'on possède pour censurer l'homme de cette surprenante aventure et lui chicaner cette morale qu'il fit à sa taille, — et à son amour.

« IL GARDE SES RAYONS, MÊME EN PERDANT

SES FLAMMES... »

La fin de l'exil. — Retour du Poète à Paris. — Singulières notes tirées du *Journal des Goncourt*. — Un dîner d'inauguration. — Le « cynisme » de Juliette. — Vers qu'on lui adresse. — Elle monte en ballon. — Mot de « l'affreux Poulet-Malassis. » — Le petit hôtel de l'avenue d'Eylau. — La vieille maîtresse. — Un dîner de Monselet. — Le rond de serviette de Philémon et Baucis. — Maladie et mort de Juliette. — On lui fait des obsèques civiles. — Ce qu'avait prévu pour elle Victor Hugo dans son testament. — Une liaison d'un demi-siècle. — Fin du Poète. — Article nécrologique du journal *La Croix*. — La liaison de Victor Hugo et de Juliette doit-elle être jugée au talon de la morale coutumière? — Exceptions dont bénéficie le génie.

La chute de l'Empire, prédite par le Poète depuis dix-huit ans du fond des fulgurantes ténèbres de sa proscription, lui rouvrit les portes de la patrie. Le 5 septembre 1870, il repassa la frontière du pays quitté depuis le coup d'Etat. La traversant il but un verre de vin, mangea un peu de pain et garda un morceau du modeste repas.

« Je l'ai toujours, ce morceau de pain, disait-il plus tard à M. Jules Claretie; Mme Drouet me l'a gardé[1]. » Ce fut, peut-être, contre l'exemplaire des *Châtiments*, relié sous une des abeilles d'or arraché, en septembre 1870, à l'immense manteau pourpre descendant en lambrequin du dais couvrant le Trône aux Tuileries, qu'elle le lui échangea. L'amant n'y mit en frontispice qu'une ligne :

AUX PIEDS DE MA PROVIDENCE

Victor Hugo[2].

Dans Paris que le siège, bientôt, allait clore, le Poète alla demeurer chez son ami Paul Meurice, n° 5, avenue Frochot. Je ne sais donc pourquoi, le 21 décembre 1870, Edmond de Goncourt alla lui rendre visite au pavillon de Rohan. « Il y a tout un canapé de femmes, note-t-il, dont l'une, qui fait les honneurs du salon, est une vieille femme, aux cheveux d'argent, dans une robe feuille morte, et qui montre, par un cœur très évasé, un grand morceau de sa vieille peau : une femme qui a de la marquise d'autrefois et de la cabotine d'aujourd'hui[3]. » Ce portrait a, naturellement, la prétention d'être celui de Juliette. Il n'est pas dénué de

---

1. Edmond Biré, *Victor Hugo après 1852...*; p. 226.
2. Gustave Simon, *Visite à la maison de Victor Hugo...*; pp. 100, 101.
3. *Journal des Goncourt...*; tome I, p. 154.

malveillance, et il ne faut pas s'en étonner : par la nature même de leur talent, les Goncourt devaient juger Victor Hugo ridicule, et, à plus forte raison, son entourage. A ce ridicule, ils prirent même soin d'ajouter une pointe de crapule. Ainsi, contant la visite qu'ils lui firent le jeudi 28 mars 1871, à l'appartement du 66 de la rue de La Rochefoucauld, où, depuis le 3 février 1871, il s'était installé, ils prennent grand soin de pousser le tableau au vif. Hugo était à table, il se dérangea pour les recevoir, quand, au milieu de la conversation, eut lieu (disent les Goncourt), dans le salon, « une irruption de femmes un peu dépeignées, un peu allumées par le vin d'un cru périgourdin, qu'on vient de baptiser *le vin de Victor Hugo*, une véritable invasion de bacchantes bourgeoises[1]. » Ingénieuse paraphrase de l'

Homère assidu de la fille de joie!

On n'entreprendra pas ces faciles réfutations. Il suffira de montrer Hugo et Juliette dans l'intimité de leurs dernières années pour faire juger de l'authenticité des notes des Goncourt. L'appartement où ils situent la dernière ne fut occupé que peu de temps par le Poète. Bientôt il choisissait son nouveau gîte n° 21, rue de Clichy, où le troi-

1. *Journal des Goncourt...* ; tome II, p. 33.

sième étage fut réservé à Juliette, tandis qu'au quatrième il s'installait avec la veuve de son fils Charles, plus tard Mme Lockroy[1]. Le dîner d'inauguration fut présidé par Juliette : « Tous les invités trouvèrent cela charmant. » Seul, le pudique Chenay y trouva à redire, pas sur le moment, toutefois, mais quelque peu plus tard, quand Hugo ne fut plus. « Je trouvais que cela manquait de dignité, prononce-t-il, et je me promis bien de n'y pas revenir[2]. » Au reste, tout lui paraissait cynique dans la maison : les présentations qui devaient avoir l'agrément de Mme Drouet; le courrier qu'elle ouvrait et auquel elle répondait; oui, en vérité, « c'était cynique[3]. » Sans doute, en jugeat-il de même pour les compliments qu'on décernait encore à Juliette, comme ce naïf Pelleport qui, convié à une villégiature à Guernesey, en 1878, composait tous les jours des vers en l'honneur du maître et de la maîtresse. « Il les récitait avec des gestes désordonnés et des éclats de voix qui faisaient trembler les vitres du salon d'été[4]. » Cynique, aussi, apparemment, le mot que répétait

1. Alfred Barbou, *La vie de Victor Hugo...*; p. 398; Emile Bergerat, *Souvenirs d'un enfant de Paris...*; tome II, p. 68.
2. Paul Chenay, *Victor Hugo à Guernesey...*; p. 265.
3. Paul Chenay, *Victor Hugo à Guernesey...*; p. 172.
4. Richard Lesclide, *Propos de table de Victor Hugo...*; p. 255.

cet « affreux Poulet-Malassis, » dit par Hugo à une « très belle dame, un peu hautaine, qui tenait le poète sous sa loi » : — N'oubliez pas, Monsieur, que vous avez filé à mes pieds? — C'est vrai, Madame, mais vous oubliez de dire que de temps à autre je vous prenais la jambe[1]. » Enfin, que pensa-t-il, l'austère Chenay, de l'ascension en ballon captif que fit, en juillet 1879, Juliette avec le Poète? « Mme Drouet s'est assise au fond de la nacelle et se cache la figure dans ses mains; bien qu'elle se croie vouée à une mort certaine, elle n'a pas voulu quitter Victor Hugo dans ce danger[2]. » O comble du cynisme! En 1878, Victor Hugo alla, enfin, habiter le dernier de ses domiciles, celui où la mort devait s'emparer de cette grande proie, le petit hôtel au n° 130, avenue d'Eylau, à côté de sa fille qui venait de s'installer au n° 132. Comme par le passé, Juliette continua à faire les honneurs de sa maison. C'était maintenant, disait François Coppée, « une vieille dame silencieuse et de l'aspect le plus respectable[3] » qui, au côté droit de la cheminée[4], dans le salon bleu du premier étage[5],

1. Richard Lesclide, *Propos de table de Victor Hugo...*; p. 68.
2. Richard Lesclide, *Propos de table de Victor Hugo...*; pp. 153, 154.
3. M. Wellington Wack, *Le roman de Juliette et de Victor Hugo...*; pp. 15, 16.
4. Jules Claretie, *La vie à Paris...*; p. 237.
5. Alfred Barbou, *La vie de Victor Hugo...*; p. 452.

« souriante, le profil antique, la chevelure superbe[1], » recevait les invités. « Elle représente encore admirablement, quoique notre ami Pelleport exagère un peu en la comparant à une rose[2]. » Mais quoi, le Poète représentait-il mieux celui dont Paul Arène disait : « Euh! Euh! le père Hugo ressemble vaguement à un vieux cordonnier[3]! » Car il paraît, de toute évidence, que le génie doit fatalement avoir les traits d'Adonis comme l'amour ceux de Vénus. Mais, telle que, vieille et fanée, elle représentait pour Victor Hugo tout un passé de vivante tendresse, d'absolu dévouement. A qui il la présentait, il disait : « Je vous présente le véritable auteur de la *Légende des siècles*, des *Travailleurs de la mer,* de tout ce que j'ai écrit depuis décembre, Mme Drouet, qui m'a protégé alors et sauvé[4]. » Ainsi il lui dédiait le mérite des consolations des jours passés. Mais les jours présents! Pacifiquement, dans l'apothéose d'une extraordinaire et unique vieillesse, il les vivait à ses côtés, vieux couple tisonnant les cendres encore flambantes de l'autrefois aboli. Fidèles, les amis demeuraient autour d'eux qui survivaient à l'épo-

1. Jules Claretie, *La vie à Paris...* ; p. 237.
2. Richard Lesclide, *Propos de table de Victor Hugo...* ; p. 64.
3. Léon Riotor, *Chez lui,* dans *La Plume, numéro du Centenaire...* ; p. 308.
4. Jules Claretie, *La vie à Paris...* ; p. 239.

pée de cette existence, conviés aux dîners hebdo-
madaires du jeudi. « La table des jeudis vous a

Croquis à la plume par Victor Hugo.

espéré hier, écrivait, le 18 juin 1874, Victor Hugo
au gras et réjoui Monselet. Vous absent, le rayon
manque[1]. » Il manqua quelquefois, témoin cet

1. *Catalogue d'une importante collection de lettres auto-*

autre jeudi de l'avenue d'Eylau qui vit arriver Monselet vingt-quatre heures en retard. Mais le retard, tout au moins, nous a valu une page charmante et précieuse, le menu tableau de l'intérieur et du privé de Hugo à ces dernières années de sa vie. On ne perd rien à laisser parler Monselet :

Mme Drouet, conte-t-il, m'écrivit pour m'inviter à dîner avenue d'Eylau. Je lus un vendredi là où il y avait un jeudi. De sorte que, ce vendredi, je sonnai gaillardement à la porte du grand poète.

— Ah! Monsieur, s'écria la bonne en ouvrant, on vous a attendu hier une demi-heure!

— Alors c'était donc hier?

— Oui, Monsieur.

— Et aujourd'hui?

— Aujourd'hui, il n'y a personne d'invité.

— Et M. Hugo? Et Mme Drouet? demandai-je.

— Tous deux sont sortis en voiture pour leur promenade accoutumée, mais ils ne peuvent tarder à rentrer....

Comme je gagnais la porte avec un soupir, la bonne s'écria tout à coup en frappant des mains :

— Voici Monsieur et Madame qui reviennent!

Ils revenaient, en effet, et s'arrêtaient devant moi qui étais resté immobile, médusé.

— Ah! oui, vous êtes un joli monsieur, me dit Mme Drouet.

Victor Hugo riait de son bon rire, tandis que je balbutiais :

— Une erreur de jour... je croyais... j'avais cru lire....

graphes provenant en partie du cabinet de feu M. *Charles Monselet;* vente du 18 décembre 1888; Paris, 1888, in-4, dossier n° 161.

— Dites tout de suite que j'écris comme un chat! fit Mme Drouet.

— Vous deviez dîner hier avec nous, vous dînerez avec nous aujourd'hui, dit le Maître... par exemple, à vos risques et périls... à la fortune du pot... ce sera votre punition.

Une fois dans l'intérieur, Victor Hugo, avec une pointe d'inquiétude qu'il cherchait à dissimuler sous un accent narquois, dit à la bonne :

— Voyons, Mary, qu'est-ce que nous avons pour dîner aujourd'hui?

— Monsieur le sait bien... je ne comptais sur personne... nous n'avons qu'une poule au riz....

Le visage de Mary, en proférant ces paroles, reflétait comme une teinte d'humiliation, que je fis cesser aussitôt en m'écriant avec enthousiasme :

— Une poule au riz?... C'est ce que j'aime le plus au monde!

— Vrai? dit Mme Drouet.

— Parole d'honneur!

— Alors tout est pour le mieux, fit le grand bon homme; la cuisinière y ajoutera une omelette aux fines herbes.

— Bravo! m'exclamai-je.

— Et nous déboucherons une bouteille du vin du Cap qui nous vient de Schoelcher.

La table était mise; trois couverts.

Détail touchant et absolument dépourvu de lyrisme : Philémon et Baucis avaient chacun son rond de serviette[1].

Et, là-dessus, M. Biré de pouffer joyeusement. Y avait-il, véritablement, de quoi? Un rond de ser-viette!... La plaisante chose! Il paraît bien que

1. Charles Monselet, *Petits mémoires littéraires*, chap. XXI. — Edmond Biré, *Victor Hugo après 1852...*; pp. 310, 311, 312.

chez M. Biré c'était chose trop démodée. Un rond de serviette!... Fi! Victor Hugo mangeant la poule au riz! Singulier estomac que celui de ce Poète qui ne se nourrissait point que de la céleste ambroisie! C'était, j'ose le dire, le plat favori de M. Biré.

Menu frugal, certes, mais bientôt défendu à Juliette vieillissante. Soixante-dix-sept ans! Déjà! Les années pesaient sur elle. Elle était malade et condamnée, « condamnée à mourir de faim[1]. » Ainsi, quelques semaines, elle traîna son agonie jusqu'au 11 mai 1883. Cette nuit-là, à quatre heures du matin, la mort triomphait d'elle qui ne se débattait plus. Seul, elle laissait le vieillard à qui la sombre visiteuse avait pris et l'épouse et les enfants; seul elle le laissait, survivant aux désastres de sa famille, à la ruine de sa postérité, comme ces chênes monumentaux que la foudre a peur, dirait-on, de frapper dans les forêts fauchées par le tonnerre. Le 12 mai, à trois heures moins un quart, le cercueil quittait l'hôtel de l'avenue d'Eylau, sans prêtres, suivi des amis du Poète et de la morte. Au cimetière, Auguste Vacquerie prononça un discours[2]. Et on rendit à l'éternité de la poussière cette beauté éteinte, ce fantôme d'un radieux passé. Dans la chambre de la morte, écroulé, le grand vieillard pleurait.

1. Jules Claretie, *La vie à Paris...*; p. 240.
2. *Le Temps*, 14 mai 1883.

Quelque chose de funèbre et de triomphal marquait maintenant ses jours. Il était celui à qui parlaient les voix de l'ombre, le Dieu s'enfonçant dans la légende et dans la ténèbre, soleil roulant aux immensités d'horizons surhumains, et qui

> *... garde ses rayons même en perdant ses flammes.*

Le Destin se vengeait de lui qui avait prévu à Juliette une plus longue carrière. Par testament, il lui avait voulu léguer « une assez forte somme[1]. » 300.000 francs, à la réalité, que ses futurs exécuteurs testamentaires ramenèrent au chiffre de 20 ou 25.000 francs de rentes. Inutile précaution ! Voici que, la première, elle s'en allait rejoindre les fantômes si chers du passé : la fille du Poète, sa femme, ses fils, sa race. Cinquante ans, — un demi-siècle ! — leur liaison avait duré. Terrible coup dans ce roc de volonté vivante. Deux ans il résista à la hantise de ces poignants souvenirs. Le 22 mai 1885, jour de Sainte-Julie, jour de la fête de Juliette Drouet[2], le Poète s'effaçait de parmi les vivants, salué par l'oraison funèbre du journal *La Croix :*

1. M. Wellington Wack, *Le roman de Juliette et de Victor Hugo...* ; p. 114.
2. Richard Lesclide, *Propos de table de Victor Hugo...* ; p. 67.

Victor Hugo est mort à 1 h. 35.
Il fut le plus grand poète de notre siècle.
Il était fou depuis plus de trente ans.
Que sa folie lui serve d'excuse devant Dieu.
Plaignons ceux qui vont lui décerner l'apothéose et prions pour lui.

La cave du Panthéon l'attendait, pleine de lauriers et d'humide silence.

*
* *

On ne portera point ici un jugement sur cette vie, sur ces deux vies mêlées, associées et presque confondues dans la mort. Avons-nous le droit de prononcer sur ces magnifiques exemplaires d'humanité? Nous est-il permis de juger ces maîtres, et ce maître, de la souveraine intelligence au talon de la morale coutumière? A qui l'admire d'un cœur reconnaissant, il ne suffit point de proclamer sa gloire avec le concours des lieux communs ordinaires, de l'encenser d'une manière qui doit irriter ses mânes, mais d'expliquer, d'exposer, de dire ce que fut l'aventure qui lui vaut le béat reproche des consciences sournoises. Ce n'est point servir sa pure gloire que de l'honorer par des mascarades à son tombeau solitaire et souterrain, par des discours copiés en de vieilles gazettes ou des sociétés clandestines et piteuses où l'admiration de son génie est le commencement de l'admiration mutuelle et des palmes académiques; ces jeux ignorants ridiculisent un nom si grand et si exemplaire dans sa splendeur. Aux hypocrites levés contre cette vie disparue, et présente cependant, ce livre aura répondu, ce livre qui n'a rien caché et n'a rien tu, quoiqu'on en puisse dire et croire, et qui eut l'honneur de l'écrire avec sa foi et avec son cœur, estime que seule la vérité doit servir ces grands morts qui n'ont à attendre leur pardon que de cette vérité et de la lumière, — cette lumière qui, lente et puissante, froide et éternelle, filtre des planches du cercueil où ils gisent....

Juliette Drouet.

L'an mil huit cent quatre-vingt-trois, le onze mai, à trois heures du soir, acte de décès de

JULIENNE-JOSÉPHINE GAUVAIN *dite* JULIETTE DROUET,

âgée de soixante-dix-sept ans, sans profession, née à Fougères (Ille-et-Vilaine), décédée à Paris, avenue Victor-Hugo, n° 50, ce matin à quatre heures ; fille de Julien Gauvain et de Marie Marchandet, décédés ; célibataire. Dressé par nous, Albert Poirson, adjoint au maire, officier de l'état-civil du XVIe arrondissement de Paris, sur la déclaration de Louis Koch, âgé de quarante sept ans, professeur au lycée Saint-Louis, à Paris, rue Saint-Sulpice, 27, neveu de la défunte, et de Léon Trébuchet, âgé de cinquante ans, secrétaire en chef des bureaux de la huitième mairie, à Paris, rue d'Anjou, 11, qui ont signé avec nous après lecture :

L. KOCH   LÉON TRÉBUCHET

A. POIRSON
adjoint.

APPENDICES

(Documents inédits)

Appendices

(Documents inédits)

I

« L'AFFAIRE JOHN BROWN »

Du fait que Mme Victor Hugo demeura écartée souvent, et si longtemps, de la vie laborieuse de son mari, il ne faudrait pas conclure qu'elle n'y participa jamais. A titre d'exemple de l'activité qu'elle y apporta quelquefois, on peut citer l'affaire du dessin du *Pendu*, fameux, à juste titre, parmi les productions graphiques du poète. Il dessinait, on le sait, volontiers, et avec facilité. Avec le pouce, avec le canif, du grattoir, du cure-dent, il composait des dessins inattendus auxquels il mêlait, avec l'encre, les mixtures les plus extraordinaires[1]. Envoyant à Baudelaire un de ces dessins, il disait : « J'ai fini par y mêler du crayon, du fusain, de la sépia, du charbon, de la suie et

---

1. Gustave 'Simon, *Visite à la maison de Victor Hugo...*; p. 51.

toutes sortes de mixtures bizarres qui arrivent à rendre à peu près ce que j'ai dans l'œil et surtout dans l'esprit[1]. » A propos de l'exécution du nègre John Brown, il fit une saisissante composition par ce procédé. Ce Brown avait tenté d'affranchir les esclaves de Virginie. Arrêté avec ses compagnons, Copp, Stephens, Green et Copland, il fut traduit devant un tribunal de colons virginiens sur un matelas trempé de son sang. Condamné à mort, il vit se soulever en sa faveur les Etats du Nord de l'Amérique, mais le gouvernement virginien, refusant de se plier à ces manifestations, laissa s'exécuter le jugement contre John Brown, et le nègre fut pendu[2]. Victor Hugo, champion de toutes les tolérances émancipatrices, était dans son rôle en protestant. Il protesta donc, et par des lettres publiques, et, enfin, par le dessin du *Pendu*. Chenay, graveur de son métier, vit ce dessin à un voyage à Guernesey et demanda la permission de le graver. Le poète lui répondit par cette lettre ouverte, autre forme de protestation :

Hauteville-House, 21 janvier 1860.

Cher monsieur Chenay,

Vous avez désiré graver mon dessin de John Brown,

---

1. Lettre à Charles Baudelaire; Hauteville-House, 29 avril 1860. — Victor Hugo, *Correspondance...*; pp. **236, 237**.
2. Cf. *Victor Hugo raconté...*; tome II, p. 247.

vous désirez aujourd'hui le publier; j'y consens, et j'ajoute que je le trouve utile.

John Brown a été un héros et un martyr. Sa mort a été un crime. Son gibet est une croix. *Pro Christo Sit Chrisus.*

Lorsqu'en décembre 1859, avec une profonde douleur, j'annonçais à l'Amérique la rupture de l'Union comme conséquence de l'assassinat de John Brown, je ne pensais pas que l'événement dut suivre de si près mes paroles. A l'heure où nous sommes, tout ce qui était dans l'échafaud de John Brown en sort; les fatalités, latentes il y a un an, sont maintenant visibles, et l'on peut, dès à présent, considérer comme consommée la rupture de l'Union américaine, grand malheur, et l'abolition de l'esclavage, immense progrès.

Remettons donc sous les yeux de tous, comme un enseignement, le gibet de Charlestown, point de départ de ces graves événements.

Mon dessin, reproduit par votre beau talent avec une fidélité saisissante, n'a d'autre valeur que ce nom : John Brown, nom qu'il faut répéter sans cesse aux républicains d'Amérique pour qu'il les ramène au devoir, aux esclaves pour qu'il les appelle à la liberté.

Je vous serre la main.

Victor Hugo[1].

L'œuvre de Chenay fut trouvée tout à fait remarquable à Hauteville-House. Ce fut Mme Hugo qui en informa son beau-frère. Celui-ci n'a publié que

---

1. Collection d'autographes Maurice Aubryet. — Victor Hugo, *Correspondance...*; pp. 240, 241. — *Le Carnet historique et littéraire;* Paris, 1900, in-8, tome VI, pp. 383, 384. — [Comte Fleury], *L'actualité historique illustrée;* Paris, 1900, in-8, p. 109.

quelques lignes de la lettre, mais, en possession des papiers de Chenay relatifs à cette affaire, je suis en mesure de pouvoir la compléter par l'original que j'ai sous les yeux :

Dimanche.

Mon cher Chenay, nous sommes tous ici dans l'éblouissement du *Pendu*. On dit que c'est ce que vous avez fait de mieux. L'éloge n'est pas mince. Je ne puis vous dire à quel point[1] je suis contente de votre succès pour nous comme pour vous, car ce qui vous touche nous touche[2].

Voici, maintenant, la suite supprimée par Chenay :

Une critique insignifiante : dans l'épreuve que vous nous avez envoyée l'horizon transparaît à travers la poutre. En est-il ainsi dans les autres épreuves? Une ligne sur la poutre suffirait pour enlever cette transparence.

Si la spéculation n'était pas compromise il serait peut-être bon de parler de votre gravure. Voyez, je suis à votre disposition pour écrire aux critiques que je connais et consulter (?)

J'attends une longue lettre de Julie[3]. Voulez-vous la prier de porter ce mot à Mme David. Si elle ne le peut, qu'elle jette le billet à la poste. J'aurais évité cette peine à Julie si je n'avais oublié le numéro de Mme David. C'est pressé[4].

Parlant de l'exécution de John Brown à George

---

1. Chenay, je ne sais pourquoi, a imprimé : *Combien.*
2. Paul Chenay, *Victor Hugo à Guernesey...* ; pp. 74, 75.
3. Mme Chenay, sœur de Mme Victor Hugo.
4. Lettre autog. non signée, 3 p. in-16, en notre possession.

Sand, Victor Hugo disait : « L'assassinat a été commis le 2 décembre[1]. » Deux décembre! Bonne date à mettre sous le dessin! Beau tour à jouer au gouvernement du second Empire que de confondre son opération policière avec le crime des colons virginiens! Chenay dit que l'éditeur commit « l'imprudence grave » de placer cette date fatale sous le dessin[2]. Cette accusation est manifestement fausse et c'est Chenay lui-même qui nous en fournit la preuve. C'est lui qui se vante d'avoir joué ce tour au gouvernement et au « grand homme, » dans une note manuscrite placée en marge de la lettre de Mme Victor Hugo qui précède, et celle qui suit :

Deux lettres de Mme V. Hugo, dit-il, à l'occasion de la gravure du *Pendu*, d'après le dessin de V. H. La deuxième me reproche d'avoir laissé la date du 2 décembre, jour de l'exécution de John Brown, ce qui a fort contrarié le grand homme, puisque cela pouvait entraver la publication de la planche. J'avoue, en outre, que j'avais fait placer cette légende dans le but de taquiner légèrement l'empire par cette coïncidence de date et que je l'avais fait sans consulter personne puisque seul j'en devais subir les conséquences, V. H. étant à Guernesey et moi à Paris, en butte aux persécutions de la censure et surtout aux conséquences financières qui devaient en résulter pour l'éditeur et pour moi, par suite du veto d'Anastasie.

1. Lettre à George Sand ; Hauteville-House, 20 décembre 1859. — Victor Hugo, *Correspondance...* ; p. 230.
2. Paul Chenay, *Victor Hugo à Guernesey...* ; p. 76.

Ce qui est arrivé? Les épreuves ont été lacérées à l'imprimerie, une seule excepté, que j'ai caché et que je possède.

Il ne pouvait en résulter pour V. H. qu'un peu de contrariété et pour moi de graves et diverses conséquences fâcheuses puisque la publication de cette gravure a été interdite.

On voit donc que le seul responsable est Chenay et qu'il a, sur ce point, travesti la vérité sous ce qu'il a imprimé à ce propos. Voici, maintenant, la lettre de Mme Victor Hugo, à laquelle il fait allusion et qui nous apporte un écho de son mécontentement bien justifié. Celle-là, du moins, Chenay s'est bien gardé de la donner dans son livre :

4 novembre.

Qu'avez-vous fait, mon cher étourdi? Voilà bien la facilité des natures faciles et gracieuses comme la vôtre. Songez-vous bien que vous collaborez avec un nom livré au public qu'après méditation et profond examen? Tenez, moi, je tremble de parler de ce nom en public, malgré mes vénérables années et mes prérogatives d'épouse[1]. Si bien que pour mon pauvre petit travail je me suis mise sous le couvert d'Auguste [Vacquerie] qui me relit et à qui j'ai laissé carte blanche pour toutes les questions de convenances, car mon tact féminin ne suffit pas à ma tranquillité. Or, cher ami, vous allez de l'avant pour cet album fait en commun avec le grand homme, sans crier gare ! Réparez donc vos *gros péchés* de votre mieux. Julie, qui vous écrit, vous dit, sans doute, comment vous pouvez les atténuer; ne faites donc plus rien dorénavant sans avoir pris

1. Souligné dans l'original.

le mot d'ordre d'Hauteville. Voilà que je vous gourmande quelque peu et suis donneuse de conseils, ce qui me déplaît, ma foi, assez fort, mais ce sera, dans l'ocasion, à charge de revanche, n'est-ce pas? Avec les vilaines gronderies qu'on vous envoie, je vous recommande de ne pas trop vous tourmenter, je vous sais très impressionnable et j'aurais de l'ennui de votre ennui. Ce qui est à faire seulement, c'est d'écrire tout de suite ici une lettre d'explication qui soit bien gentille, puis aussi de vous laisser guider en *tous points*. C'est si commode d'être mené! Allons, encore une fois, ne vous affligez pas des vivacités de mon mari, ses justes susceptibilités sont passagères et se dissolvent comme la gelée blanche sous un rayon de soleil, mais ce rayon il le faut. Faites donc qu'il arrive vite sur notre rocher. Vous savez que si vous avez besoin de moi pour je ne sais quoi, je suis à votre disposition.

Votre vieille sœur et déjà vieille amie.

Adèle V. Hugo[1].

Cette lettre est révélatrice de la psychologie de Mme Hugo. On voit par elle quelle manière de respect, de terreur sacrée, dirait-on, lui inspire son mari et avec quelle humilité soumise elle se plie devant lui. Sur le même sujet, Chenay nous donne une autre épître encore. Elle complète l'ensemble des menus documents de cette affaire :

Vous êtes un grand artiste, mon cher frère, mais encore un plus grand étourdi : mon mari vous donne l'écrit et jusqu'à la place qu'il doit occuper sur l'image du *Pendu* et vous y ajoutez une date et quelle date! Vous deviez

---

1. Lettre aut. sig., 4 pages in-16, en notre possession.

répondre aux éditeurs que vous ne pouviez rien changer au dessin sans l'autorisation de l'auteur ; vous en auriez informé mon mari qui vous aurait dit de vous en tenir à ses indications. L'affaire est maintenant très compromise, le gouvernement ayant l'éveil. Une publication où est le nom de mon mari et le vôtre ne peut faire *fiasco*. Courez au ministère, retirez la gravure et effacez la date qui, en dehors de la censure, serait un obstacle à la vente. Vous avez, ce qui est l'exception, le talent ; ajoutez-y, ce qui est facile, la réflexion et une exactitude rigoureuse dans les œuvres que vous interprétez, ce qui fait partie de votre art. Je ne dis pas cela pour le *Pendu* que tout le monde admire, mais, si je reprends et applique mon observation au *Pendu*, quelle idée d'écrire cette date du 2 décembre ! Le beau plaisir de vous égorger vous-même ! Je m'arrête, je vous embrasse malgré tout, à la condition que vous réparerez votre balourdise.

ADLÈLE[1].

Le *Pendu*, supprimé par la censure en dessin volant, reparut, cependant, peu après, dans un recueil de dessins de Victor Hugo gravés par Chenay[2]. A l'éditeur de ce recueil le Poète écrivait : « Le hasard a fait tomber sous vos yeux quelques espèces d'essais de dessins faits par moi à des heures de rêverie presque inconsciente, avec ce qui restait d'encre dans ma plume, sur des marges ou des couvertures de manuscrits.... Quel que soit le beau talent de M. Chenay, je crains

---

1. Paul Chenay, *Victor Hugo à Guernesey...*; pp. 77, 78.
2. *Dessins de Victor Hugo, gravés par Paul Chenay, texte de Théophile Gautier, précédé d'une lettre de l'auteur à l'éditeur;* Paris, 1862, in-4.

fort que ces traits de plume quelconques jetés plus ou moins maladroitement sur le papier par un homme qui a autre chose à faire, ne cessent d'être des dessins du moment qu'ils auront la prétention d'en être[1]. » Victor Hugo a repris la même idée dans la dédicace rimée placée par lui en tête de cet album de Chenay offert à Juliette Drouet :

> *... Il met sous votre aile aujourd'hui*
> *Ces dessins, qu'hélas! on déterre.*
> *Plaignez-le de ce double ennui :*
> *Etant le proscrit volontaire*
> *D'être le peintre malgré lui[2].*

Il ne s'exagérait donc pas la valeur des dessins. Pour droits d'auteur il demandait à l'éditeur une aumône à l'œuvre du repas hebdomadaire organisé par lui à Guernesey pour les enfants indigents. Le livre parut dans ces conditions et les dames de l'entourage du Poète en reçurent des exemplaires reliés, « qui ont fait à ces dames des étrennes fort belles et fort goûtées[3]. » Toutefois l'auteur déplorait que le tirage n'eut été fait qu'à quatre cents exemplaires : il en désirait quatre mille.

Un mot encore pour achever ces notes : Paul

1. *Revue des autographes, des curiosités, de l'histoire et de la biographie;* n° 182, novembre 1895, dossier n° 105.
2. Gustave Rivet, *Victor Hugo chez lui...*; p. 124.
3. *Revue des autographes, des curiosités de l'histoire et de la biographie;* n° 182, novembre 1895, dossier n° 105.

Chenay, élève de Bosio et de Durand, né à Lagnieu (Ain), en 1818, mourut en 1906. En sculpture il trouva pour John Brown un rival : le statuaire Blezen, lequel dédia un buste du nègre-martyr à Victor Hugo. D'Hauteville-House, le 23 avril 1870, le Poète remerciait : « Je vous félicite d'avoir consacré votre talent à la juste glorification d'un grand martyr. J'ai dit de John Brown : *Pro Christus sicut Christus.* Je vous remercie de m'avoir entendu et compris[1]. » Mais où le buste de naguère ? Chenay a été plus heureux : grâce à Victor Hugo son œuvre est sauvée de l'oubli poussiéreux où vont et tombent ces productions d'artistes à qui la gloire ne met pas son baiser au front.

1. *Revue des autographes, des curiosités de l'histoire et de la biographie;* p. 250, septembre 1901, pièce n° 112 offerte à 15 fr.

II

CINQ LETTRES D'AMOUR DE JULIETTE DROUET A VICTOR HUGO

Ces cinq documents peuvent servir de pièces justificatives à ce livre. Ils n'ont nul besoin d'être commentés ou expliqués. On connaît l'héroïne de l'aventure; on y a vu la part du héros. Voici, de la première, le témoignage direct et personnel. Ces lettres, avec l'autorisation de la Librairie Universelle, sont tirées du recueil de M. Wellington Wack [1].

1

18 janvier,
lundi soir, 10 heures et demie.

Quand je te prie avec tant d'instances de me donner tous les moments dont tu peux disposer, même les plus petits, c'est que je sens, mon doux adoré, que c'est de la vie que je te demande. Quand je suis un jour sans te voir, il me semble que j'ai perdu une année de mon existence. Je ne peux pas

1. M. Wellington Wack, *Le roman de Juliette et de Victor Hugo...*; pp. 127, 134, 143, 145, 150.

bien t'expliquer cela, mais mon cœur meurt, loin de toi.

Je n'espère pas te voir, à cause du temps, de l'heure et de ta *toilette*. Je te promets d'être bien courageuse et résignée. De ton côté, mon bien-aimé, aime-moi plus que jamais, de ton cœur et de toutes tes forces, car j'en ai plus besoin que jamais.

Je ne veux pas que tu t'inquiètes des attendrissements qui m'échappent chaque fois que je me sépare de toi et que je te parle de mon indisposition qui, à tout prendre, n'est rien. D'ailleurs je n'ai pas peur de la mort; j'ai peur que tu m'oublies : voilà ce qui fait mon effroi, et ce qui ferait mon enfer dans l'autre monde. Mais si j'étais sûre d'être plus aimée, moi morte, je demanderais au bon Dieu de me faire mourir tout de suite. Ton amour, c'est le grand, le seul besoin de ma vie. C'est la seule joie, le seul bonheur de mon âme. Tâche de venir demain de bonne [heure] et de rester un peu auprès de moi. J'ai deux affreuses journées à rattraper et tu es trop honnête homme pour vouloir m'en faire tort. Je compte plus que tu ne peux te l'imaginer.

Tu as mille fois raisons pour M. Cuvillier-Fleury, et Eugénie l'a reconnu tout de suite. Ce que tu veux faire avec M. le duc d'Aumale est cent millions de fois préférable, et je te remercie d'y avoir pensé le premier. Tout ce que tu fais est bien, et tu as toujours l'initiative dans toutes les pensées généreuses et dans toutes les bonnes actions. Tu es mon Victor aimable, puissant, charmant, imposant, doux, noble et sublime dont je baise les chers petits pieds.

JULIETTE.

2

2 mars,
vendredi matin, 8 heures.

Bonjour toi, bonjour vous, bonjour en bloc et en détail, à droite et à gauche, par devant et par derrière, en haut et en bas, bonjour et rebonjour. Je vous adore et vous?... Tout cela n'empêche pas que je sois la plus malheureuse des femmes et que je ne sache de quelle manière me tenir pour ne pas souffrir. Encore si vous me donniez quelque bon *tonique* pour me guérir. J'y prendrais peut-être goût, mais vous n'avez pas l'air seulement de vous apercevoir que j'existe, si ce n'est pour me faire *tirer* toutes sortes de choses ; mais moi, pas bête, je ne veux les tirer que pour moi. Cependant si vous voulez me faire une cour assidue et très tendre, je vous inonderai de lanternes et de coromandels. Mais si vous continuez à me traiter comme une prise (?) de l'avant-veille, je ne vous donnerai pas mes chinois du lendemain. Vous pouvez y compter comme si vous ne les teniez jamais.

Eclairons ce paragraphe un peu obscur et mystérieux : il y s'agit, tout simplement, de curiosités, antiquités et chinoiseries auxquelles Juliette faisait la chasse pour le Poète, qui, on le sait, en emplissait ses demeures.

Jusqu'à présent j'avais eu la simplicité de compter sur la générosité naturelle à votre sexe fort, mais je crois que je perds mon temps et ma tendre vieillesse et je change de système. Je m'adresserai dorénavant à votre cupidité et j'espère être plus heureuse. Pour une heure d'amour, *argent comptant*, un bon dîner, pour une nuit bien employée, le déjeuner et un café à la crème exorbitant; pour un mois d'assiduité, le petit miroir ; pour un an de bonheur non interrompu, tous les coromandels, tous les burgos, toutes les encoignures, toutes les dentelles et tous les brics à bracs à discrétion.

JULIETTE.

3

4 mars 1851,
dimanche après-midi, 2 heures.

Mon Dieu, est-ce que je ne te verrai pas aujourd'hui, mon cher petit homme ? Il me semble que tu devais aller à la réunion électorale, à une heure, et, ce soir, chez le roi Jérôme? S'il en est ainsi, à quel moment te verrai-je? Je ne m'en rends pas très bien compte, aussi suis-je très maussade et très impatiente, non contre toi, mon doux aimé, mais contre les cent mille obstacles qui se mettent entre moi et toi. Il y a des moments où je suis prête à jeter le manche après la cognée et la guigne après le guignon. Et le Boulet est-il arrivé? Avez-vous fait affaire ensemble? Entre nous, je crois que ce serait une chose assez difficile, ou la trop grande *nouveauté* du susdit service. Il n'y a pas un très grand mal puisqu'on était à regretter chez toi les assiettes et les compotiers. D'ailleurs je me charge de t'offrir le coromandel aussitôt le tirage des 42.000 francs. En attendant je voudrais bien tirer un peu d'amour et de bonheur de vous, ce qui n'est pas facile, je ne le sais que trop.

JULIETTE.

4

4 mars,
dimanche après-midi, 2 heures et demie.

J'espère encore que tu viendras, mon cher bien-aimé, soit avant, soit après ton dîner? Mais, hélas! à quelque heure que tu viennes maintenant, il n'est que trop sûr que ce sera pour très peu de temps. Votre Eugénie qui entre et qui m'apporte la nouvelle de l'arrivée de M. Vilain demain ou après-demain. Pourvu que tu puisses nous donner un de ces deux jours-là, je serais bien heureuse : mais j'ai si peu de chance que je n'ose pas m'y fier. Enfin, je t'aime, voilà le plus clair de mon affaire. Le bonheur viendra quand et comme il voudra, cela ne me regarde pas ; au contraire, car plus je m'en mêle et moins il arrive. Je voudrais pourtant bien savoir si tu as négocié l'affaire en question? Mais surtout ce qui m'intéresse, ce qui m'inquiète, ce qui m'égare, ce qui m'exaspère, c'est de savoir si je te verrai aujourd'hui, quand et combien? Jusque-là je serai la plus maussade, la plus grognon, la plus plus indécrottable Juju qui soit, ce qui ne me sera pas difficile. Taisez-vous, vous, puisque c'est votre faute et venez tout de suite ça vaudra bien mieux. Baisez-moi et retaisez-vous.

JULIETTE.

5

16 juin,
mercredi matin, 8 heures et demie.

Bonjour, mon Victor, toujours plus grand, toujours plus généreux, toujours plus beau, toujours plus adoré. Bonjour et merci. Que je regrette de ne pouvoir pas te donner toute ma vie en une fois pour te prouver à quel point je t'admire et je t'aime! Je souffre de ne pouvoir pas utiliser tant de bon amour pour ton service. J'en veux au bon Dieu de ne pas m'en donner l'occasion. Je suis humiliée dans le plus saint et le plus tendre de mon ambition. C'est une injustice que je ferai valoir quand il s'agira de régler mes comptes avec lui dans le ciel. En attendant, il faut que je me résigne à t'aimer pour moi seule, ce qui ne me satisfait qu'à moitié. J'irai te chercher tantôt à la Chambre par l'itinéraire convenu. Je t'attendrai à Saint-Sulpice parce que je ne veux pas m'exposer à me faire dire par ces dames Feau : *Le vilain animal, comme il est ennuyeux et comme il chante mal !* Et d'ailleurs, moi-même, je suis lasse de ces stations fréquentes et prolongées chez les meilleures mais les plus agaçantes des femmes : faut des Feaus, pas trop n'en faut. Mon bien-aimé Victor, mon sublime bien-aimé, mon cœur déborde d'amour et d'admiration pour toi : je voudrais baiser tes pauvres petits pieds blessés.

Juliette.

Mme Drouet a écrit plusieurs milliers de lettres d'amour à Victor Hugo. A les publier, ce ferait de nombreux in-folios. Sera-ce chose utile? Ce qu'on a pu lire plus haut donne le ton général de cette correspondance. Ce servira à prendre patience en l'attente d'une publication possible, mais non certaine.

TABLE DES MATIÈRES

Table des Matières

I. — Hugo marié.

L'adultère du général Hugo. — Curieuse lettre où le roi Joseph le rappelle à ses devoirs conjugaux. — Second mariage du général. — Manière cavalière d'en faire part. — Victor Hugo et la seconde Mme Hugo. — Fin de la générale. — Victor Hugo et le *Manuel de recrutement* de son beau-père. — Lettre à Lamennais sur son mariage avec Adèle. — La chasteté et les exploits de la nuit de noces de Victor Hugo. — « Un époux vigoureux. » — Eugène Hugo devenu fou d'amour pour Mme Victor Hugo. — Le jeune ménage; les enfants; la gloire; la crise. — Mme Hugo est-elle belle? — Examen des témoignages graphiques et des attestations des contemporains. — Mme Hugo est-elle intelligente? — Contradiction dans les dires. — Déposition d'Adèle. — C'est une pauvre intelligence. — Elle « n'est pas faite pour être la femme de Victor Hugo. »............... 1

II. — Un triste et pauvre amant : Sainte-Beuve.

Méthode indiquée par Sainte-Beuve pour connaître de la psychologie d'un personnage. — Application de cette méthode à lui-même. — Son physique. — « *Mon visage*

III. — Le roman d'amour et de mensonge de Sainte-Beuve et de Mme Victor Hugo.

VI. — Les dessous de « Lucrèce Borgia » et les à-côtés de « Marie Tudor ».

VII. — Rédemption amoureuse à la manière romantique.

VIII. — Flagrant délit d'adultère.

IX. — « La courtoisie et la politesse sont roman-
tiques... »

X. — L'amour en exil.

XI. — « Il garde ses rayons, même en perdant ses flammes... »

APPENDICES

(Documents inédits)

LA ROCHE-SUR-YON

IMPRIMERIE CENTRALE DE L'OUEST

56-60, RUE DE SAUMUR, 56-60